Reshad Feild

Ich ging den Weg des Derwisch

Das Abenteuer der Selbstfindung

Aus dem Englischen übersetzt
von
Frank Meyer

Diederichs

Originaltitel: The Last Barrier (Harper & Row, Publishers)
Aus dem Englischen übersetzt von Frank Meyer

CIP-Kurztitelaufnahme der Deutschen Bibliothek
Feild, Reshad:
Ich ging den Weg des Derwisch: d. Abenteuer d. Selbstfindung/
Reshad Feild. Übers. von Frank Meyer. –
3. Auflage – München: Diederichs, 1988.
Einheitssacht.: The last barrier (dt.)
ISBN 3-424-00919-9

Dritte Auflage 1988
© 1976 by Reshad T. Feild
© der deutschen Ausgabe 1977 beim
Eugen Diederichs Verlag GmbH & Co. KG, München
Umschlagherstellung: Hannes Jähn
Gesamtherstellung: Wagner GmbH, Nördlingen
ISBN 3-424-00919-9

Dieses Buch ist Jessie Wood, meinem Freund und Verleger,
und meiner geliebten Frau Enisa gewidmet,
deren Hilfe es mir ermöglicht hat, das Buch herauszubringen.
Und es ist dem Mann gewidmet, den ich »Hamid« nenne –
ohne seine Weisheit und Führung hätte ich nichts zu sagen.
So sei es!

Kommt, kommt, wer ihr auch sein mögt:
Wanderer, Anbeter, alle, die ihr den Abschied liebt –
Ganz gleich.
Kommt, auch wenn ihr eure Schwüre schon tausendmal
gebrochen habt.
Unsere Karawane heißt nicht Verzweiflung –
Kommt, und noch einmal kommt!

Mevlânâ Celâleddin Rumi

Zur Aussprache der türkischen Namen und Begriffe

c = dsch, wie im engl. ›John‹
ç = tsch, wie in ›Patsche‹
s = stimmloses s, wie in ›lassen‹
z = stimmhaftes s, wie in ›Rose‹
ş = sch, wie in ›schön‹
v = w, wie in ›Wasser‹
y = j, wie in ›Jagd‹

1

Wer immer von mir gehört hat, laßt ihn sich vorbereiten, zu kommen und mich zu sehen; wen immer nach mir verlangt, laßt ihn nach mir suchen. Er wird mich finden – dann laßt ihn keinen anderen wählen als mich.

Rumi: Schams-i Täbris

*Der, der nicht weiß, und nicht weiß, daß er nicht weiß,
ist ein Narr – meide ihn.
Der, der nicht weiß, und weiß, daß er nicht weiß,
ist ein Kind – lehre ihn.
Der, der weiß, und nicht weiß, daß er weiß,
schläft – erwecke ihn.
Doch der, der weiß, und weiß, daß er weiß,
ist ein Weiser – folge ihm.*

Sprichwort

An einem Herbsttag, als ich meine Runde durch Londons Antiquitätengeschäfte machte, kam ich zu einem Laden, der neu für mich war. Als Antiquitätenhändler ging ich fast jeden Tag in eine Reihe von Läden, immer auf der Suche nach einem besonders schönen Stück, das ich billig erstehen und später teurer weiterverkaufen konnte. An diesem Tag zog es mich in einen kleinen, in einer abgelegenen Straße versteckten Laden, der verschiedene Antiquitäten, hauptsächlich aus dem Mittleren Osten, anbot. Räucherstäbchen brannten, und es war ziemlich düster in dem Laden. Als ich eintrat, wurde ich sofort der machtvollen Erscheinung des Mannes gewahr, der auf mich zutrat, um mich zu begrüßen. Mein erster Eindruck war Größe. Er war über ein Meter achtzig groß, von mächtigem Körperbau, und trug, soweit ich mich erinnere, einen blauen Anzug. Er hatte einen Schnurrbart, trug eine Brille und schien Anfang Fünfzig zu sein.

»Was kann ich für Sie tun?« fragte er.

»Ich möchte mich gern ein wenig umschauen, wenn ich darf«, sagte ich, und jetzt spürte ich ganz deutlich die gewaltige Präsenz oder Kraft, die den Laden zu erfüllen schien.

Lächelnd sagte er: »Sie sind, wie ich vermute, selbst Händler, kümmern Sie sich also nicht um die Preisschildchen. Lassen Sie sich Zeit.« Er sprach mit leichtem Akzent, und er rauchte eine türkische Zigarette in langer Spitze.

An die genaue Abfolge der Ereignisse, die sich dann abspielten, erinnere ich mich nur sehr verschwommen. Sicher weiß ich nur, daß irgendein sehr tiefer Instinkt mir sagte, dieser Mann wisse etwas von einer Sache, die mich seit vielen Jahren faszinierte. Seit ein Heilkundiger mich von einer schweren Krankheit befreit und ich später entdeckt hatte, daß auch ich die Gabe des Heilens besaß, beschäftigte ich mich sehr intensiv damit. Meine ganze freie Zeit widmete ich der Behandlung von Menschen, die von der orthodoxen Medizin aufgegeben worden waren, indem man ihre Krankheiten entweder schlicht für psychosomatisch bedingt oder für hoffnungslos erklärt hatte, so daß die Wissenschaft nichts mehr für sie tun konnte. Während ich bestimmte Heilmethoden praktizierte, suchte ich beständig mehr über diese Dinge zu erfahren. Im Laufe meiner Studien hatte ich viel über die Derwische des Mittleren Ostens gelesen, jene außerordentlichen Männer, die ihr Leben ganz Gott geweiht hatten und als solche in dem Ruf standen, wunderbare Kräfte zu besitzen. Je mehr ich über sie erfuhr, desto stärker wurde mein Interesse. Das Studium des »Weges«, dem die Derwische und andere Sufis folgten, wurde mir förmlich zur Besessenheit, und doch war ich bis zu diesem Augenblick noch niemandem begegnet, der aus eigener Erfahrung etwas von ihren Heilmethoden oder ihren spirituellen Praktiken wußte. Aber hier in diesem winzigen Antiquitätenladen war ich plötzlich sicher, einen Schlüssel gefunden zu haben, der mir die Tür zu einigen ihrer Geheimnisse aufschließen würde. Ich holte tief Atem und wandte mich zu dem Ladenbesitzer um.

»Sie mögen mich für verrückt halten«, begann ich, »und bitte verzeihen Sie, wenn ich die falsche Frage stelle, aber wissen Sie etwas über die Derwische des Mittleren Ostens?«

Die Atmosphäre in dem Laden schien sich ganz plötzlich zu verändern. Der Mann schien betroffen, doch bemühte er sich sorgsam, seine Fassung wiederzugewinnen, während er seine Zigarette in einem Aschenbecher ausdrückte, der auf dem Tisch vor ihm stand. Dann, nach einer schier endlos erscheinenden Zeit, sah er auf.

»Welch ungewöhnliche Frage!« sagte er. »Wie kommen Sie darauf?«

»Ich kann nur sagen, daß eine Art Instinkt mich dazu brachte«, erwiderte ich. »Seit langem lese ich Bücher über ihre Methoden, und ich suche jemanden, der aus erster Hand etwas darüber weiß. Aus irgendeinem Grund kam mir der Gedanke, daß Sie vielleicht aus dem Mittleren Osten kommen und etwas über sie wissen könnten.«

»Und wieso sollten Sie das annehmen?« fragte er mißtrauisch.

Nun, da die Frage heraus war, fühlte ich mich plötzlich sehr unbehaglich; ich wünschte, ich hätte das Thema nicht aufgebracht. Es war eine so ungewöhnliche Situation. Da war ich, ein vierunddreißigjähriger englischer Antiquitätenhändler, und konfrontierte diesen riesigen Mann, den ich nie zuvor gesehen hatte, mit einer so ausgesprochen esoterischen Angelegenheit.

»Bitte verzeihen Sie mir«, stammelte ich, »Sie müssen denken, daß ich sehr schlechte Manieren habe.«

»Keineswegs«, antwortete er. Er lächelte jetzt. »Nichts geschieht jemals aus Zufall, nicht wahr? Merkwürdig genug, aber auch ich bin sehr an den Derwischen interessiert.« Über seine Brille hinweg sah er mich durchdringend an. »Außerdem ist es Zeit zu schließen, und ich habe noch etwas Zeit. Warum trinken Sie nicht einen Kaffee mit mir, dann können wir ein bißchen über diese Dinge reden.«

Ich kann mich nicht mehr daran erinnern, wie wir den Laden verließen, noch daran, wie wir die Straße hinuntergingen, auf der Suche nach einem Café. Die ganze Situation hatte eine äußerst merkwürdige Wirkung auf mich. Eine tiefe Angst überkam mich, die ich mir damals nicht erklären konnte – so als träte ich gerade in eine Welt ein, die mir vollkommen neu war; und obwohl ein Teil von mir wünschte, ich wäre irgendwo anders, gab es einen anderen Teil, der mich in einer Situation, die vielleicht mein ganzes Leben ändern sollte, festhielt.

Nachdem wir uns gesetzt und Kaffee bestellt hatten, stellte er sich vor. Er sagte mir, sein Name sei Hamid, er stamme aus der Türkei und lebe nun seit etwa zweieinhalb Jahren in England. Er umging das Thema, das mich so brennend interessierte, doch erfuhr ich von ihm einiges über die Derwische in der Türkei. Er erzählte mir, daß Atatürk, der erste Präsident, ihre Orden verboten hatte, weil sie, sogar im politischen Leben, zu mächtig geworden waren. Hamid erwähnte auch, daß es in der Türkei immer noch Menschen gebe, die ihr Wissen bewahrt hätten. Unsere so leicht dahinfließende Unterhaltung entwickelte sich allmählich zu einer Art Verhör. Ich hatte das Gefühl, sehr sorgfältig analysiert zu werden. Mir wurde immer unbehaglicher zumute.

»Aber ich bin sehr neugierig darauf zu erfahren, wie Sie dazu kamen, sich so für diese Dinge zu interessieren«, sagte er schließlich, als wir aufstanden, um zu gehen. »Vielleicht haben Sie Lust, mich morgen abend in meiner Wohnung zu besuchen und mit mir zu essen? Dann könnten wir weiter darüber reden. Haben Sie bestimmte Essensgewohnheiten?«

Halb entschuldigend erklärte ich ihm, daß ich seit einigen Jahren Vegetarier sei, daß ich ihm jedoch keinerlei Umstände bereiten wolle. »Ausgezeichnet«, sagte er. »Da haben wir ja noch eine weitere Übereinstimmung. Ich habe gerade ein Buch über vegetarische Gerichte des Mittleren Ostens geschrieben, also werde ich etwas Besonderes für Sie zubereiten. Kommen Sie morgen abend um halb acht vorbei!«

Damit wandte er sich um und verschwand in der Menge. Einen Augenblick blieb ich stehen und sah ihm die Straße hinab nach. Dann kehrte ich in meine Wohnung zurück, wo ich allein lebte, seit meine Frau und ich uns getrennt hatten. Ich glaube, ich schlief kaum ein paar Stunden in dieser Nacht. Mir schwirrte der Kopf in dem Bemühen, Ordnung zu bringen in all das, was sich an diesem Tag ereignet hatte.

Während des nächsten Jahres verbrachte ich so viel Zeit wie

möglich mit Hamid. Stundenlang pflegten wir in seinem Laden zu sitzen. Schritt für Schritt und sehr geschickt führte er mich in den Weg der Sufis ein, jener Männer, die dem mystischen Pfad des Islam folgen. Ich wurde sein Schüler und nahm begierig so viel Wissen auf, wie ich vermochte, doch ich konnte nicht verstehen, warum er gerade über das Thema nicht mit mir sprechen wollte, das mich am meisten interessierte, nämlich die Heilkünste. Wenn ich ihn danach fragte, wich er gewöhnlich aus; er sei sicher, sagte er dann, daß ich Kräfte besäße, die nicht bei jedermann ausgebildet seien, und diese würden mir helfen, zu gegebener Zeit das Rechte zu tun, aber weiter brauchte ich mich jetzt nicht damit zu befassen. »Bleib auf dem geraden Weg«, sagte er. »Gib acht, daß du nicht auf Abwege gerätst. Prüfe stets das Motiv, aus dem heraus du diese Dinge verfolgst. Es ist ein gefährliches Spiel, und es ist erforderlich, eine gute Grundlage an wirklichem Wissen zu haben – andernfalls könnte es dich hinwegfegen.«

Für gewöhnlich besuchte ich ihn einmal in der Woche in seiner Wohnung, um mit ihm zu essen. War er bei meiner Ankunft noch mit der Zubereitung beschäftigt, so bestand er darauf, daß ich schweigend dasaß, bis er fertig war. Er arbeitete stets mit einer solchen Konzentration und arrangierte die Speisen so schön, daß es schien, als sei jedes Mahl das wichtigste, das er je zubereitet hatte. Er hatte nie Fragen darüber gestellt, warum ich kein Fleisch aß. Eines Tages jedoch schaute er von dem Salat auf, den er gerade zurechtmachte, und fragte: »Warum bist du Vegetarier?« Lang und breit erläuterte ich die Vorzüge der vegetarischen Ernährung und ihre Beziehung zum spirituellen Leben. Schließlich unterbrach er mich. »Gut«, sagte er. »Aber ich bin kein Vegetarier. Weißt du, warum?«

Ich schüttelte den Kopf.

Er lächelte. »Ich bin kein Vegetarier, weil ich weiß, daß Gott vollkommen ist und deshalb alles seinen rechten Platz im Universum hat. Ich kritisiere dich nicht«, fügte er hinzu, »doch je weiter du auf dem Pfad voranschreitest, desto mehr mußt du imstande sein, alles, was dir begegnet, umzuwandeln. Eines Tages werden wir weiter darüber sprechen.«

Das Jahr verging rasch. Unsere Beziehung wurde tiefer, und es

13

dauerte nicht lange, bis Hamid zu all den verschiedenen Vorträgen kam, die ich zu jener Zeit hielt. Meistens sprach ich über das Heilen und das, was man den »feinstofflichen Körper« des Menschen nennt; man kann ihn sehen oder fühlen, wenn man nur seine Wahrnehmungsfähigkeit genügend entwickelt hat. Damals wurde man sich gerade der Möglichkeiten neuer Lebensweisen bewußt, und Diskussionen über damit zusammenhängende Themen zogen Scharen von Menschen an, vor allem junge Leute. Außer meinen Vorträgen und Wochenendkursen hatte ich eine Gruppe, mit der ich verschiedene, östliche wie westliche, Meditationsformen untersuchte, die in der Psychotherapie nutzbar gemacht werden können; die Gruppe war sehr groß geworden. Hamid nahm gewöhnlich an unseren Treffen teil, und immer auf die gleiche Weise. Er kam erst, wenn ich begann, und verschwand kurz vor Schluß, so daß niemand von ihm Notiz nahm. Er verlangte, daß ich über unsere Beziehung vorläufig Stillschweigen bewahrte. Am nächsten Tag diskutierte er dann meistens sehr detailliert die Ereignisse des vorangegangenen Abends. Obwohl er behauptet hatte, nichts vom Heilen zu verstehen, wurde aus seinen Bemerkungen immer deutlicher, daß er weit mehr wußte, als er zugeben wollte.

Dann geschah etwas, das unserer Beziehung eine neue Richtung gab. Eines Tages erhielt ich einen Brief von einem alten Schulfreund, in dem er mich fragte, ob ich einem engen Freund von ihm helfen könne. Dieser Mann und seine Frau hatten jahrelang mit schweren Problemen gelebt. Die Frau mußte für einige Zeit ins Krankenhaus, und schließlich hatte sie ihn verlassen. Seitdem litt er unter furchtbaren Anfällen von Depression, bis hin zu Selbstmordideen; oft schloß er sich tagelang in sein Zimmer ein. Weder die Ärzte noch andere Heilkundige, die er konsultierte, hatten ihm helfen können.

Einen solchen Fall hatte ich noch nie gehabt, und als ich an jenem Abend bei Hamid zum Essen war, erzählte ich ihm davon und gab ihm den Brief zu lesen. Zu meiner Überraschung zeigte er großes Interesse und sagte, er würde den kranken Mann gerne sehen.

»Kann ich dich begleiten?« fragte er.

»Natürlich«, sagte ich, »aber ich habe nicht die geringste Ahnung, was ich tun soll!«

»Wenn du willst, werde ich dir helfen«, sagte er, indem er Kaffee einschenkte.

»Du wirst was?« erwiderte ich ungläubig.

Lächelnd wandte er sich mir zu. »Ich sagte, ich werde dir helfen, wenn du willst. Ich weiß schon ein wenig über all diese Dinge, doch bis heute war die Zeit nicht reif, mit dir darüber zu reden.«

»Warum hast du mir die ganze Zeit verschwiegen, daß du etwas vom Heilen verstehst?« fragte ich verblüfft.

»Du bist ganz gut alleine damit zurechtgekommen. Es war nicht nötig, und außerdem interessierte es mich zu beobachten, wie dein Geist arbeitet. Also, wenn du willst, dann treffen wir uns übermorgen vormittag hier um elf Uhr. Ich werde an diesem Tag den Laden schließen, und vielleicht kannst du dir auch den Tag freihalten. Heute abend solltest du dem Mann Bescheid sagen, daß wir kommen, und daß er ein frisches weißes Ei besorgen muß.«

»Ich verstehe gar nichts, Hamid – was soll er tun?»

»Er soll ein frisches weißes Ei kaufen, und bevor wir zu ihm kommen, muß er es ohne Unterbrechung vierundzwanzig Stunden bei sich tragen. Er sollte es so lange wie nur möglich bei sich haben, und in der Nacht legt er es am besten auf einen kleinen Tisch neben seinem Bett, so nahe an seinem Kopf, wie es geht, ohne daß es in Gefahr ist, zu zerbrechen. Hast du das verstanden? Keine Sorge, es wird ihm nichts passieren! Jetzt geh und ruf ihn an. Du kannst von hier aus telefonieren, wenn du willst.«

Ich wunderte mich, was der Mann am anderen Ende der Leitung wohl dazu sagen würde, doch zu meiner Überraschung zeigte er keinerlei Reaktion auf meine Anweisungen. Er sagte, er werde das Ei am nächsten Tag besorgen und freue sich darauf, uns zu sehen. In diesem Augenblick, so erwähnte er noch, gehe es ihm besser als seit langem.

Als ich zwei Tage später in Hamids Wohnung eintraf, trug er seinen besten Anzug. Seine Haare waren noch naß von der Dusche. Er hielt eine leere Papiertüte in der Hand, die er mir übergab; ich sollte sie für ihn bereithalten.

»Wozu brauchst du das?« fragte ich.

»Für das Ei«, erwiderte er. »Wir werden es mitnehmen, wenn wir den Mann wieder verlassen.«

»Willst du mir nicht sagen, was du damit machen willst?« fragte ich.

»Warte ab und sieh selbst«, sagte er und stieg in den Wagen. Schweigend fuhren wir durch den Hyde Park in Richtung Hampstead, wo der Mann wohnte. Als die Kensington Gardens hinter uns lagen und wir durchs Londoner Zentrum fuhren, erschien mir plötzlich die Vorstellung, daß dieser Mann dort saß und mit einem Ei in der Hand auf uns wartete, so unwahrscheinlich, daß ich kichern mußte.

»Was ist denn so komisch?« fragte Hamid. »Willst du nicht, daß es diesem Mann besser geht?«

»Natürlich will ich das«, gab ich zurück.

»Dann sei ernsthaft, um Himmels willen. Wir haben eine sehr schwierige Aufgabe vor uns.«

Schweigend legten wir den Rest des Weges zurück. Unser Ziel entpuppte sich als ein kleines, aber sehr schönes Regency-Haus in einer stillen Straße hoch oben auf dem Hampstead Hill. Hamid war in einer seltsamen Stimmung – nie zuvor hatte ich ihn so erlebt. Seine Augen waren halb geschlossen, seine Lippen bewegten sich leise, als spräche er zu sich selbst oder bete.

Sobald ich anhielt, öffnete er die Wagentür und stieg aus. Bis ich den Wagen abschließen und ihm nacheilen konnte, war er schon im Haus verschwunden. Ein schmächtiger Mann empfing uns, der sich als Malcolm vorstellte. Mit vielen nervösen Gesten führte er uns in das Wohnzimmer und bot uns Tee an, was Hamid dankend annahm. Als er den Raum verlassen hatte, wandte sich Hamid zu mir und sagte: »Nun, wo ist es?«

Unwillkürlich sah ich umher. »Wo ist was, Hamid?«

Er schien plötzlich ärgerlich. »*Du* hast doch die besonderen Kräfte, du mußt das wissen. Etwas in diesem Hause ist ganz und gar nicht in Ordnung. Geh und finde es!«

»Aber Hamid«, protestierte ich, »ich kann mich doch ohne seine Erlaubnis nicht einfach im Haus umsehen!«

»Tu, was ich dir sage. Geh hinauf und finde heraus, was hier nicht stimmt!«

In diesem Augenblick war mir weniger unbehaglich bei dem Gedanken, uneingeladen umherzustreifen, als dabei, Hamid nicht zu gehorchen. Ich hatte keine Ahnung, wonach ich suchen sollte, aber in Hamids Befehl steckte so viel Kraft, daß ich die Treppe hinauf war, ehe ich noch Zeit hatte, zu überlegen, was ich tat. Im ersten Stock stand ich vor vier geschlossenen Türen. Die ersten beiden führten ins Schlafzimmer, dann kam ein Badezimmer. Der vierte Raum jedoch war anders. Es war ein Atelier. In der Dunkelheit konnte ich undeutlich ein großes Gemälde erkennen, das in der Mitte des Raumes stand. Ich zog die Vorhänge auf, und als ich mich umwandte, durchfuhr mich ein furchtbarer Schreck.

Das Gemälde auf der Staffelei war fast zwei Meter groß, aber es war so schmal, daß es noch viel höher erschien. Es stellte den riesenhaften Totenschädel eines Pferdes dar, der sich auf dem Rückgrat aus einer bewegungslosen Wasserfläche erhob. Das Rückgrat schien durchscheinend, wie von blassem Feuer aufgezehrt, während der Schädel von innen her von einer fahlen roten Glut durchdrungen war. Als ich das Bild näher untersuchte, fielen mir winzige Flammen auf, die zwischen den Rückenwirbeln und den Kiefern hindurchzüngelten. Eine überwältigende Stimmung tödlichen Unheils lag über dem Bild. Leise schloß ich die Tür und lief rasch die Treppe hinab. Der Tee war serviert, und die beiden unterhielten sich.

»Hast du die Toilette gefunden?« fragte Hamid.

»Ja«, sagte ich, da ich nicht wußte, was ich sonst hätte antworten sollen. Hamid wandte sich zu Malcolm und bat um braunen Zucker für seinen Tee. Als der Mann erneut in der Küche verschwunden war, fragte Hamid: »Nun, was ist es?«

So genau ich konnte, berichtete ich. Er schien zufrieden, ja erleichtert. »Danke«, sagte er. »Jetzt können wir anfangen.«

Sobald Malcolm mit dem Zucker zurückkehrte, begann Hamid. »Sie haben das Ei, das mein Freund Sie zu besorgen bat? Geben Sie es mir bitte!«

Vorsichtig holte Malcolm das Ei aus seiner Jackentasche und gab es Hamid. Einen Augenblick wog Hamid es sorgsam in seiner Hand. Dann verlangte er einen Bleistift und begann das Ei über und über mit arabischer Schrift zu bedecken. Kein Wort wurde währenddessen gesprochen. Als die Schale des Eis vollständig beschriftet war, wandte Hamid sich um und sah Malcolm ernst an.

»Sie haben einen sehr schweren Fehler begangen«, sagte er. »Durch den Mißbrauch sexueller Energie haben Sie sich selbst großem Unheil ausgesetzt. Wie ich erfahre, ist dies das dritte Mal, daß Sie um Hilfe bitten. Ist das richtig?«

»Was meinen Sie?«

»Ich meine, daß Sie sich bisher zweimal an jene Leute gewandt haben, die von solchen Dingen wissen; aber Sie haben ihre Anweisungen nicht befolgt und deshalb keine Besserung erfahren. Ist es nicht so?«

Sichtlich verlegen erklärte Malcolm, daß er sich tatsächlich schon zweimal an Heiler gewandt habe, doch hätten sie Dinge von ihm verlangt, zu denen er sich nicht imstande sah.

»Was haben sie getan, um Ihnen zu helfen?« fragte Hamid.

»Sie gaben mir vor allem besondere Kräuter und Tees«, erwiderte er.

»Aber haben sie Ihnen nicht für vierzig Tage den Genuß von rotem Fleisch verboten? Und haben sie Ihnen nicht gesagt, daß Sie während dieser Zeit keinen Alkohol anrühren dürfen?«

Malcolm sah störrisch und verwirrt zugleich aus. »Woher wissen Sie das?« fragte er.

»Das Ei sagt es«, antwortete Hamid. »Das ganze Wissen ist doch in dem Ei, nicht wahr? Da Sie also nach Hilfe verlangt haben – werden Sie sich meiner Behandlung vorbehaltlos unterwerfen?«

Malcolm nickte. »Dann holen Sie ein Handtuch und legen Sie es sich um den Hals«, sagte Hamid. »Ich werde dieses Ei auf Ihrer Stirn zerbrechen.«

Schockiertes Schweigen. Einige Augenblicke rührte sich weder Malcolm noch ich, und noch einmal befahl ihm Hamid, ein Handtuch zu holen. Als Malcolm zurückkam, schien er niedergeschlagen zu sein und irgendwie kleiner als zuvor, da er den Raum verlassen hatte. Die Atmosphäre war so gespannt, daß selbst Hamid leicht zitterte; seine Stirn war von feinen Schweißtropfen bedeckt. »Bevor ich dies tue«, sagte er, »müssen Sie versprechen, das Bild dort oben zu verbrennen. Außerdem müssen Sie versprechen, vierzig Tage und vierzig Nächte kein Fleisch zu essen und während dieser Zeit keinen Alkohol zu trinken. Wenn Sie diesmal

versagen, wird es keine neue Chance mehr geben. Ist das ganz klar?«
Malcolm nickte bekümmert. »Aber warum das Bild verbrennen?« fragte er. »Es ist das beste Bild, das ich je gemalt habe!«
»Es mag ein gutes Gemälde sein, aber es kommt nicht aus dem Guten. Mein Freund hat mir bereits davon berichtet. Sie müssen uns verzeihen. Ich habe ihn hinaufgeschickt, um herauszufinden, woher das kam, was ich in diesem Hause fühlen konnte.«
Hamid erhob sich. Unter seinem linken Ellbogen hindurch sah ich Malcolm, den Kopf leicht geneigt, die Augen geschlossen. Einen Moment lang wünschte ich, daß ich mich niemals mit Hamid eingelassen hätte. Dann ging Hamid zwei Schritte nach vorn, hob die Hand, in der er das Ei hielt, und brachte es mit großer Kraft auf Malcolms Stirn nieder, wo es genau über seinen Augenbrauen zerplatzte. Es schien förmlich zu explodieren. Dotter und Eiweiß spritzten von seiner Nase und landeten in einer trüben gelben Lache auf seinem Schoß.
»Gib mir die Papiertüte«, befahl Hamid.
Er nahm die Tüte in seine linke Hand und schabte die Lache sorgfältig hinein. Nachdem er sich davon überzeugt hatte, daß an Malcolms Stirn nicht noch Stücke der Eierschale klebten, übergab er mir die Tüte. Schließlich nahm er Malcolm das Handtuch ab und reinigte ihm sehr behutsam und sorgfältig das Gesicht.
»Gut«, sagte er, »es ist getan. Es tut mir leid, daß ich Ihren Anzug bekleckert habe, aber die Reinigung wird das schon wieder in Ordnung bringen. Und jetzt öffnen Sie die Augen!«
Hamid lächelte, und die Atmosphäre im Raum war völlig verändert. Eine neue Leichtigkeit erfüllte die Luft, und mir fiel auf, daß die Sonne durch das Fenster hereinströmte, genau auf das Sofa, wo wir gesessen hatten.
»Und nun denken Sie daran, tun Sie, was ich Ihnen gesagt habe, denn eine weitere Chance wird es nicht für Sie geben! Komm«, sagte er, zu mir gewandt. »Nimm die Tüte. Wir müssen gehen.«
Er wies mich an, in den südlichen Teil Londons zu fahren, dorthin, wo die Themse mitten durch die Stadt fließt. Er war sehr aufgeräumter Stimmung und erzählte lustige Geschichten aus seinen jungen Jahren in der Türkei, als wenn nichts geschehen wäre.

Endlich bat ich ihn um eine Erklärung.

»Da gibt es nichts zu erklären«, sagte er. »Es ist noch zu früh für dich, von diesen Dingen zu erfahren. Aber eines Tages werden wir, wenn du willst, ein bißchen ausführlicher darüber reden.«

»Aber das Ei schien regelrecht zu explodieren«, sagte ich, »und dann landete das ganze Dotter und Weiße auf einem Fleck. Das ist unmöglich!«

Hamid lachte dröhnend. »Ich habe es dir doch erklärt«, sagte er. »Das Ei enthielt all die Geheimnisse, die wir erfahren wollten.«

Noch war ich nicht zufrieden. Ich war Zeuge eines Vorgangs von unglaublicher Kraft gewesen, aber ich konnte mir keinen Reim darauf machen. Seit über fünf Jahren war ich ein professioneller Heiler, aber was Hamid heute getan hatte, besaß eine Tiefe und Macht, wie ich sie nie erlebt hatte. Das war nicht mehr ein gradueller, sondern ein Wesensunterschied. Schließlich fragte ich ihn: »Ist der Mann wirklich geheilt? Wird er jetzt wieder gesund werden?«

Hamid sah mich ernst an. »Das hängt allein von ihm ab«, sagte er. »Wir haben ihm alles gegeben, was er zu seiner völligen Wiederherstellung braucht, aber wir können ihn nicht zwingen, es anzunehmen. Alles, was wir jetzt tun können, ist, für ihn zu beten.«

Wir parkten den Wagen am Themse-Ufer. Hamid eilte über die Fahrbahn, und ich folgte ihm so schnell ich konnte. Er hatte die Papiertüte in der Hand. Als er sie ins Wasser warf, hätte jeder Passant gedacht, er füttere die Möwen. Schweigend sah er zu, wie die Tüte im schmutzigen Wasser versank. Dann wandte er sich wieder dem Wagen zu.

»Komm mit in meine Wohnung«, sagte er. »Wir haben noch nichts gegessen, und ich bin hungrig!«

Beim Essen gab er mir bestimmte Instruktionen, die ich ausführen sollte, und erklärte mir genau, wie ich im Verlauf der nächsten vierzig Tage mit Malcolm verfahren müsse. Er weigerte sich, über seine Methode zu sprechen; auch, warum er es für nötig gehalten hatte, ein Ei auf Malcolms Stirn zu zerbrechen, wollte er nicht sagen. Die ganze Sache paßte so gar nicht zu Hamid, da er doch sonst alles, was irgend mit Magie zu tun hatte, mit einem Stirnrunzeln bedachte. Dann versetzte er mir einen neuen Schock.

»Morgen reise ich ab nach Istanbul. Anfang Januar findest du mich im Süden Anatoliens. Wenn du auf die rechte Weise und zur rechten Zeit kommst, werde ich dich empfangen. Doch du mußt alleine kommen und deine ganze Vergangenheit hinter dir lassen. Wenn du dem WEG folgen willst, mußt du alles zurücklassen. Es darf nichts mehr geben, was noch zu erledigen wäre, keine schmutzige Wäsche im Schrank, keine unbezahlten Rechnungen. Da darf nichts sein, was dich davon abhalten könnte, mit offenen Händen zu kommen. Bisher war all unsere gemeinsame Arbeit nur Vorbereitung für diesen Augenblick. Nun ist es an dir, den nächsten Schritt zu tun, und es ist ein Schritt ins völlig Unbekannte.«

Er lächelte mich an und legte seine Hand auf meinen Arm. »Es ist wahr – ich weiß etwas über die Derwische. Du mußt mir verzeihen, aber die Dinge, die wir vielleicht eines Tages gemeinsam unternehmen werden, sind nicht für jedermann. Ich mußte absolut sicher sein, daß du wirklich mit dem Herzen und nicht nur mit dem Kopf wissen willst. Aber ich glaube, du hast sowieso schon langsam gemerkt, worauf ich hinauswollte, nicht wahr?«

Er gab mir eine Ansichtskarte. »Sieh dir dieses Bild genau an. Eines Tages, so Gott will, wirst du diesen Ort aufsuchen; dann wirst du wissen, daß deine wirkliche Reise begonnen hat.«

Das Foto auf der Karte zeigte, wie mir schien, das Innere eines großen Grabgewölbes. Im Vordergrund war ein prächtiges goldenes Tuch zu sehen, das wohl einen Sarg bedeckte; darauf lag, an seinem oberen Ende, ein riesiger blauer Turban. Licht durchflutete den Raum und schimmerte von den farbigen Wänden des Grabgewölbes wider, in deren rote, schwarze und grüne Ziegel goldene arabische Schriftzeichen eingraviert waren. Auf der Rückseite der Karte hatte Hamid seine Adresse notiert: »c/o Post Box 18, Side, Anatolien, Türkei«.

Den Rest des Nachmittags verbrachten wir zusammen. Erst jetzt wurde mir bewußt, wie sehr ich an Hamid hing, und wie wichtig mir die Zeiten des Lernens mit ihm geworden waren. Ein Gefühl des Verlustes erfüllte mich bei dem Gedanken an seine Abreise, doch ich wußte auch, daß es tiefgreifende Konsequenzen auf Jahre hinaus für mich haben würde, wenn ich ihm folgte. Wir umarmten uns, bevor ich ging. Als ich das Haus verließ und zur Bushaltestelle spazierte, war ich sehr bewegt. Es war ein kalter Tag im November 1969. Die Luft war feucht und leicht neblig, von einem Platz zog der Geruch brennenden Laubs herüber.

Als ich in meiner Wohnung ankam, hatte ich die vielleicht wichtigste Entscheidung meines Lebens getroffen. Ich hatte mich entschlossen, mein Geschäft zu verkaufen, alle Angelegenheiten zu ordnen und England zu verlassen, um Hamid in die Türkei zu folgen. Ich setzte mich an meinen Tisch und schrieb ihm. Der nächste Brief galt meinem Geschäftspartner, der gerade auf ausgedehntem Urlaub in Amerika war; ich teilte ihm mit, daß ich nun bereit sei, ihm meinen Anteil am Geschäft, den er mir schon seit langem abkaufen wollte, zu überlassen. Ich rief ein Maklerbüro an, um meine freiwerdende Wohnung anzubieten, schrieb Briefe an Freunde und Verwandte, in denen ich zu erklären versuchte, warum ich England auf unbestimmte Zeit verlassen wollte, und teilte meiner Meditationsgruppe mit, was ich vorhatte. Dann schrieb ich, was mir sehr schwerfiel, an all jene, die um Heilung zu mir gekommen waren, und nannte ihnen den Namen eines anderen, der ihnen helfen könnte. Die ersten Schritte waren getan, und nun blieben mir noch sechs Wochen, alles richtig vorzubereiten, bevor ich nach der Türkei aufbrach.

Sechs Wochen später saß ich im Flugzeug nach Istanbul. Einen Brief nur hatte ich von Hamid erhalten, in dem stand, daß er sich darauf freue, mich zu sehen. Außerdem enthielt er eine Liste von Personen, die ich aufsuchen sollte, bevor ich im Süden mit ihm zusammentraf. Ich war heiterer Stimmung und voller Ungeduld, ihn zu sehen, doch offensichtlich sollte meine Reise sich erst wie eine Pilgerfahrt entwickeln, bevor ich mein Ziel erreichen durfte.

2

Weil ich liebe,
führt ein unsichtbarer Weg über den Himmel.
Vögel reisen auf diesem Weg, die Sonne und der Mond
und alle Sterne durchwandern diesen Pfad bei Nacht.

Kathleen Raine

Wie die Blüte Vorbote der Frucht,
so ist die Kindheit des Menschen die Verheißung seines
Lebens.

Hazrat Inayat Khan

Meinen ersten Tag in Istanbul verbrachte ich damit, nur durch die Straßen zu laufen und zu versuchen, mich an das Gewimmel und den Lärm zu gewöhnen. Alle Autos schienen gleichzeitig zu hupen, die Fahrer schrien durcheinander, wenn der Verkehr ins Stocken geriet, und die Fußgänger brüllten die Fahrer an. Kinder zerrten an meinem Mantel und wollten mir Zuckerwerk verkaufen, an jeder Straßenecke wurde irgend etwas zum Kauf angeboten. Da gab es Männer mit Koffern voller Hosen, kleine Jungen mit Einkaufstüten und dunkelhäutige Männer aus Kurdistan, die sich mit Gebetsteppichen vom Vansee und aus Anatolien durch die Menge schoben. Frauen trugen Kisten mit grellroten und -grünen Küchenutensilien aus Plastik, Glücksbringer und Körbe mit frischen Blumen. Da waren alte Männer, die nur Nagelscheren verkauften, an manchen Ecken drängten sich die Menschen um rotglühende Kohlenpfannen, über denen man Maiskolben röstete und Fische briet, die am Morgen im Bosporus gefangen worden waren. Auf einer Seite der Straße bot ein alter Mann seine Dienste als Messerschleifer an, und auf der anderen reparierte jemand Schreibmaschinen.

Meine Streifzüge führten mich schließlich auch zur Blauen Moschee, wahrlich einer der schönsten Bauten der Welt, und zum ersten Mal hörte ich den Ruf zum Gebet über die Dächer widerhallen. Es war wirklich eine neue Welt, aufregend, berauschend und vielleicht ein wenig beängstigend für jemanden, der nie zuvor in Istanbul gewesen war. Den ganzen Tag war ich herumgelaufen, nur ein paarmal hatte ich mich erschöpft in kleinen Cafés auf einen türkischen Kaffee hingesetzt; dort saßen die Männer und rauchten schwarzen Tabak aus Wasserpfeifen, während sie dem geschäftigen Leben zusahen, das draußen vorüberzog. Gegen Abend bekam ich Hunger. In dem Restaurant in der Altstadt, das ich mir zum Abendessen ausgesucht hatte, entschied ich mich für *Köfte*, kleine Fleischbällchen am Spieß, die über offenem Holzkohlenfeuer gebraten und mit gefülltem Gemüse serviert werden. Zu meiner Überraschung verursachten sie mir keinerlei Beschwerden, obwohl ich doch jahrelang vegetarisch gelebt hatte. Die Veränderung, von der ich wußte, daß sie mir bevorstand, mußte schon begonnen haben!

Ich schlief gut in dieser Nacht in dem kleinen Hotelzimmer, das ich gemietet hatte. Sobald ich am nächsten Morgen mein Frühstück beendet hatte, suchte ich im Telefonbuch nach dem Namen eines Scheichs – eines spirituellen Lehrers –, den Hamid mir gegeben hatte. Ihn sollte ich aufsuchen, sobald ich in Istanbul angekommen war. Er hatte mir gesagt, daß ich den Mann über eine Vereinigung erreichen könnte, die sich »Metaphysische Vereinigung der Türkei« nannte; doch würde es vielleicht schwierig werden, den Leuten seine Adresse zu entlocken, da man bei diesen Dingen immer auf Verschwiegenheit stoße. Sosehr ich mich auch bemühte, ich hatte keinen Erfolg. Im Telefonbuch war keine Gesellschaft dieses Namens aufgeführt, und ich hatte keine Ahnung, wo ich sonst danach suchen sollte. Die Tatsache, daß ich kein Wort Türkisch sprach, machte die Sache noch komplizierter. Ich beschloß, das Hotel zu verlassen und zum Taksim zu gehen, jenem großen modernen Platz, der von Hotels, Reisebüros und Agenturen der Fluggesellschaften umsäumt ist, und wo in jedem Büro wenigstens einer der Angestellten Französisch oder Englisch spricht. Ich dachte, mein Instinkt würde mir vielleicht weiterhelfen, doch wo ich auch fragte, es kam nichts dabei heraus. Gegen Abend war ich fast davon überzeugt, daß meine Aufgabe unlösbar war. Wäre ich nicht von Natur aus sehr hartnäckig und hätte ich weniger Vertrauen zu Hamid gehabt, ich hätte an diesem Abend aufgegeben. Doch etwas trieb mich, weiterzumachen, und ich beschloß, es am nächsten Tag in der Altstadt zu versuchen. Wieder sprach ich jeden, der vielleicht Englisch konnte, darauf an, ob er jemals von der »Metaphysischen Vereinigung der Türkei« gehört habe.

Am Mittag des zweiten Tages war ich noch keinen Schritt weiter. Nach Hamids Instruktionen mußte ich noch jemand anderen in Istanbul aufsuchen, doch er hatte betont, daß ich mit diesen Leuten nur in der von ihm angegebenen Reihenfolge zusammentreffen dürfe. Jetzt war ich soweit, aufzugeben; meine Füße schmerzten und hatten Blasen, und langsam verlor ich die Lust an der ganzen Sache. Am Nachmittag des dritten Tages ging ich zu einem Friseur, der nur ein paar Häuser vom Hotel entfernt war, um mir den Bart stutzen zu lassen. Der Friseur hatte zwei Jahre in einem Pariser Hotel gearbeitet und war entzückt darüber, mit jemandem Französisch sprechen zu können. Wir plauderten über Paris und über London, wo er auch einmal gewesen war, und dann über Istanbul. Als ich ging, stellte ich ihm noch die unvermeidliche Frage – ob er die Vereinigung kenne, die ich suchte. »Aber ja«, erwiderte er beiläufig, »ich kenne die Vereinigung. Wenn Sie wollen, bringe ich Sie hin . . .«

Wie war es möglich, daß es so einfach gewesen war? Drei Tage lang hatte ich die Stadt abgesucht, um die Information, die ich brauchte, dann in einem Friseurladen kaum ein paar Meter von meinem Hotel entfernt zu erhalten! Ich versuchte zu erklären, welche Umstände mich hergeführt hatten, doch der Friseur lächelte nur und betonte, wie schon Hamid gesagt hatte, daß es so etwas wie Zufall nicht gebe; und wenn es mir bestimmt sei, den Scheich zu treffen, so würde ich ihn mit Sicherheit finden, sei es mir aber nicht bestimmt, dann nicht. »Als ich ein junger Mann war«, fuhr er fort, »hatte ich mit diesen Dingen zu tun. Doch jetzt habe ich eine Familie und einen Beruf, ich muß den ganzen Tag mit den Leuten reden und habe nicht viel Zeit, zu studieren. Aber man sagt, der

Scheich, der die Leute von der Vereinigung kennt, sei wirklich ein sehr großer Mann. Ich hoffe, Sie werden ihm begegnen. Ihr Büro öffnet übrigens nicht vor Abend, deshalb wäre es vielleicht gut, wenn Sie zu Ihrem Hotel zurückkehren und wir uns später dort treffen.«

Die nächsten zwei Stunden saß ich in der Hotelhalle, las wochenalte Zeitungen, die ich schon in London gelesen hatte, und wartete ungeduldig, daß es Abend wurde.

Endlich kam der Friseur, wir verließen das Hotel und überquerten den Platz. Es wurde schon dunkel, als wir in eine abgelegene enge Straße einbogen. Ein kalter Wind kam auf, es roch nach Regen. In Hauseingängen duckten sich Menschen, die Mantelkrägen hochgeschlagen, und im Licht der Straßenlaternen leuchtete der Dampf, der aus den Gullys hochstieg. Der Friseur sprach nichts; er ging so schnell, daß ich fast laufen mußte, um mit ihm Schritt zu halten. Ich konnte nicht sagen, ob er mit Absicht eine verwirrende Route eingeschlagen hatte, aber ich wußte, daß ich den Weg alleine niemals wiederfinden würde.

Schließlich kamen wir zu einem kleinen Platz am Ende einer Sackgasse, und dort, auf der schweren hölzernen Tür eines der Häuser, zeigte ein Blechschild die »Metaphysische Vereinigung der Türkei« an. Mein Begleiter klopfte an, und kurz darauf öffnete eine Frau die Tür. Sie war Mitte Vierzig, ihr dunkles, streng zurückgekämmtes Haar war hinten zu einem Knoten gebunden. Sie trug einen einfachen schwarzen Rock mit weißer Bluse und entsprach so gar nicht meiner Vorstellung von den Leuten, für die ich von so weit her gekommen war. Sie musterte mich scharf und wandte sich meinem Begleiter zu. Sie sprachen kurz auf türkisch miteinander. Dann trat sie ins Haus zurück und schloß die Tür. Der Friseur verneigte sich leicht, verschwand in der dunklen Straße und ließ mich allein auf der Türschwelle stehen.

Aus meiner Beklommenheit war Angst geworden, als sich die Tür wieder öffnete und die Frau, von einem Mann begleitet, zurückkam. In leidlich gutem Französisch begann sie mich darüber auszufragen, warum ich in Istanbul sei und weshalb ich mich für die Vereinigung interessiere. So gut es ging, beantwortete ich ihre Fragen, doch mir war nicht klar, was sie wirklich wissen wollte.

Schließlich fragte sie: »Warum wollen Sie unseren Scheich besuchen?« Ich war verblüfft, bis ich darauf kam, daß mein Führer, der Friseur, ihr von meiner Suche berichtet haben mußte. Ich versuchte zu erklären, daß mein Lehrer mir diese Aufgabe gestellt hatte, aber meine Darstellung geriet sehr konfus. Hamids Name schien ihnen nichts zu sagen, und einige Minuten lang fuhren sie fort, mir Fragen zu stellen. Plötzlich brach die Frau das Gespräch ab und sagte: »Wir werden jetzt gehen.«

Wir nahmen ein Taxi und fuhren durch einen der ältesten Teile Istanbuls. Es war spät am Abend; die Stadt war ein einziges Lichtermeer, und die Märkte brodelten immer noch von Menschen. Der Wagen hielt in einer schmalen Gasse, über der die Häuser sich so weit entgegenneigten, daß es schien, als könnten sich die Leute aus den oberen Fenstern lehnen und die Hand geben. Wir kletterten aus dem Auto, klingelten an einem der alten Häuser und warteten, zum Balkon hinaufblickend. Nach einer Weile erschien auf dem Balkon ein alter Mann im Schlafanzug. Er winkte uns zu und bedeutete uns, daß er herunterkommen würde, um uns einzulassen. Als er die Tür öffnete, war er immer noch im Schlafanzug, trug jedoch eine blaue Jacke darüber. Auf die Wand am oberen Ende der Treppe war eine herrliche rote Rose gemalt, über anderthalb Meter hoch. Wir ließen unsere Schuhe am Treppenabsatz vor der Tür stehen, und ich betrat den Raum, um mit dem ersten jener Männer zusammenzutreffen, zu denen ich geschickt worden war.

Mindestens zwei Stunden lang sprach der Scheich auf türkisch mit den anderen, während seine Frau bei der Tür saß und nur gelegentlich neuen Tee und süße Kekse brachte. Während der ganzen Zeit beachtete er mich nicht. Abwechselnd sah er jeden einzelnen an, doch immer, wenn sein Blick in meine Nähe kam, wandte er seine Augen ab. Soviel ich mitbekam, diskutierten sie über eine Passage aus dem Koran. Sie wurden alle sehr aufgeregt, und immer wieder erscholl der Ruf »Allah!«. Einmal begannen sie alle über etwas zu weinen, was der Scheich gesagt hatte. Es war nun etwa acht Stunden her, seitdem ich den Laden des Friseurs betreten hatte. Vielleicht hatte ich irgendeinen Fehler begangen und würde nie die Erlaubnis erhalten, den Scheich zu begrüßen und zu erfahren, ob ich aufgenommen würde oder nicht. Er mochte meine Gedanken gelesen haben, denn plötzlich wandte er sich zu mir und stellte eine knappe, direkte Frage, die mir der Mann von der Metaphysischen Vereinigung, der zu meiner Rechten saß, ins Französische übersetzte: »Warum sind Sie gekommen?« Ich begann zu erklären, und für eine Weile hörte er der Übersetzung sehr interessiert zu. Doch plötzlich schien es ihn zu langweilen. Mit einer Handbewegung beendete er das Gespräch. Einen Moment herrschte Stille, dann begann er zu sprechen, wobei er mich unverwandt ansah. Außer seiner Stimme und der des Dolmetschers war nichts zu hören im Raum – selbst der im Hintergrund ständig vorhandene Straßenlärm schien zu verschwinden.

»Es waren einmal zwei Schmetterlinge, einer in London und einer in Istanbul. Aus Liebe flogen sie einander entgegen, und als sie sich trafen, da starb der eine. Verstehen Sie?«

Nach einer Pause fuhr er fort. »Wenn die Schildkröte ihre Eier im Sand ablegt, scharrt sie ein Loch für sie, bedeckt sie mit Sand und taucht dann ins Meer zurück. Magnetismus brütet die Eier aus, nicht bloß die Wärme der Sonne, wie die Leute immer glauben. Denn obwohl sie ins Meer zurückkehrt, ist die Schildkrötenmutter immer noch unsichtbar mit ihren Eiern verbunden. Wenn die Eier ausgebrütet sind, suchen die Schildkrötenkinder ihren Weg zum Wasser. Sehr wenige erreichen ihr Ziel. Auf sie warten schon die Vögel, die sich versammelt haben, um die kleinen Geschöpfe zu fressen; und wenn sie es tatsächlich schaffen, ins Meer zu kommen, warten die Fische, denn auch ihnen sagt ihr Instinkt, wann die Schildkröten auskriechen. Von den Tausenden von Schildkröten, die geboren werden, bleiben nur sehr wenige am Leben, um selbst Eier zu legen.«

Er sah mich mit großer Freundlichkeit an und fügte hinzu: »Sie sehen also, der Scheich kann nicht immer wissen, wen er lehrt.«

Die Gruppe schien sehr glücklich; einige wandten sich mir zu und schüttelten mir die Hand, andere kamen herüber, umarmten mich und küßten mich auf beide Wangen. Ich war völlig verwirrt. Was hatten die Schildkröten mit dem Scheich und seiner Lehre zu tun? Was hatte all das über Magnetismus und die Sonne zu bedeuten? Und wenn ich einer der beiden Schmetterlinge sein sollte, wohl der, der aus London geflogen kam, war ich dann tot? Oder war es der Scheich?

Bevor ich Zeit hatte, über diese Fragen nachzudenken, hob der Scheich noch einmal die Hand, um Schweigen zu gebieten. Dann erzählte er die folgende Geschichte.

»Es gab einmal einen Rosenstrauch. Er war mit Sorgfalt gepflanzt, und so wuchsen die Wurzeln tief in die Erde hinein, die lange darauf vorbereitet worden war, ihn zu empfangen. Diese Wurzeln waren Abraham. Als die Rose heranwuchs, mußte sie richtig beschnitten werden, sonst wäre sie wild gewuchert und hätte nicht erfüllt, was der Gärtner mit ihr vorhatte. Dank der guten Erde, den tiefen Wurzeln und dem Beschneiden war der Stamm gerade und stark. Dieser Stamm war Moses. Eines Tages kam in der Knospe die vollkommenste rote Rose hervor, die man je gesehen hatte. Die Knospe war Jesus. Die Knospe ging auf; die Blüte war Mohammed.«

Der Scheich hielt inne, wandte sich um und sprach zu seiner Frau. Sie verließ den Raum und kehrte mit einer kleinen gläsernen Phiole zurück. Er wies auf mich, und sie kam zu mir. »Nimm sie«, sagte er, »und sag mir, was das ist.« Ich nahm die Phiole in die Hand und roch daran. »Es ist Rosenwasser«, antwortete ich. »Attar von Rosen. Es ist die Essenz der Rose.«

Der Scheich lächelte und bedeutete mir, ich solle zu ihm kommen und mich vor ihm niederlassen. Die Kraft, die ich in seiner Nähe fühlte, war überwältigend. Er nahm meine Hände in die seinen. »Hör aufmerksam zu und denke auf deiner Reise an das, was ich dir zu sagen habe. Heute braucht die Menschheit den Duft der Rose. Eines Tages wird sie nicht einmal dessen bedürfen.«

Dann beugte er sich vor, küßte meine Hände und führte sie an seine Stirn. Seine rechte Hand über meinem Kopf haltend, hauchte er in den Raum hinein: »*Huuuuu*«.

Er stand auf und verließ das Zimmer. Die Versammlung war beendet. Wir nahmen unsere Schuhe und gingen die Treppe hinab. Auf halbem Wege blickte ich mich noch einmal um. Der alte Scheich stand oben an der Treppe, vor der Rose, die auf die Wand gemalt war. Er beugte sich vor und rief etwas zu mir herunter. Der Dolmetscher, der hinter mir stand, sagte ruhig: »Sehen Sie einmal zurück und behalten Sie es im Gedächtnis. Vergessen Sie die Rose nicht.«

Der Mann, der als Übersetzer gedient hatte, begleitete mich im Taxi zurück zu meinem Hotel. Er schwieg, und ich war damit beschäftigt, die Bedeutung der Geschichten zu enträtseln, die der Scheich erzählt hatte. Plötzlich wandte er sich zu mir. »Haben Sie verstanden«, fragte er, »warum unser Scheich das Beispiel der Schildkröte wählte, um Ihnen etwas klarzumachen?«

Ich sagte ihm, daß ich wirklich kaum etwas von dem verstanden hatte, was gesagt worden war, und bat ihn, es mir zu erklären.

Einen Augenblick überlegte er. »Ich werde Ihnen ein wenig mehr sagen«, meinte er schließlich, »aber Sie müssen wissen, daß jede Antwort Begrenzung bedeutet. Die Wahrheit ist ständig im Fluß und entzieht sich jeder Erklärung. Darum ist es besser, mit einer Frage entlassen zu werden, als eine Antwort zu erhalten. Ich kann Ihnen einige Hinweise geben, aber dann ist es an Ihnen, selbst über diese Dinge nachzudenken. Doch lassen Sie uns erst zu Ihrem Hotel fahren und einen Kaffee trinken.«

Es war schon ziemlich spät, die wenigen Leute, die noch unterwegs waren, hasteten vorüber oder suchten Schutz vor dem Regen und dem kalten Wind. Im Hotel war es warm, und wir setzten uns in die Nähe des Kamins in einer Ecke der Halle, um unseren Kaffee zu trinken.

»Der Scheich hat Ihnen vor allem begreiflich zu machen versucht – es ist Ihnen doch klar, daß er seine Geschichte nur für Sie erzählt hat, nicht wahr? –, daß Sie und ich, daß alle Menschen durch einen unsichtbaren Faden miteinander verbunden sind. Sie sehen also: was auch an einem Ort gesagt oder getan wird, es hat Folgen überall auf der Welt. Doch die Stärke dieser Wirkung ist abhängig vom Grade unserer Wachheit und Bewußtheit. Sie haben jemanden gesucht, der Sie auf Ihrer Reise führen soll. Es ist aber so, daß der Führer für jeden Menschen immer schon da ist; doch solange wir aus unserem Schlummer nicht erwachen, wissen wir nicht, daß dies so ist. Als der Scheich sagte, daß er nicht notwendigerweise weiß, wen er lehrt, so hat er Ihnen damit erklärt, daß er jeden Tag eine Botschaft aussendet, die sich durch die ganze Welt verbreitet, und wer wach genug ist, hört seinen Ruf. Selbst wer unserem

Scheich nie begegnet, selbst wer Tausende von Meilen entfernt ist, kann doch die innere Bedeutung seiner Lehre vernehmen, denn Energie begleitet den Gedanken. Andererseits dürfen wir nicht vergessen, daß die Saat eine lange Zeit brauchen kann, um aufzugehen. Was Sie jetzt von mir, und was Sie vom Scheich gehört haben, wird sich im Laufe vieler Jahre in Ihnen entfalten, und vielleicht wird Ihnen daraus, als Ergebnis unserer Versammlung, ein bißchen mehr Verstehen erwachsen.

Der Grund dafür, daß der Scheich von einer Schildkröte sprach und nicht von irgendeinem anderen Geschöpf, liegt darin, daß die Schildkröte sowohl im Meer als auch außerhalb des Meeres leben kann. Sie verläßt eine Welt und betritt eine andere, um dort ihre Eier abzulegen. Dann kehrt sie in die Welt zurück, aus der sie kam. Alles ist miteinander verbunden, und so ist auch die Schildkröte in der unsichtbaren Welt immer noch mit den Eiern verbunden, die sie gelegt hat. Dies ist der Magnetismus, von dem der Scheich Ihnen erzählte; zusammen mit der Kraft und Wärme der Sonne brütet er die Eier schließlich aus. Dafür sind beide erforderlich, sowohl die Sonne als auch diese besondere Art der Energie, die von der Mutter zu ihren Kindern ausgeht. Die jungen Schildkröten schlüpfen aus, doch ist damit nicht gesagt, daß alle überleben werden. Nur diejenigen, die stark sind, werden das Meer erreichen, wo sie vielleicht so viel an Größe, Alter und Weisheit zunehmen, daß sie eines Tages zurückkehren und ihre eigenen Eier legen können. Verstehen Sie nun ein wenig besser?«

»Ich bin nicht sicher«, sagte ich. »Ich glaube, ich beginne zu begreifen, aber es wird noch lange dauern, bis ich verstehen kann, was all dies eigentlich bedeutet. Mir ist immer noch völlig unklar, was der Tod eines der beiden Schmetterlinge zu bedeuten hat.«

»Ah«, sagte mein Begleiter, »das ist schwer zu verstehen, wenn man unsere Denkweise nicht gewohnt ist, doch wenn man weiß, wie der Scheich Geschichten benutzt, um bestimmte Punkte zu illustrieren, ist es einfach. Aber vergessen Sie nicht – ich ›erkläre‹ nichts wirklich! Sie müssen in dem, was Sie heute abend gehört haben, Ihren eigenen Sinn finden.

Natürlich waren Sie einer der Schmetterlinge in der Geschichte, und unser Scheich war der andere. Damit, daß die zwei Schmetterlinge aufeinander zufliegen, wollte er sagen, daß ebenso, wie der Schüler den Lehrer braucht, der Lehrer den Schüler braucht, damit die Botschaft übermittelt werden kann. Der Schmetterling hier ist wie die Seele, doch soll wahres Verstehen erwachsen, so darf es keine zwei Seelen mehr geben. Nun mögen Sie zwar von ›meiner Seele‹ und ›seiner Seele‹ sprechen – wenn Sie aber die Fähigkeit zum wirklichen Verstehen in sich erwecken wollen, dann muß die Idee Ihrer eigenen Seele sterben, so daß Sie zur EINEN SEELE finden. Der Scheich mochte Sie, und als er davon sprach, daß die beiden Schmetterlinge sich begegneten und einer von ihnen starb, wollte er Ihnen sagen, daß eine Zeit kommen wird, da das, was Sie für Ihr Ich halten, sterben wird; und dann kommt das Verstehen.«

Für einen Augenblick ergriff er meine Hand und sagte: »Wenn wir uns wirklich begegnen, begegnen wir uns im Herzen, und dann gibt es kein Du und kein Ich mehr. Ich muß nun gehen, mein Freund. Viel Glück auf Ihrer Reise. Sie wissen – es ist die einzige wirkliche Reise, die wir in dieser Welt machen.«

Er stand auf, schüttelte noch einmal meine Hand und ging.

Es war schon sehr spät, als ich zu meinem Zimmer hinaufging, aber ich war hellwach, und es hatte kaum Sinn, noch ins Bett zu gehen. Ich saß am Fenster und ließ den Blick über die nächtlichen Silhouetten der Stadt schweifen, die Ziegeldächer, die alten Häuser im europäischen Stil, die modernen Hotels und die dunklen, schlanken Finger der Minarette, von denen bald der erste Ruf zum Gebet ertönen würde. So saß ich und schaute, bis die ersten Händler in den dunklen Straßen ihre Waren ausriefen und sie den Leuten anpriesen, die auf dem Weg zur Arbeit waren. Unter meinem Fenster hörte ich ein gedämpftes Klingeln und langsame Schritte auf dem Kopfsteinpflaster. Ein Mann mit einem riesigen Braunbären an der Leine erschien im Zwielicht. Er mochte wohl den ganzen Weg vom Osten der Türkei gekommen sein, und nun sollte das Tier in den Straßen oder auf einer der Piers am Bosporus tanzen. Der Bär tat mir leid, wie er da so schwerfällig hinter ihm hertrottete, ein weiterer Darsteller in dieser Stadt der Kontraste. Als die Sonne hervorkam, überlegte ich, wie ich den zweiten Mann finden sollte, den zu treffen mir aufgetragen war. Wieder hatte ich nur einen Namen und keine Adresse, doch Hamid hatte gesagt, daß der Mann in einem der Schneiderläden in jener Straße nahe dem großen Markt arbeite, wo sich viele solcher Geschäfte befanden. Doch den richtigen könnte ich nur finden, wenn meine Intuition genügend geweckt sei. Zum Markt gelangte ich ohne Schwierigkeiten, doch einen bestimmten Schneiderladen zu finden, schien unmöglich. Den ganzen Morgen lief ich die Straßen hinauf und hinab, schaute in viele Läden hinein und hielt Ausschau nach irgendeinem Zeichen, das mir sagte, ob ich auf der richtigen Spur war.

Gegen Nachmittag war ich in den Bezirk der Buchhändler geraten. Aufs Geratewohl betrat ich einen der Läden und fühlte mich sofort von einer wunderschönen arabischen Schriftrolle angezogen. Der Besitzer, der mir über die Schulter geblickt hatte, sprach hastig zu einem Jungen, der neben dem Ladentisch stand. Der Junge lief hinaus, und mit vollendeten Gesten lud der Besitzer mich ein, im Hinterzimmer einen Tee mit ihm zu trinken.

Wir saßen uns am Tisch gegenüber und schlürften aus winzigen Tassen gesüßten Pfefferminztee, als der Junge mit einem älteren Mann zurückkehrte. Er schätze sich glücklich, sagte er, uns als Dolmetscher dienen zu können. Als erstes wollte der Buchhändler wissen, warum ich mir gerade dieses Schriftstück ausgesucht hatte. Ob ich verstünde, was darauf geschrieben war? Als ich ihm bedeutete, daß ich es nicht verstand, übersetzte mir der ältere Mann die Worte. Es war der Eröffnungsvers des Korans, das tägliche Gebet aller Muslimen in der Welt. »Im Namen Gottes, des Erbarmers, des Barmherzigen . . .« Einen Moment war es still im Raum. Dann, lächelnd und mit vielen Gesten, bestand der Buchhändler darauf, daß ich die Rolle als Geschenk annahm.

Wir hatten lange miteinander gesprochen, als der Buchhändler sich erhob und mich in einen anderen Raum winkte. Aus der Dunkelheit trat ein alter Mann mit hoher Stirn auf uns zu. »Dieser Mann ist ein echter Derwisch«, sagte der Dolmetscher, und einen Augenblick sprachen die drei Türkisch miteinander. Schließlich wandte der alte Mann sich zu mir um, erhob seine Hand und hauchte über meinen Kopf hinweg das Wort »*Hu*«, so wie es der Scheich in der Nacht zuvor getan hatte.

Nachdem wir uns wieder gesetzt hatten, zu frischem Tee, erzählte ich dem Buchhändler von meinem Auftrag. Ich fragte ihn, ob er von einem Scheich wisse, der in einem Schneiderladen arbeite, doch er schüttelte nur den Kopf. »Aber wie soll ich ihn denn finden?« fragte ich kläglich. »Ich bin gelaufen und gelaufen und kann nicht einmal die Straße mit den Schneiderläden finden, und ich spreche kein Wort Türkisch!« Er lächelte über die Verzweiflung in meiner Stimme und erhob sich – das Treffen war beendet. Auch der Dolmetscher lächelte, als er mir die Worte des Buchhändlers übersetzte. »Es gibt ein Wort des Propheten Mohammed – Friede und Gottes Segen sei mit ihm –: ›Vertraue auf Allah, doch binde zuerst deinem Kamel die Knie.‹ Vielleicht haben Sie noch nicht hart genug an sich gearbeitet, denn sonst würde Allah Sie mit Sicherheit zu ihm führen.« Ich dankte den beiden Männern, und als ich ging, rief der Besitzer mir nach: »*Selâmünaleyküm*« – Friede sei mit dir.

Den Rest des Tages streifte ich durch die Gegend am Markt, fragte in Englisch und Französisch und versuchte mich sogar mit Hilfe meines Sprachführers auf türkisch, um die Straße der Schneider zu finden. Alles kam mir immer mehr wie ein Traum vor; ich hatte das Gefühl, losgelöst und weit entfernt von allem zu sein, so als wäre diese Suche gar nicht wirklich. Am späten Nachmittag, als die Sonne hinter der Blauen Moschee verschwand und der letzte Ruf zum Gebet von allen Minaretten der Stadt erschallte, gab ich auf. Wenn es die rechte Zeit gewesen wäre, hätte ich den Mann vielleicht gefunden. Ich wußte, daß ich an diesem Tag mein Bestes getan hatte, und ich wußte auch, daß mir, wenn es wirklich wichtig für mich war, diesen Mann zu treffen, eine neue Chance gegeben würde.

Als ich im Hotel anlangte, war ich so erschöpft, daß ich gerade noch die Kraft aufbrachte, mich zu waschen und kurz zu meditieren, bevor ich aufs Bett fiel. Der Bus nach Ankara, meiner nächsten Station, fuhr um sechs Uhr morgens.

3

Die Geschichte der Liebe mußt du von der Liebe selbst
hören.
Denn wie ein Spiegel ist sie stumm und sprechend zugleich.

Mevlânâ Celâleddin Rumi

Freude ist das Geheimnis. Und das Geheimnis ist dies: ruhig
werden und lauschen; aufhören zu denken, aufhören sich zu
bewegen, ja fast aufhören zu atmen; eine innere Stille er-
schaffen, in der, gleich Mäusen in einem verlassenen Haus,
Fähigkeiten und Bewußtheiten sich hervorwagen können,
die zu flüchtig und zu unbeständig sind für den alltäglichen
Gebrauch.

Alan McGlashan

Türkische Busse mögen die einzigen auf der Welt sein, in denen
der Schaffner durch den Gang geht, um den Fahrgästen Kölnisch-
wasser in die aufgehaltenen Hände zu träufeln. Ich ließ mich im
hinteren Teil des Busses nieder, genoß den Duft des Kölnischwas-
sers und kümmerte mich nicht um die hitzigen Diskussionen und
den Tratsch der übrigen Passagiere. Alles, was ich wollte, war,
nach Ankara zu kommen, wo ich einem sehr großen Mann – laut
Hamid sogar einem Heiligen – meine Ehrerbietung bezeugen
sollte. In England hatte mir Hamid vor einigen Monaten aufgetragen, mich sehr eingehend mit einem Satz zu befassen, der von
diesem Mann stammte: »In der Welt des Relativen gibt es keine
Schöpfung; es gibt nur das Werden des SEINS.«
»In diesem Satz«, hatte Hamid gesagt, »ist eines der großen
Geheimnisse enthalten. Eines Tages, *inşallah*, so Gott will, wirst
du wahrhaft *sein*; du wirst der Tropfen sein, der zum Ozean wird.

Dann, und nur dann, wirst du imstande sein, überhaupt etwas zu ›tun‹. Solange du die Allmacht Gottes nicht begreifst, wirst du stets denken, du seiest der Urheber von etwas. Glaube nicht, du habest die Wahl. Meinst du wirklich, du hast es dir ausgesucht, mein Schüler zu werden? Etwas rief, wir sollten zusammenkommen. Erst wenn du weißt, was oder wer uns rief, wirst du vielleicht zum Anfang des WEGES gelangen.«

In Ankara angekommen, deponierte ich mein Gepäck auf dem Busbahnhof und nahm ein Taxi, um mich zu der Adresse bringen zu lassen, die mir angegeben worden war. Es war keine Zeit zu verlieren; ich wollte so lange wie möglich im Haus dieses Mannes bleiben – vorausgesetzt natürlich, daß er mich überhaupt einließ. Hamid hatte immer wieder betont, daß ich hellwach und voller Ehrfurcht dorthin gehen müsse – und nicht enttäuscht sein dürfe, wenn ich nicht empfangen würde. »Manchen Schülern des WEGES sind die einen, manchen sind andere Lehrer bestimmt, und darum ist es keine Schande, wenn du deinen Weg weitergehst, ohne jedem begegnet zu sein, zu dem du geschickt wurdest. Wichtig ist nur, daß du in der rechten Absicht gehst – man wird den Grad deiner Aufrichtigkeit erkennen.«

Wir fuhren durch die Nebenstraßen der Altstadt und kamen schließlich zu einem Platz, der auf einer Anhöhe lag. Überall parkten Autos, und ringsum reihten sich Läden, in denen man religiöse Schriften und Rosenkränze kaufen konnte. Die Leute eilten in die Moschee, die Männer setzten ihre Käppchen auf und vollzogen die rituellen Waschungen in einem Brunnen vor dem Eingang. Der Ruf zum Gebet mußte schon ertönt sein.

Der Fahrer hielt bei einem Garten neben der Moschee, nahm mein Geld in Empfang, und ehe ich ihn noch bitten konnte, mir das Haus des Mannes zu zeigen, den ich besuchen wollte, brauste er quer über den Platz davon, in die Richtung, aus der wir gekommen waren. Einen Augenblick lang blieb ich in der Wintersonne stehen, sah auf die Stadt hinunter und versuchte mich zu orientieren. Hinter dem letzten der Gläubigen, der eben die Moschee betreten hatte, wurde der Ledervorhang herabgelassen.

Ich überquerte den Platz und ging auf die Läden zu. Im ersten hatte der Besitzer am Eingang seinen Teppich zum Gebet ausgebreitet. Auch der Inhaber des nächsten Ladens kniete vor der Tür, doch im dritten schließlich wurde ich begrüßt – auf englisch. »Sie sind Amerikaner.« Es war keine Frage, sondern eine Feststellung. Darauf hinzuweisen, daß ich Engländer war, schien zwecklos. »Mein Freund hat einen Sohn, der in Berkeley in Kalifornien studiert. Er studiert Physik. Doch mein Freund ist sehr betrübt, weil sein Sohn ihm geschrieben hat, er wolle ein amerikanisches Mädchen heiraten, die keine Muslime ist. Sie weiß nicht einmal, sagt er, daß man sich waschen muß, ehe man betet.«

Er fuhr fort in seinem Monolog. »Die Schwierigkeit mit Leuten aus dem Westen ist, daß sie den Sinn der rituellen Waschungen nicht verstehen. Glaubt jemand an Gott, sei er nun Christ oder Moslem – wie kann er lernen zu beten, wenn er nicht einmal weiß, wie man sich waschen soll?«

»Sagen Sie«, unterbrach ich ihn, »kennen Sie Haci Bayram Veli?« Er sah mich mit einem ähnlichen Ausdruck an wie der Taxifahrer vorhin und wurde feierlich. »Dort ist Haci Bayram Veli, möge Gott sein Geheimnis segnen«, sagte er und wies auf die Moschee. »Er unternahm seine Pilgerfahrt nach Mekka viele Male. Eines Tages, so hoffe ich, werde auch ich dorthin gehen.«

Damit umarmte er mich. »Wie wunderbar ist es, daß ein Amerikaner aus Berkeley in Kalifornien von dem großen Heiligen gehört hat!« Ich erklärte ihm, daß mir aufgetragen worden war, ihm auf dem Weg in den Süden, zu meinem Lehrer, meine Ehrerbietung zu erweisen, und daß ich über einen bestimmten Satz meditieren sollte, bevor ich herkam. Als ich ihm den Satz nannte, wurde er noch aufgeregter und lief aus dem Laden, um seine Freunde zusammenzurufen, die eben aus der Moschee traten. Ein Dutzend oder mehr Männer kamen herbei und riefen »*müslüman, müslüman*«; fast trugen sie mich dann aus dem Laden und quer über den Platz zur Moschee hin. Nun sollte ich also ihren Scheich treffen! So begeistert meine Begleiter waren, so freudig erregt und voller Erwartung war ich selbst.

Am Brunnen neben dem Tor zu Moschee machten sie alle halt, um Hände, Füße und Gesicht zu waschen; sie ermunterten mich, es ihnen nachzutun. Der Mann aus dem Laden sprach dann mit jemandem, der neben einer niedrigen Tür stand, und wir traten ein. Als sich meine Augen an das Licht im Innern gewöhnt hatten, sah ich, daß die Wände mit feinen arabischen Schriftzeichen bedeckt waren.

»Haci Bayram Veli«, verkündete mein Freund. Ich brauchte einige Zeit, bis mir klar wurde, daß ich mich in einem Grabmal befand. Jene Worte des Haci Bayram Veli waren so wirklich und gegenwärtig für mich gewesen, daß mir nie in den Sinn gekommen war, er könnte schon seit Jahrhunderten tot sein.

Irgendwie war mir klar, was ich tun mußte. Im Islam heißt es: »Wenn du betest, bete mit deinen Händen.« Wie die anderen, die neben mir standen, öffnete ich meine Hände, die Handflächen nach oben gekehrt. Warum man gerade auf diese Weise beten sollte, wußte ich nicht, doch ich hatte das Gefühl, daß ich vielleicht beginnen würde zu verstehen, wenn ich mich nur völlig öffnen könnte. Als ich so betete, spürte ich eine Spannung in der Kehle und zugleich ein heftiges Brennen in der Mitte meiner Brust. Ich begann zu weinen, und während mir die Tränen über das Gesicht liefen, wußte ich, in einer Sprache ohne Worte, was es bedeutet, von jemandem angenommen zu werden, der in eine Welt jenseits von Zeit und Raum eingegangen ist. Es war nicht mehr wichtig, ob er lebte oder schon tot war. Wenn man so betet, wird man ganz und gar in eine andere Dimension versetzt. Ich blieb lange in der Moschee.

Als ich in das Sonnenlicht hinaustrat, wurde mir klar, daß ich einen weiteren Schritt hatte tun dürfen, und daß Hamid die Route für diese außerordentliche Reise gut abgesteckt hatte.

Am selben Abend saß ich wieder im Bus – nach Antalya, meiner letzten Station, bevor ich mit Hamid unter der angegebenen Adresse in Side zusammentreffen würde. Per Telegramm hatte ich ihm mitgeteilt, daß ich bald dort sein würde. Je näher ich meinem Ziel kam, desto aufgeregter wurde ich.

Kurz nach Mittag fuhr der Bus in Antalya ein. Vom Busbahnhof aus entdeckte ich ein Reisebüro auf der gegenüberliegenden Straßenseite; ich beschloß, mich gleich nach dem nächsten Bus nach Side zu erkundigen. Ich schleppte mein Gepäck über die Straße und wandte mich mit meiner Frage an den Inhaber des Reisebüros, der Französisch sprach. Nichts hat Eile in der Türkei; wir plauderten einige Minuten, dann sagte ich ihm, daß ich für einige Zeit nach Side gehen wolle, um einen Freund zu besuchen. »Ist er Engländer?« fragte er. »Nein«, sagte ich, »Türke, aus Istanbul, aber ein gut Teil des Jahres lebt er in London.« – »Ah«, sagte der Mann und versank in Schweigen. Nach einer geraumen Weile fragte er: »Sie sind Engländer?« – »Ja«, erwiderte ich. Noch einmal: »Ah.« Wieder Pause. »Um nach Side zu kommen, brauchen Sie einen Wagen oder einen Jeep, das heißt – wenn Sie nicht bis morgen auf den Bus warten wollen.«

»Dann werde ich über Nacht hierbleiben. Können Sie mir ein Hotelzimmer besorgen?«

»Ah – aber sehen Sie, wenn die Sonne untergeht, *ist* es morgen, und morgen ist der letzte Mittwoch des Mondes! Deshalb wäre es besser, wenn Sie jetzt führen, noch heute nachmittag, bevor die Sonne untergeht. Es ist nicht gut, am falschen Tag etwas zu beginnen. Aber wahrscheinlich glauben Sie ja gar nicht an diese Dinge.« Es war eine Frage.

Der letzte Mittwoch des Mondes! Von Hamid wußte ich, daß man sich in islamischen Ländern nach dem lunaren und nicht nach dem westlichen Sonnenkalender richtet; bestimmte Tage, vor allem der letzte Mittwoch und der dreizehnte Tag eines Mondzyklus', gelten traditionell als äußerst ungünstig für den Beginn eines Unternehmens. Sollte meine Ankunft in Side nicht unter schlechten Vorzeichen stehen, so mußte ich mich entweder heute noch auf den Weg machen oder bis Donnerstag warten.

Der Mann hinter dem Ladentisch unterbrach mich in meinen Überlegungen. »Ist Ihr Freund sehr groß und kräftig, und trägt er eine Brille und einen Schnurrbart?«

»Ja, ja«, stotterte ich, »kennen Sie ihn?«

»Nein«, erwiderte er, »aber zehn Minuten bevor Sie kamen, war ein hochgewachsener Türke mit Schnurrbart und Brille hier und fragte, ob ich einen Engländer mit rotem Bart gesehen hätte.« Er lächelte über meine Aufregung, wies seinen Gehilfen an, sich um mein Gepäck zu kümmern, und zog mich auf die Straße hinaus. »Er ist in diese Richtung gegangen.« Er zeigte zum Meer hinab. »Beeilen Sie sich – vielleicht finden Sie ihn.«

Ich lief die Straße hinunter und schaute in jeden Laden und in jede

Seitengasse hinein. Schließlich kam ich zum Meeresufer; ein kalter Wind blies mir entgegen. Nur ein paar alte Männer schlenderten dort herum, und die Straßenhunde streunten an den Häusern entlang, auf der Suche nach etwas Freßbarem. Vielleicht war ich zu spät gekommen; der Nachmittag war schon halb vorüber. Fast in Panik lief ich eine andere Straße hinauf. Wieder nichts. Ein- oder zweimal glaubte ich ihn zu sehen, aber immer bog er gerade um die nächste Ecke, und wenn ich dort war, war er verschwunden.

Mit klopfendem Herzen und schmerzender Brust machte ich mich schließlich auf den Rückweg zum Reisebüro. Schon draußen empfing mich der Besitzer. »Ah«, sagte er wieder, »gerade als Sie diese Straße hinabgingen«, und er zeigte in die Richtung, aus der ich gekommen war, »kam ihr Freund von dort.« Und er wies in die andere Richtung. »Jetzt sitzt er in dem Café dort drüben bei einem Tee. Gehen wir hin!« Und wir nahmen mein Gepäck und gingen zu der Stelle zurück, an der ich in Antalya angekommen war.

Ich konnte Hamid nicht entdecken, als wir das Café betraten, doch dann kam er rasch auf mich zu. Wir umarmten uns herzlich, und ich mußte weinen, so erleichtert war ich, ihn wiederzusehen.

»Gut«, sagte er, »du kommst gerade zur rechten Zeit. Willkommen in der Türkei. Der Wagen wartet – wir werden sofort aufbrechen. Wir müssen Side vor Sonnenuntergang erreichen.«

Der Mann vom Reisebüro winkte uns nach, als wir auf dem Weg nach Side an seinem Büro vorbeifuhren.

Auf unserer Fahrt durch die Oliven- und Mandarinenhaine blitzte die blaue Weite der Ägäis in der Nachmittagssonne. Ganze Familien kehrten von den Feldern heim – die Männer auf Eseln, die Frauen und Kinder gingen zu Fuß nebenher. Manche der Esel waren so beladen mit Körben oder Heubündeln, daß unter der riesigen Last nur noch ihre Beine hervorschauten. Überall liefen Hunde herum, sie spielten und schnappten einander nach den Beinen. Einige der Frauen waren tief verschleiert, der Saum ihrer langen schwarzen Gewänder wehte hinter ihnen im Wind. Seit anderthalb Jahrtausenden hatte sich dieser Anblick nicht verändert. Es war alles natürlich, im ruhigen Einklang mit der bewegten Harmonie der Landschaft.

Wir erreichten das Dorf kurz vor Sonnenuntergang. »Von der

Klippe da drüben hat man einen sehr eindrucksvollen Ausblick; wir können dort der Schönheit des Sonnenuntergangs unsere Verehrung erweisen«, sagte Hamid, aus dem Wagenfenster hinauszeigend. »Direkt an den Klippen, hinter einem Hügel versteckt, liegt ein altes griechisches Amphitheater. Vielleicht sehen wir es uns bald einmal genauer an. Aber du bist jetzt müde, und morgen ist der letzte Mittwoch des Mondes.«

Wir kletterten das felsige Ufer empor. Der Wind, der vom Meer herein blies, brachte Kühle mit sich. Oben auf der Klippe entdeckte ich, daß wir tatsächlich auf den Ruinen einer der großen Mauern des Amphitheaters standen. Wenn ich hinuntersah, blickte ich direkt in die Arena. Es war, als ob die Zeit sich umgekehrt hätte, denn alles war noch genauso, wie es ein längst vergessenes Erdbeben hinterlassen hatte. Große Säulen lagen, wahllos durcheinandergeschmettert, wie gefällte Bäume übereinander. Soweit ich sehen konnte, hatte man keine Ausgrabungen unternommen, und es kam mir vor, als wären wir die ersten menschlichen Wesen, die diesen Ort erblickten, seit er von den Menschen verlassen worden war. Der Boden war übersät mit Bruchstücken von Marmorkapitälen und Säulentrommeln. Mächtige Lavaformationen ragten vom Strand auf, rot und orangefarben in der untergehenden Sonne. Hamid saß mit angezogenen Knien und gefalteten Händen; seine Gestalt hob sich scharf gegen das Meer ab. Er schien tief in Gedanken versunken. Seine Lippen bewegten sich leicht, und sein Gesicht strahlte eine Intensität aus, die ich nie zuvor gesehen hatte.

Plötzlich rührte er sich. »Ich muß dich heimbringen, ehe es dunkel wird.« Schweigend gingen wir, den kühlen Wind im Rücken, am Strand entlang zum Wagen zurück. »Du mußt sehr müde sein nach einer so langen Reise. Morgen wirst du dich ausruhen, und abends, wenn der Mittwoch vorüber ist, werden wir uns wieder treffen und in der Stadt großartig zu Abend essen.«

Es war nur eine kurze Fahrt bis zu dem Haus, das ein Freund, der in Istanbul lebte, Hamid zur Verfügung gestellt hatte. Das zweistöckige Haus war so gebaut, daß die Zimmer von drei Seiten auf einen Hof hinausgingen. Eine hohe Mauer auf der vierten Seite bot völlige Ungestörtheit. In der Mitte des Hofes stand ein wunderschöner Baum, dessen Zweige bis zur Erde hinabreichten, ähnlich einer Weide. Er war von Lampen erleuchtet, die in den Zweigen hingen, und um ihn herum waren Blumenbeete angelegt. Der Flügel des Hauses, auf den man schaute, wenn man durch das Tor in den Hof trat, war moderner als die anderen – im japanischen Stil, lang, niedrig und aus Fichtenholz erbaut. Zwei völlig gleichartige Räume lagen übereinander; eine kleine Holztreppe führte von außen direkt in den oberen Raum. Unten waren die Vorhänge zugezogen. Ich sah, wie ein Streichholz aufflammte und eine Kerze angezündet wurde und wie der Schatten einer Gestalt sich am Fenster vorbei bewegte.

»Das obere ist dein Zimmer.« Hamid wies hinauf. »Nun komm, wir schaffen dein Gepäck nach oben.«

Der Raum enthielt alles, was man brauchte, er war einfach und sauber. In einer Ecke war eine winzige Dusche eingebaut, es gab eine Kommode mit einem Wasserkrug darauf, eine Lampe neben dem Bett und eine weitere auf einem Tisch am Fenster. Eine Vase mit Blumen stand auf dem Tisch, und daneben lag eine englische Ausgabe des Korans. »Laß nicht die Tür offen, wenn du Licht machst«, warnte mich Hamid. »Die Moskitos hier sind sehr blutdürstig. Ich bin an sie gewöhnt, doch du bist hellhäutig, und europäische Haut mögen sie besonders gern. Gute Nacht.« Damit ließ er mich allein und ging über den Hof zurück zu seinem Quartier, das über der Küche im anderen Flügel des Hauses lag.

Ich legte mich aufs Bett und schlief sofort ein. Ich muß erschöpfter gewesen sein, als ich dachte; ich schlief zwölf Stunden. Am nächsten Morgen wusch ich mich und aß dann zum Frühstück das Brot, den Käse und die Früchte, die Hamid für mich bereitgestellt hatte. Ich verbrachte den Tag ruhig, saß in meinem Zimmer oder ging im Garten spazieren. Der Tag verging wie im Traum. Fast wie ein Kind war ich es zufrieden, absichtslos herumzuschlendern, ein Haus, einen Zaun, einen Haufen Steine zu betrachten. Ich spürte nicht, daß die Zeit verrann. Einmal sah ich Hamid kurz am Fenster seines Zimmers über der Küche, doch er schien mich nicht zu sehen. Nach Sonnenuntergang kam er zu mir. »Nimm eine Dusche«, sagte er lächelnd. »Es gibt Wasser heute abend. Dann werden wir zusammen essen.«

Wir gingen ein kurzes Stück die Straße hinunter, zu dem kleinen Restaurant auf dem Platz. Es war das einzige in Side. Offensichtlich hatte sich im Dorf herumgesprochen, daß ein Fremder kommen würde, denn man hatte einen Tisch so hingestellt, daß man auf das Mittelmeer hinausblicken konnte, und ein besonderes Menü war zubereitet worden. Der Besitzer des Restaurants setzte sich zu uns an den Tisch, und bald gesellten sich etliche von Hamids Freunden dazu. Ich hatte wohl erwartet, daß Hamid an meinem ersten Abend in Side mit mir über meine Erfahrungen auf der Reise sprechen wollte; doch nachdem er mich vorgestellt hatte, unterhielt er sich auf türkisch mit seinen Freunden. Ich hätte ebensogut überhaupt nicht dabeisein können.

Das Essen wurde gebracht, ein Gericht nach dem anderen, dazu Karaffen herben türkischen Weines. Ein- oder zweimal hörte ich, wie mein Name fiel, und ich hoffte, man würde mich jetzt einbeziehen. Aber die Unterhaltung ging weiter. Ich blickte auf das glitzernde Wasser hinaus, aß, was man mir gab, und wunderte mich, was wohl als nächstes geschehen würde. Vielleicht war ich doch am falschen Tag gekommen. Natürlich war ich nicht so dumm, ihr Gespräch zu unterbrechen; wenn die Zeit reif war, so würde es sich schon den Dingen zuwenden, über die ich sprechen wollte, dessen war ich sicher. Allmählich wurde ich aber doch ungeduldig. Im Geiste ließ ich noch einmal den bisherigen Tag an mir vorüberziehen, meine Ankunft in Side, mein neues Zimmer und das darunter – die Kerze, die ich am Fenster gesehen hatte, wie sie angezündet wurde . . .

Ein Gefühl der Niedergeschlagenheit und Einsamkeit überkam mich. Es wurde immer stärker und war schließlich so übermächtig, daß ich fürchtete, noch dort am Tisch zusammenzubrechen. Ich bemühte mich verzweifelt, meine Beherrschung wiederzugewinnen, doch es blieb die Empfindung eines großen Schmerzes. Sie wurde noch deutlicher, als ich plötzlich eine Gestalt quer über den Platz auf uns zukommen sah. Zuerst konnte ich ihre Züge nicht erkennen, doch dann sah ich, daß es eine schöne Frau war, groß und dunkel. Ihr schwarzes Haar hing bis über ihre Schultern hinab. Sie trug ein langes weißes Gewand, war barfuß, und in den Händen hielt sie ein verwickeltes Knäuel blauer Wolle. Es war so fest um ihre Handgelenke gewunden, daß ihre Hände und Arme, die sie ausgestreckt vor sich hielt, zusammengebunden waren. Der Besitzer des Restaurants stand rasch auf und holte ihr einen Stuhl. Hamid führte sie zum Tisch, löste behutsam die Wolle von ihren Handgelenken und schenkte ihr ein Glas Wein ein. Sie war ungewöhnlich schön – so zart und ätherisch, daß sie kaum von dieser Welt schien. Ich spürte, daß die Einsamkeit, die ich empfand, von ihr ausströmte.

Als Hamid uns einander vorstellte, neigte sie unmerklich den Kopf. Sie sprach nichts, doch nahm sie die blaue Wolle wieder auf und begann, daran herumzunesteln. Zuerst noch bedächtig und sorgsam tasteten ihre Finger sich suchend durch das verworrene Knäuel. Dann wurden sie unruhig und wühlten sich wild in das Blau der Wolle hinein.

Hamid sprach zu mir, ohne seine Augen von der jungen Frau abzuwenden. »Sie sucht nach dem Ende«, sagte er. Ich streckte meine Hand aus, um ihr zu helfen, doch Hamid berührte meinen Arm – ich sollte sie lassen. Dann wünschte er den anderen am Tisch gute Nacht, bedeutete mir, mitzukommen, und führte die Frau quer über den sternhellen Platz. Schweigend gingen wir am Strand entlang zum Haus zurück. Kurz vor dem Haus blieb sie stehen und sah auf das Meer hinaus. Eine Schleife von der Wolle hing, wie ich gerade noch erkennen konnte, neben ihr auf den Boden hinab. Sie wandte sich um und ging durch die Tür. Hamid und ich sahen ihr nach, wie sie den Hof durchquerte, und dann flammte in dem Fenster unter meinem Zimmer eine Kerze auf; durch das Moskitonetz schimmernd, fiel ihr Licht auf den Baum an der Treppe.

Hamid wandte sich zu mir. »Komm morgen früh um sieben Uhr zu mir auf mein Zimmer«, sagte er. Dann umarmte er mich, küßte meine Hände und hob sie an seine Stirn und ging.

4

Ich starb als Mineral und wurde Pflanze;
als Pflanze starb ich und wurde Tier.
Ich starb als Tier und wurde Mensch.
Warum also fürchten, im Tod zu Nichts zu werden?
Bei meinem nächsten Tod
werde ich Schwingen hervorbringen und Federn wie Engel;
dann, mich höher noch aufschwingend als Engel –
was ihr nicht erdenken könnt,
ich werde es sein.

Mevlânâ Celâleddin Rumi

Alles ist im göttlichen Atem enthalten, wie der Tag im Dunst
des frühen Morgens.

Muhyiddîn Ibn al Arabi

Die Morgendämmerung stieg über die Berge herauf, sie weckte die Hunde im Dorf und eröffnete den Tag. Ich hörte den Ruf zum Gebet von den Minaretten – *»Allahu ekber, Allahu ekber«:* »Gott ist erhaben, Gott ist erhaben«. Fünfmal am Tag erscholl der Ruf des Muezzin über den Dächern und rief die Menschen dazu auf, sich wieder Gott zuzuwenden.
Ich vollzog die Waschungen, wie Hamid es mich in London gelehrt hatte. Er hatte gesagt: »Wenn du kein Wasser hast, dann wasche dich mit Sand; und wenn du keinen Sand hast, dann wasche dich mit einem Stein; kannst du keinen Stein bekommen, dann reinige dich im Geiste, so daß du dem Augenblick möglichst unbelastet von Vergangenem gegenübertrittst.« An diesem Morgen wusch ich mich mit großer Sorgfalt und betete darum, daß ich offen sein möge für alles, was mir gegeben würde.

Pünktlich um sieben klopfte ich an Hamids Tür. Er wartete schon auf mich. Mit einer Handbewegung lud er mich ein, auf einem Stuhl vor ihm Platz zu nehmen, und ohne Umschweife kam er gleich zur Sache. »Heute morgen werde ich dir etwas vom Atmen beibringen. Du hast sicher schon begriffen, daß der Atem das Geheimnis des Lebens ist – denn ohne den Atem wäre nichts. Richtiges Atmen erlaubt dir zu wählen, auf welche Weise du reisen willst. Denk an den Wind – er bläst und trägt alles mit sich, was leicht genug ist, von der Erde aufgehoben zu werden. Er nimmt den Duft der Blumen auf, er trägt die Blätter fort, wenn sie von den Bäumen fallen, und er bringt den Samen der Pflanzen dorthin, wo er Wurzeln schlagen kann. Darin liegt eine wichtige Botschaft! Der Atem bringt uns in diese Welt, und er trägt uns wieder fort aus dieser Welt. Der gewöhnliche Mensch, der sein Leben mechanisch dahinlebt, verschwendet keinen Gedanken an das Atmen – bis zum Augenblick seines Todes. Dann ringt er darum, Luft in seine Lungen zu ziehen, und klammert sich an die Reste dessen, was ihm das Leben in dieser Welt bedeutete.

Die Übung, die ich dir heute morgen geben werde, kannst du jeden Tag ausführen, jeden Augenblick, bis ans Ende deines Lebens. Das erscheint leicht, aber wie jeder Augenblick anders ist, so ist auch jeder Tag anders, und zuweilen mag es dir unmöglich sein, dich zu konzentrieren. Doch nach und nach wirst du begreifen, wie wichtig das ist, was ich dir sage.

Zunächst mußt du lernen, die feinstofflichen Körper zu läutern, indem du die Vorstellung des physischen Körpers aufgibst; dann kannst du zu jener unsichtbaren Matrix gelangen, aus der heraus der Körper beständig gebildet wird. Wenn du lernst, dich selbst zu läutern, wirst du imstande sein, klarer zu sehen, denn die Gedankenstrukturen und Projektionen, die die klare Sicht und das innere Gehör beeinträchtigen, beginnen sich dann aufzulösen. Im Grunde ist das Denken das einzige, was uns trennt.«

Er ließ mich mit meinem Stuhl so nahe wie möglich an ihn heranrücken. Dann ergriff er meine Hände, meine rechte Handfläche nach oben, die linke nach unten gekehrt. Ich spürte, daß wie in einem geschlossenen Stromkreis Energie zwischen uns zirkulierte. Es ließ mich sofort ruhiger werden.

»Vergewissere dich zuerst, daß dein Rücken aufrecht ist, und dann beobachte einfach das Heben und Senken des Atmens. Es gehört viel Übung dazu, und nur wenige Menschen sind bereit, sich genügend darum zu bemühen. Wenn es dir gelungen ist, einfach nur deinen Atemzügen zu folgen, wirst du allmählich begreifen, daß wir von Gedanken beherrscht werden, die uns ständig woandershin tragen, bald hierhin, bald dorthin. Und obwohl wir der Wahrheit nicht gerne ins Gesicht sehen, wird uns klar, daß wir wenig Beständigkeit besitzen. Aber du bist nicht deine Gedanken, ebensowenig wie du deine Gefühle oder dein Körper *bist*. Wenn wir aber nicht unsere Gedanken sind und es uns trotzdem so schwerfällt, nur unserem Atem zu folgen und uns nicht mehr von all diesen Gedanken bewegen zu lassen – ist dann nicht etwas verkehrt?«

Bei dieser Frage verstärkte er den Druck seiner Hände, bis ich aufschaute und ihm in die Augen sah. »Hör genau zu«, sagte er, »und vergiß das nie – solange du kein beständiges ›Ich‹ hast, wirst du immer in Gefahr sein, irregeführt zu werden. Lernst du aber, wach und bewußt zu atmen, so hast du eine Chance, zu jenem inneren Sein zu kommen, das dein wirkliches Selbst ist.

Heute werde ich dich in drei Aspekte des Atems einführen. Die Wissenschaft des Atmens verlangt ein lebenslanges Studium, doch wenn du diese drei Aspekte richtig verstehst und in die Tat umsetzt, dann können sie dazu beitragen, dein Leben zu ändern. Sie sind der Atemrhythmus, die Beschaffenheit des Atems und die Plazierung des Atems.

Im Westen ist in letzter Zeit viel über den Atemrhythmus geschrieben worden, den die Inder *pranayama* nennen. Aber man beachtet nicht, daß die von verschiedenen Schulen und Lehrern vertretenen unterschiedlichen Atemrhythmen auch jeweils andere Wirkungen erzielen sollen. Wenn du mit dem Auto sehr schnell einen Hügel hinauffahren willst, arbeitet der Motor in einem ganz anderen Rhythmus, als wenn der Wagen sacht den Hügel hinabrollt. Dabei mag er die gleiche Geschwindigkeit haben, doch der Rhythmus des Motors ist völlig verschieden. So ist es auch in der Wissenschaft des Atems – es ist unerläßlich, den Rhythmus zu verstehen.«

Er machte eine Pause. Ich war mir nicht sicher, ob er auf eine Entgegnung von mir wartete, doch bevor ich etwas sagen konnte, fuhr er schon fort. »Man nennt den Rhythmus, den ich dich heute lehren werde, manchmal den ›Mutteratem‹. Die meisten Menschen wissen nicht, daß aus jedem Augenblick etwas ›geboren‹ wird. Wir müßten nur den natürlichsten Rhythmus finden, den, der mit den universellen Gesetzen, die unsere Existenz bestimmen, am besten in Einklang steht, um daran mitzuwirken, auf unserem Planeten den Frieden herbeizuführen.

Die erste Lektion lautet also: mit Bewußtheit einen ganz grundlegenden Atemrhythmus üben. Sieh zu, daß du deinen Rücken aufrecht hältst, damit die Lebenssäfte ungehindert auf- und absteigen können. Nun atme ein und zähle dabei bis sieben, dann halte für eine Einheit inne und atme aus, wieder bis sieben. Bevor du wieder einatmest und einen neuen Zyklus beginnst, hältst du nach dem Ausatmen noch einmal für eine Einheit inne. Dieser ganz einfache Rhythmus ist also 7-1-7-1-7. Wenn du fleißig übst, wird sich dieser Takt bald ganz von allein einstellen. Jetzt versuch es mit mir zusammen.«

Entspannt und ganz dem Rhythmus überlassen, begann ich mich alsbald sehr leicht zu fühlen. Hamid hielt noch immer meine Hände, und ich sah, wie sich seine Bauchdecke beim Atmen hob und senkte. Der Rhythmus war ungewohnt, und am Anfang fiel es mir schwer, ihm zu folgen. Doch ganz allmählich wurde etwas wach in mir – ein Beobachter, der alles, was vor sich ging, wahrnehmen konnte, und der doch nicht mit dem Rhythmus identisch war.

»Gut«, sagte Hamid. »Nun hab noch ein bißchen mehr Vertrauen, entspanne dich und schließ die Augen, und laß es einfach zu, geatmet zu werden. Mach dich frei von allen Vorstellungen – gib dich nur dem Rhythmus hin, der pulsierend das ganze Leben durchströmt. Dieser Rhythmus heißt ›das Gesetz der Sieben‹. Indem du ihm folgst, hast du selbst teil an jenem harmonischen Prinzip des Lebens, das allein danach strebt, Vollkommenheit aus sich selbst heraus zu erlangen. Wir wenden uns jetzt der nächsten Stufe zu, auf der wir es mit der Beschaffenheit der Luft zu tun haben, die du atmest. Das Schema 7-1-7 wirst du beibehalten.

Geradeso, wie der Wind auf seinen Flügeln trägt, was leicht genug ist, von der Erde aufgehoben zu werden, kann der Atem viele Eigenschaften mit sich führen, wenn wir uns nur auf den Rhythmus verstehen und zur richtigen Sammlung fähig sind. Du kannst dir zum Beispiel eine bestimmte Farbe aus dem Spektrum aussuchen und sie in deinen Körper einatmen, sie in jede deiner Zellen eindringen lassen. Das ist bei gewissen Heilmethoden von Nutzen. Du kannst eine starke Schwingung einatmen, wie sie etwa den tiefen Tönen des Klaviers entspricht, du kannst aber auch die feinste Schwingung wählen, die nur vorstellbar ist, und die in unserer Welt nicht mehr hörbar wäre. Du kannst nehmen, was du willst! Du kannst die Elemente einatmen, Feuer, Erde, Luft und Wasser. Du könntest die Essenz bestimmter Blumen oder Kräuter einatmen, geradeso, wie du den Duft der Blumen einatmest und ihren Unterschied erkennst. Die Wissenschaft des Atems ist ein weites Feld, und früher kannten sich nur wenige darin aus. Doch jetzt ist es für die Welt an der Zeit, zu verstehen. Mit dem richtigen Rhythmus und dem Wissen um die Dinge, die ich dich lehre, kann außerordentliches vollbracht werden!

Aber damit will ich nur andeuten, wohin der Weg führt. Sobald du den Grundrhythmus genügend geübt hast, werden wir eingehender darüber sprechen können.

Der dritte Aspekt, den ich heute berühren will, ist die Plazierung des Atems. Wie der Wind den Samen von einem Ort zum andern trägt, so vermag der Atem zu bestimmten Zwecken eine Absicht von einem Teil des Körpers zu einem anderen zu schicken. Die richtige Plazierung des Atems hilft uns, den Körper ins Gleichgewicht zu bringen. So lernen wir die Kunst des Umwandelns, die Kunst der Alchimisten. Erst dann werden wir fähig, unsere Verantwortung zu erfüllen, als bewußte menschliche Wesen ein Leben des Dienstes auf Erden zu führen.

Nun atme mit mir, fühle den Rhythmus, den ich dir beigebracht habe, und laß die feinste Art der Luft in dich einströmen, die du dir nur vorstellen kannst. Laß dich reinigen durch diese Luft. Laß sie all den Schmerz, den du in diesem Augenblick empfindest, hinwegwaschen. Spüre, während ich mit dir atme, wie die Energie vom Scheitel aus durch deinen ganzen Körper hinabströmt.«

Wieder entspannte ich mich, und als ich meinen Körper einfach nach Hamids Anweisung atmen ließ, empfand ich eine Ruhe und ein Gefühl der Befreiung, wie ich es nie zuvor gekannt hatte. Dabei mußte ich sehr aufpassen, daß ich meine Sammlung und Aufmerksamkeit nicht verlor. Hamid hielt meine Hände fester.

»Nun hol ein paarmal ganz tief Atem. Stimme dich mit jedem Einatmen bewußt auf ein inneres Gleichgewicht ein und übernimm zugleich die Verantwortung für deinen Körper. Du hast es geschafft, vieles loszulassen, von dem du glaubtest, das seiest du, um etwas Wirkliches in dir zu entdecken. Das ist der Beobachter, wie wir es nennen. Du mußt lernen, den Beobachter jeden Tag ein bißchen weiterzuentwickeln. Du bist hier, um zu lernen, für jenes Gefährt, das dir gegeben ist, Verantwortung zu tragen. Steh aufrecht in dieser Welt, doch neige dich in der nächsten.«

Ich atmete langsam und tief. Dann befahl mir Hamid, die Augen wieder zu öffnen. Das Zimmer sah völlig verändert aus, es war, als erblickte ich es zum ersten Mal. Ich empfand ein wunderbares Gefühl des Friedens und der Geborgenheit. Alles war in seiner rechten Ordnung. Ich spürte ein vollkommenes Strömen, das alle Gegenstände im Zimmer miteinander verband und durch jeden einzelnen hindurchging. Es war gleichsam ein Austausch, eine gegenseitige Bestätigung – die Stühle, der Tisch, das Bett, sie alle wußten voneinander. Sie waren keine unbelebten Gegenstände mehr, sondern Teil des lebendigen SEINS. Alles war bewußt, sprach eine schweigende Sprache. Alles war, dem Wesen nach, vollkommen.

Hamid ließ meine Hände los und stand ruhig auf. Er stellte sich hinter mich, hielt seine Hände über meinen Kopf und führte sie dann, etwa fünf Zentimeter über meiner Kleidung, langsam an beiden Seiten meines Körpers hinab. Dann kam er neben mich und wiederholte diese Bewegung an Brust und Rücken entlang. Schließlich trat er noch einmal hinter mich, legte seine Hände auf meine Schultern und befahl mir, ganz stillzusitzen. Seine Hände strahlten eine solche Wärme aus, daß es in meinem ganzen Körper zu prickeln begann. Er blieb nur ein paar Sekunden so stehen, dann setzte er sich wieder. »Gut«, sagte er, »wenn wir jetzt über die wirkliche Welt sprechen, wirst du leichter verstehen. Aber zuerst brauchen wir ein Frühstück und Kaffee. Kannst du schon türkischen Kaffee machen? Nein?« Betrübt schüttelte er den Kopf. »Das mußt du lernen, und dann wirst du dich jeden Morgen nach unserer gemeinsamen Meditation um den Kaffee kümmern. Nach dem Frühstück werden wir uns zusammensetzen und reden. Aber jetzt geh zum Strand und mach einen Spaziergang. Wenn du zurückkommst, habe ich den Kaffee für dich zubereitet.«

Damit verließ er das Zimmer. Ich fühlte mich merkwürdig schwach und hatte zuerst große Mühe, mich vom Stuhl zu erheben. Ein paar Minuten ruhte ich mich noch aus, dann machte ich mich auf den Weg zum Strand, wo ich den Fischerbooten bei der Rückkehr vom morgendlichen Fang zusehen konnte.

Während ich am Strand entlangspazierte, dachte ich darüber nach, wie Hamid sich verändert hatte. Der heutige Morgen war nicht so wie unsere Treffen in London gewesen. Hamid strahlte Autorität aus und einen Ernst, der keine Halbheiten zuließ. Bisher hatten wir uns immer die Zeit genommen, über alltägliche Ereignisse zu plaudern, ein wenig zu lachen und uns auf ein Tischgespräch einzulassen, doch nun schien alles von einer strengen Dringlichkeit beherrscht. Ich sah mich dazu aufgefordert, mich weiter vorzuwagen, als ich es je versucht hatte. Sicher, dieser Sprung ins Unbekannte war mein eigener Entschluß gewesen, aber jetzt wurde mir klar, daß ich nicht mehr zurück konnte. Ich hatte mich diesem Mann in die Hände gegeben. Das Stück hatte begonnen, und ich wußte nicht einmal in Umrissen, welche Handlung es hatte.

Als ich vom Strand zurückkam, hatte Hamid draußen im Hof zum Frühstück gedeckt. Wir aßen schweigend. Nachdem wir abgeräumt hatten, bedeutete mir Hamid mit einer Geste, ihm voraus ins Haus zurückzugehen. Kaum saßen wir wieder, sprach er weiter, als wären wir gar nicht fort gewesen.

»Solange du hier bist, werden wir jeden Morgen einige Zeit auf das Studium verwenden. Das wird etwas Neues für dich sein, denn im Westen ist man offenbar der Meinung, studieren bedeute, sich Informationen einzuverleiben oder Wissen zu erwerben. Aber wirkliches Wissen kann nicht erworben werden. Vergiß das nie – Wissen kann man sich nicht aneignen, es muß gegeben werden. Es wird dir gegeben, wenn der rechte Augenblick gekommen ist, doch in Wirklichkeit ist es immer schon in dir vorhanden. ›Bildung‹ (engl. education) geht auf das lateinische Wort *educare* zurück, das bedeutet ›herausführen, hervorbringen‹. Es bedeutet nicht, sich mit irgendwelchen Brocken aus fremden Informationsquellen vollzustopfen. Das Studium, das ich meine, besteht darin, die wesentlichen Wahrheiten in Liebe und mit wachem Bewußtsein zu erforschen, damit das, was in dir ist und darauf wartet, geboren zu werden, beginnen kann, sich zu entfalten. Wenn du nicht nachläßt in deinem Forschen, wird sich das Verstehen von selbst einstellen. Doch bevor du auf diese Weise studierst, mußt du dich immer erst vorbereiten; das ist der Grund, warum wir zuerst die Übungen vollziehen. Du mußt lernen, die drei Welten ins Gleichgewicht zu bringen – die Welt des Denkens, die Welt des Fühlens und die physische Welt. Das Studium ist kein – wie sagt ihr? – Gehirn-Trip. Wenn du allein mit dem Gehirn forschst, dann kommen nur Vorstellungen von der Wahrheit dabei heraus. Forschst du nur in der Welt des Fühlens, dann wirst du vielleicht im Zustand eines unaufhörlichen Halleluja herumwandeln und alles fühlen, aber ohne Richtung sein. Machst du nur Gymnastik, um deinen Körper zu trainieren, so wirst du vielleicht so erdgebunden, daß du nie hoch genug emporstreben wirst. Es ist eine Frage des Gleichgewichts.«

Ich unterbrach ihn und fragte: »Was meinst du damit, daß das Wissen gegeben und nicht angeeignet wird?«

»Gib acht! Das fragt dein Verstand. Es ist keine echte Frage. Hättest du mir richtig zugehört, würdest du nicht einmal daran denken, eine solche Frage zu stellen. Du glaubst immer noch, du seiest fähig, etwas zu *tun*. Du hast wirklich noch nichts gelernt. Ich habe dir gesagt, du solltest *hören*, meine Worte in dich einsinken lassen, und nicht anfangen, mit dem diskursiven Verstand nach Erklärungen zu suchen. Du wirst nur lernen, indem du zuhörst. Wenn du nicht zuhören willst, dann geh – und komm erst wieder, wenn du bereit bist. Ich habe viel zu tun und möchte meine Zeit nicht vergeuden. Verschwendung ist die einzige Sünde, und alles Schlechte rührt von daher. Sünde ist Mangel an Wissen, wenn du also verstehen willst, dann hör zu!«

Die Strenge in Hamids Antwort machte mich betroffen. Mir ging auf, daß ich ihm die erstbeste Frage gestellt hatte, die mir einfiel – bloß um ihn einen Moment zum Schweigen zu bringen und meinem rationalen Verstand die Chance zu geben, mit dem, was Hamid gesagt hatte, Schritt zu halten. Ich hatte überhaupt nicht überlegt, was ich fragte.

»Bitte verzeih mir«, sagte ich. »Ich wollte dich nicht unterbrechen. Ich wollte nur verstehen. Sprich bitte weiter – ich werde zuhören, so gut ich kann.«

»Es tut mir leid, daß ich so schroff geworden bin«, sagte er. »Das ist erst dein zweiter Tag hier in Side, und du bist noch erschöpft von der Reise. Aber du mußt dir darüber im klaren sein, daß es hier anders ist als in London. Dort haben wir einander genau beobachtet und abgetastet, und wir konnten uns beide noch überlegen, ob wir diesen nächsten Schritt zusammen tun wollten oder nicht. Dann bekamst du die Chance, zu kommen, und du hast das Angebot angenommen. Du bist in mein Haus gekommen, und nun zählt jeder Augenblick. Ich möchte, daß du nicht länger hierbleibst als unbedingt nötig; wir haben keine Zeit zu verlieren. Ich will dir einiges von dem Wissen weitergeben, das mir gegeben wurde, damit du heimkehren und andere lehren kannst.« Er schwieg. »Sich Gott hingeben heißt, Ihn in allen Aspekten erforschen; Gott verstehen heißt, so viel von Ihm wissen, wie man vermag; Gott dienen heißt, andere lehren, was man von Ihm weiß. Doch jetzt mußt du Vertrauen haben, lernen und forschen. Und forschen und wieder forschen.«

»Soll ich irgendwelche Bücher lesen?« fragte ich.

»Auf keinen Fall«, antwortete er. »Jahrelang hast du gelesen, und was ist dabei herausgekommen? Dein Kopf ist voll von Ideen und Vorstellungen, und du lechzt nach Erfahrungen, die andere auf dem Weg gemacht haben. Erst wenn all diese Ideen und Vorstellungen hinweggeschmolzen sind, kannst du deine wahre Natur begreifen. Keine Bücher – die Handschrift der Natur ist das einzige Buch, und der Unterricht ist das Leben selbst. Lebe leidenschaftlich! Wer sagt denn, dieser Pfad sei eine so ernste Sache, daß es auf ihm keine Freude gibt? Er ist das aufregendste Abenteuer, das es gibt, und wir sollten es mit Freude erleben. Freude ist das Erwachen des Wissens, ist *wissen*, daß Gott vollkommen und unvergleichlich ist. Weißt du noch, wie ich dich einmal fragte, warum du Vegetarier seiest, und wie ich dir sagte, daß ich Fleisch esse, weil ich weiß, Gott ist vollkommen?« Er lächelte mir zu, und auch ich mußte lächeln, als ich das Blinken in seinen Augen sah.

»Ich wußte, was für Gedanken und Fragen dich bewegen würden, aber ich habe nie von dir verlangt, meine Denkweise zu übernehmen. Wenn wir zusammen aßen, dann immer solche Speisen, die du für dich als richtig empfunden hast. Doch jetzt solltest du langsam erkennen, daß wir, da es EIN ABSOLUTES SEIN gibt, in dem alles gründet, nichts von diesem EINEN SEIN abtrennen können. Alles in diesem Universum ist vollkommen und in der rechten Ordnung. Es gehört zum Spiel des Lebens, daß uns Tiere als Nahrung gegeben sind, damit wir leben können. Es gehört zum Prozeß der Erlösung. Allein durch die Menschheit kann die Erlösung geschehen. Das ist ein alchimistischer Prozeß, und wir sind nur die Umformer feiner Energien. Ein großer Lehrer, Mevlânâ Celâleddin Rumi, hat gesagt: ›Ich starb als Mineral, um Pflanze zu werden, ich starb als Pflanze, um Tier zu werden, ich starb als Tier, um Mensch zu werden. Ich werde als Mensch sterben und in engelhafter Gestalt wieder auferstehen. Warum also sollte ich mich vor dem Tod fürchten?‹ Wer ist hier das ›Ich‹? Ist es nicht das große Ich, das erste Ich? Laß diese Fragen heute in dich einsinken.

In dir ist alles, was jemals war, und alles, was je sein wird, alle Vergangenheit, all die verschiedenen Reiche. Glaubst du, die Welt der Tiere sei da anders? Schau das Tier an. Es frißt Gras, und das Gras hat bereits die Minerale der Erde in sich aufgenommen, das Licht der Sonne und die anderen kosmischen Energien. So nimmt das Tier, indem es das Gras frißt, das Mineralreich wie das Pflanzenreich in sich auf. Es gibt nur EIN ABSOLUTES SEIN. Das bedeutet, daß wir uns für die Weise, wie wir atmen, verantwortlich fühlen müssen. Denke daran und sei dir bewußt, daß du, ob du Fleisch ißt oder nicht, mit jedem Atemzug die Elemente der Tierwelt einatmest. Jetzt gerade atmest du immer etwas von der Luft ein, die ich bereits ausgeatmet habe; als du noch Vegetarier warst, hast du die durch mich umgewandelten Elemente des

Fleisches, das ich gegessen hatte, eingeatmet. Warst du dir dessen bewußt?

Wie ich dir heute morgen schon sagte – das Geheimnis des Lebens ist der Atem. Wenn man das Atmen richtig einsetzt, gibt es nichts, was nicht umgewandelt werden könnte. Indem wir geboren werden, ist es unsere Pflicht, bewußte Umwandler zu werden.

Ich werde dir eine Geschichte darüber erzählen, wie das vor sich gehen kann. Eine junge Frau kam einmal zu mir, die viel in Indien gereist war. Ein ganzes Jahr lang hatte sie nichts anderes als Apfelsinen gegessen. Es ist wahr – Apfelsinen und sonst nichts. Diese Frau war ungemein stark; sie konnte einen schweren Rucksack auf den Schultern tragen. Eigentlich hätte sie völlig ausgezehrt sein müssen, aber tatsächlich war sie gesünder als die meisten. Sie kam zu mir, weil sie gehört hatte, ich könnte sie vielleicht mit bestimmten Leuten im Mittleren Osten bekannt machen. Ahnungslos, was ihre Essensgewohnheiten betraf, lud ich sie zum Mittagessen ein. Sie war zwar sehr höflich, aber doch entsetzt, als sie sah, was wir aßen. Wir waren vierzehn am Tisch, und ich hatte eine Ente gekocht, mit Curaçao und Grand Marnier flambiert. Irgend jemand hatte einen herben Rotwein mitgebracht, und wir beschlossen das Mahl mit Sekt und einem Zitronensoufflé. Sie entschuldigte sich damit, daß sie eine besondere Diät einhalten müsse, und holte aus ihrem Beutel eine Apfelsine, die sie sehr gemächlich verspeiste. Das war schon bewundernswert, doch in ihrem Entsetzen über unsere Essensgewohnheiten war sie nicht imstande, dem Gespräch zuzuhören. Im Verlauf der Unterhaltung nannte ich den anderen zwei Namen und Adressen, um derentwillen sie, wie ich wußte, gekommen war. Sie hörte es nicht, denn sie war völlig mit ihrer Vorstellung darüber beschäftigt, wie ein spiritueller Führer sein müsse, was er essen sollte, usw. Als sie wegfuhr, war sie sehr enttäuscht, ja sogar böse über uns.

Das Geheimnis der Geschichte ist dies: sie hatte in Indien einen Lehrer gehabt, mit dem sie eine lange Zeit des Studiums verbracht hatte. Er war Asket und lehrte sie die Diät, die sie befolgte; wichtiger aber als die Diät ist, daß sie bei ihm das Atmen lernte. Richtiges Atmen machte es ihr möglich, alles in sich aufzunehmen, wessen sie bedurfte. Sie wußte es nicht, aber sie nahm alles

Notwendige aus den verschiedenen Reichen zu sich – ›Ich starb als Mineral, um Pflanze zu werden . . .‹ Begreifst du jetzt?«
Schweigend wartete er. Ich öffnete den Mund, um wieder eine Frage zu stellen, doch diesmal hatte ich Angst.
»Ich sehe, daß die Frage, die du mir stellen willst, vom Herzen kommt, ich werde also mein Bestes tun, sie dir zu beantworten.«
»Was ich dich fragen wollte, ist: Wenn es möglich ist, alles, was man braucht, aus einer Apfelsine und durch richtiges Atmen zu erhalten – warum ißt du dann immer noch Fleisch?«
Er muß meine Frage für zwerchfellerschütternd komisch gehalten haben, denn er lehnte sich auf dem Sofa zurück und lachte, sein ganzer Körper bebte, er lachte, bis ihm die Tränen das Gesicht herunterliefen.
»Oh, ihr Leute aus dem Westen«, sagte er, »warum begreift ihr nicht? Ich esse Fleisch, weil ich Fleisch mag!«
Unser Treffen war beendet. Ohne ein Wort verließ er das Zimmer und verschwand in einem kleineren Nebenraum, der durch einen kleinen Teppich im Türrahmen abgetrennt war. Ich wartete noch eine Weile und ging dann über den Hof zu meinem Zimmer. Ich hatte beschlossen, den Nachmittag am Strand zu verbringen. Bei Sonnenuntergang sollte ich Hamid am griechischen Amphitheater treffen, mir blieb also noch genug Zeit, mich auszuruhen und alles, was ich heute gehört hatte, zu verarbeiten.
Seit meiner Ankunft vor zwei Tagen hatte sich so viel ereignet, daß ich die schöne Frau, die während des Abendessens an unseren Tisch gekommen war, darüber fast vergessen hatte. Sie kam aus ihrem Zimmer. Wie am Abend zuvor hielt sie ihre Hände, die wieder von der blauen Wolle umschlungen waren, vor sich. Mein Eindringen in ihre Welt machte mich befangen und zugleich unsagbar traurig. Sie kam auf mich zu, ohne mich direkt anzusehen; ihr Kopf war leicht zur Seite geneigt, ihre Hände wiesen auf meine Brust. Sie war so bestimmt in ihren Bewegungen, daß ich, von plötzlicher Angst gepackt, zurückwich. Ich hatte das Gefühl, sie wollte Besitz von mir ergreifen. Doch ich konnte nicht von den Händen wegsehen, die sich mir entgegenstreckten. Ihre Handflächen waren wie im Gebet aneinandergelegt, und die blaue Wolle kringelte sich bis auf ihre Taille hinab.

Etwa einen Meter vor mir blieb sie stehen, richtete den Kopf auf und sah mir in die Augen. Ohne meinen Blick von ihren Augen abzuwenden, langte ich nach ihren Händen und befreite sie behutsam von der Wolle. Als ich die letzten Strähnen löste, lächelte sie und betrachtete ihre Hände, als sähe sie sie zum erstenmal. Die Wolle sammelte sich auf dem Boden. Ich bückte mich, um sie aufzuheben; da fing sie an zu schreien, sie schrie immer weiter, wie in einem großen Schmerz. Sie fiel auf die Knie und ergriff mit beiden Händen die Wolle.

Ich wollte ihr gerade aufhelfen, als Hamid durch den Hof gelaufen kam. Er stieß mich zur Seite, beugte sich nieder und legte seine Hände über die ihren. Sogleich hörte sie auf zu schreien; als sie zu ihm aufsah, war sie wie ein sehr junges Mädchen. Er nahm ihre Hände, half ihr aufstehen und bedeutete mir, die Wolle aufzuheben. Als ich mich wieder erhob, um ihr die Wolle zu reichen, nahm Hamid sie mir ab, neigte den Kopf und küßte sie, bevor er sie dem Mädchen zurückgab. Dann legte er seinen Arm um sie und führte sie ins Haus zurück.

Ich folgte ihnen langsam durch den Hof und ging auf mein Zimmer. Wer war die junge Frau? Ich hatte sie noch nie sprechen gehört – vielleicht war sie stumm? Das Mitgefühl, das Hamid ihr gegenüber zeigte, und die ungewöhnliche Behutsamkeit, mit der er sie zum Hause geführt hatte, brachten mich auf den Gedanken, sie könnte seine Tochter sein. Aber es war nicht die rechte Zeit, danach zu fragen; langsam begriff ich, daß es besser war, nicht nach Dingen zu forschen, die mich nicht unmittelbar betrafen. Es war so viel geschehen seit meiner Ankunft in Side – kaum einen Bruchteil dessen, was mir gegeben worden war, konnte ich wirklich aufgenommen haben. Ich versuchte mich zu erinnern, ob Hamid während unserer Zusammenkünfte in England jemals etwas von den Dingen erwähnt hatte, über die wir heute morgen gesprochen hatten. Mir fiel ein, was er einmal bei einem Abendessen in London zu mir gesagt hatte: »Der Mensch ist ein Umformer feiner Energien. DAS WERK – unser Werk auf Erden – besteht in der Kunst, dem Punkt, der keine Ausdehnung hat, um der wechselseitigen Erhaltung des Planeten willen Ausdehnung zu verschaffen ...«

Ich konnte mich nicht mehr daran erinnern, in welchem Zusammenhang er dies gesagt hatte, doch ich wußte noch, daß ich auf dem Heimweg von seiner Wohnung darüber nachgedacht hatte, was wohl der »Punkt ohne Ausdehnung« war, und in wem oder was das »Werk« gründete.

Am späten Nachmittag spazierte ich am Strand entlang zu der Stelle, wo ich mich mit Hamid verabredet hatte, um mit ihm den Sonnenuntergang zu betrachten. Der Strand war leer; abgesehen von drei Fischern, die am Café ihre Netze flickten, war ich allein. Seit dem Mittag hatte ich Hamid nicht gesehen, und aus dem Zimmer unter mir war kein Laut zu hören gewesen. Das Mädchen mußte immer noch bei Hamid sein.

Ich wartete lange bei den Felsen, doch niemand kam. Es war schon ziemlich dunkel, als ich endlich beschloß, zurückzukehren und nachzusehen, was passiert war. Die Fenster waren erleuchtet, und aus der Küche hörte ich Geschirr klappern. Ich klopfte an und trat ein. Hamid gab keine Erklärung für sein Ausbleiben, und ich fragte nicht. Er forderte mich mit einer Handbewegung auf, Platz zu nehmen, und setzte mir eine Schale schwarzer Oliven, weißen Käse und ein Glas Wein vor. »Iß«, sagte er. »Bis zum Abendessen dauert es noch etwas.« Ich sah ihm zu, wie er am Ofen Gemüse schnitt, und mir fiel die Intensität seiner Bewegungen auf. Das hatte ich schon in London bemerkt. Er sprach nie bei der Zubereitung des Essens, denn das sei, sagte er, eine so geheiligte Handlung, daß alles mit Bewußtsein und Ehrfurcht getan werden müsse. »Sei dankbar für alles, was das Leben dir gibt«, pflegte er zu sagen, »und mach aus dir selbst eine gute Nahrung für Gott.«

Ich aß ein paar Oliven. Sie schmeckten ganz vorzüglich und anders als alle Oliven, die ich je gegessen hatte, und ich fragte mich, wo er sie wohl her hatte. Als er mit der Zubereitung des Essens fertig war, fragte ich ihn. »Ah«, sagte er, »um solche Oliven zu bekommen, bedarf es einer ganz besonderen Vorbereitung.« Er setzte sich zu mir, und ich schenkte ihm Wein ein. »Trinken wir auf die Oliven«, sagte er, »denn diese Oliven haben viel durchgemacht, um so köstlich zu werden, wie sie sind.« Er fing an zu lachen, sein Bauch bebte und ließ den Tisch erzittern. »Die gleichen Oliven hast du oft in London gegessen«, sagte er. »Warum hast du damals nichts an ihnen bemerkt? Aber andererseits hättest du dann vielleicht nicht den ganzen Weg nach Anatolien machen müssen, um herauszufinden, was es mit ihnen auf sich hat.

Um solche Oliven zuzubereiten, mußt du zunächst die allerbeste Sorte kaufen, die du finden kannst. Dann reinigst du sie mehrere Male sorgfältig mit Wasser, bis alles Salz weggewaschen ist. Hast du das verstanden?« Ich nickte und versuchte, mir alles einzuprägen, damit ich mir solche Oliven einmal zubereiten konnte. »Als nächstes nimmst du einen Krug, den du vorher gründlich gespült hast – er muß vollkommen sauber sein. Du gibst die gewaschenen Oliven hinein und übergießt sie dann mit kochendem Wasser. Die Oliven werden anschwellen. Laß sie lange genug im Wasser, damit sie sich ausdehnen können – aber nicht zu lange, sonst platzt ihre Haut. Dann gießt du das Wasser ab und gibst ein paar Zitronenscheiben und etwas frische Minze hinzu. Zum Schluß füllst du den Krug mit erstgepreßtem Olivenöl auf, dem reinsten, das du bekommen kannst – es ist die Essenz der Olive. Verschließe den Krug sehr fest mit einem Deckel und laß ihn für vierzig Tage und vierzig Nächte stehen. Dann sind sie vollkommen. Aber immerhin, auch nach sieben Tagen sind sie schon ganz gut.«

Er schüttelte sich wieder vor Lachen, als er sah, wie ich mich bemühte, mir alles zu merken. »Komm«, sagte er, »deck den Tisch, wir wollen essen. Die Oliven können bis morgen warten.«

Wir sprachen bis tief in die Nacht hinein. Über die Ereignisse dieses Tages wollte er nicht reden, auf all meine Fragen sagte er nur: »Das ist eine andere Sache« oder »Es ist noch nicht an der Zeit, über diese Dinge zu sprechen«. Er erzählte mir wunderbare Geschichten über die Derwische in der Türkei und in Persien. »Vielleicht wirst du einigen von ihnen begegnen«, sagte er, »aber du brauchst dich nicht auf die Suche nach ihnen zu machen. Sind deine Absichten klar und rein, so wird jemand zu dir kommen. Doch du mußt wach bleiben, sonst wirst du den rechten Augenblick verpassen.«

Ehe ich ihn für die Nacht verließ, meinte er, wir sollten beten. Ich versuchte ihm klarzumachen, daß ich mit dem Beten immer noch nichts anzufangen wußte und nicht verstand, was Beten heißt und wozu es gut ist. »Dann bete darum, daß du verstehst«, sagte er ungeduldig. »Unser Pfad erfordert Liebe und Hingabe. Das Problem mit dir ist, daß du nicht an Gott glaubst. Du denkst nur, du tust es. Wenn du wüßtest, was ich weiß, dann würdest du beten; aber das Gebet, von dem ich spreche, ist jenseits aller Form. Und wo sind deine Liebe und deine Dankbarkeit? Wie oft am Tag fällt es dir ein, ›Danke‹ zu sagen? Du bist ganz und gar von Gott abhängig, und Er ist es, dem jedes ›Danke‹ gehört. Solange du nicht wahrhaft dankbar sein kannst, wirst du immer von Gott getrennt sein. Du denkst nicht daran, zu beten, weil du vergessen hast, daß du in Seiner Hand bist – dann wird das Gebet zu einer leeren Wiederholung von Worten. Das ist nicht Beten. Das Gebet, das ich meine, ist das Gebet des Herzens, der Zustand, da das ganze Leben zum Gebet geworden ist. Mit Seinem Lobpreis solltest du am Morgen aufstehen, und du solltest schlafen gehen mit tiefem Dank für alles, was du empfangen hast. Er mag mit einem Dorn kommen, auf den du trittst, um dich zu erwecken. Er mag als ein sanfter Wind kommen oder als ein Regen. Wie Er auch kommt, und was immer Er bringt – du mußt dankbar sein und Ihm Verehrung erweisen, denn Lobpreis und Dankbarkeit sind wie die beiden Hände im Gebet.« Lange schwieg er. »Ein großer Sufi hat einmal gesagt: ›Mach Gott zur Wirklichkeit, und Er wird dich zur Wahrheit machen.‹ Du mußt jetzt, noch heute abend, anfangen zu begreifen, was dies bedeutet. Willst du denn nicht Gott von Angesicht zu Angesicht begegnen?«

Ich fühlte mich vor den Kopf gestoßen und beschämt. Sehr leise zunächst begann ich dankzusagen. Es war, als hätten die Worte nur darauf gewartet, endlich freigelassen zu werden. Sie fanden ihren eigenen Rhythmus. Etwas geschah mit mir. Aus der Dankbarkeit entsprang eine Freude, die alle Spannungen und alle Zweifel hinwegschwemmte. Es geschah so augenblicklich, daß ich einen Moment lang zweifelte und die Augen öffnete. Hamid war noch da, mir gegenüber sitzend. Als ich die Augen wieder schloß, war das Gefühl der Befreiung in meinem Herzen wieder da. Einige Zeit saßen wir schweigend. Als ich schließlich aufstand, um auf mein Zimmer zu gehen, lächelte Hamid mir zu, wie aus großer Entfernung. Wir sprachen nicht mehr in dieser Nacht.

5

*Hinter jedem »O Herr!«, das du sprichst, steht ein tausend-
faches »Hier bin ich«.*

Mevlânâ Celâleddin Rumi

*Die Seele empfängt aus der Seele das Wissen, und nicht aus
Büchern noch vom Reden.
Erwächst das Wissen der Geheimnisse aus der Leerheit des
Geistes, so ist das Herz erleuchtet.*

Mevlânâ Celâleddin Rumi

Am nächsten Morgen ging ich wie gewöhnlich um sieben Uhr zu
Hamid, doch er schlief noch fest. Er schnarchte sogar, ein tiefes
Grollen drang unter der Bettdecke hervor. Überall im Zimmer
lagen Bücher und Papiere herum, er war wohl fast die ganze Nacht
aufgeblieben. In der allgemeinen Unordnung fiel mir ein Stapel
von Papieren neben seinem Bett auf, der ordentlicher als die
übrigen zusammengelegt war. Auf dem obersten Blatt stand: »Der
Weg des Dienens und der Hingabe – Eine Abhandlung über die
sufischen Mystiker des 13. Jahrhunderts«. Dann kam ein Zitat:

»Es brennen die Erde und der Sand. Tauch dein Gesicht in den
brennenden Sand und die Erde des Weges, denn wen die Liebe
verwundete, der muß das Mal im Gesicht tragen, und die Narbe
muß sichtbar sein. Laß die Narbe des Herzens sehen, denn an
ihren Narben erkennt man, die den Weg der Liebe gehen.
Der Prophet Mohammed
(Friede und Gottes Segen sei mit ihm)«

Hamid gab mir Rätsel auf, nicht zum erstenmal. Abgesehen von den Abenden, die ich mit ihm in seiner Londoner Wohnung verbracht hatte, war sein Leben ein Geheimnis für mich. Ich hatte oft versucht, etwas aus ihm herauszulocken, doch dann lenkte er die Unterhaltung stets in andere Bahnen, womit er zu verstehen gab, daß sein Leben seine Sache sei und ich kein Recht habe, Fragen darüber zu stellen. Darin war er so kompromißlos, daß ich eigentlich keine Ahnung hatte, wer er war.

War Hamid ein Derwisch? Der Stapel Papier neben seinem Bett hatte mich neugierig gemacht, und ich beugte mich nieder, um sie mir näher anzusehen. Unter der Decke war noch immer das grollende Schnarchen zu vernehmen. Mir war klar, daß ich in seine Privatsphäre eindrang, aber die Versuchung war zu groß.

Ich wollte gerade das oberste Blatt vom Stapel nehmen, da wachte Hamid auf. Im ersten Augenblick bemerkte er mich nicht. Dann sah er mich, über die Papiere gebeugt; er fuhr kerzengerade hoch, sein Gesicht verzerrte sich vor Zorn. »Was machst du hier? Hast du gar nichts gelernt? Du kommst ohne zu fragen in mein Zimmer, und dann hast du noch die Stirn, in meinen Sachen herumzuschnüffeln! Was hast du noch angestellt? Was hast du dir sonst noch angesehen? Los, raus damit!«

Ich beteuerte, daß ich erst seit ein paar Sekunden in seinem Zimmer war und weiter nichts angerührt hätte. Ich hätte ihn nicht wecken wollen, stotterte ich, aber da er mich zur üblichen Zeit herbestellt hatte, hätte ich nicht gewußt, was ich tun sollte, ob ich wieder gehen oder bleiben sollte. Mir war richtig schlecht vor Angst und Scham.

»Genug!« unterbrach er meine Erklärung. »Du hast einen bösen Fehler begangen, und normalerweise würde ich dich jetzt aus meinem Haus jagen. In unserer Tradition ist es Gebot, absolut aufrichtig zu sein und die Würde des Menschen höher zu achten als alles andere. Du bist jung, unerfahren und Engländer, deshalb wurden dir etliche Fehler nachgesehen, aber nun mußt du endlich lernen. Von jetzt an wirst du mein Zimmer nie mehr ohne meine Erlaubnis betreten, und du wirst keine Fragen stellen, ohne dazu aufgefordert zu sein. Wenn du dich in acht nimmst und richtig handelst, können wir zusammen weitermachen. Wenn nicht, werde ich jemand anderen finden. Du bist nicht wichtig, weißt du? Du magst ein brauchbares Vehikel sein, aber du bist sehr leicht zu ersetzen. Hast du mich verstanden? Jetzt geh und kümmere dich um Kaffee und Frühstück, und laß mich allein, bis ich dich rufe.«

»Es tut mir leid, Hamid«, sagte ich. »Ich bitte dich, verzeih mir!«

»Raus!« schrie er. »Wir haben keine Zeit für Sentimentalitäten. Wir haben zu arbeiten, und wenn du lernen willst, dann sieh zu, daß du vorankommst, und halt dich nicht mit vergangenen Fehlern auf. Es ist in Ordnung, daß du dich entschuldigt hast, aber erwarte kein Mitleid von mir.«

Als ich den Kaffee machte, wurde mir klar, daß ich tatsächlich auf sein Mitleid spekuliert hatte – anstatt in dem Wissen, daß der Augenblick schon vorüber war, einfach um Verzeihung zu bitten.

Etwa eine halbe Stunde später hörte ich Hamid von seinem Zimmer aus nach mir rufen. »Komm herein«, befahl er, »und bring den Kaffee mit!«

Er hatte geduscht, seine Haare waren noch naß. Er empfing mich, als sei nichts geschehen. »Nun«, fragte er, »was hast du gelernt?«

Die Frage traf mich so unvorbereitet, daß ich nicht wußte, was ich darauf sagen sollte. Er hatte das schon oft gemacht, und ich ging ihm jedesmal in die Falle. Er ließ mich eine Vorstellung davon gewinnen, was als nächstes geschehen würde, und wenn ich mich gerade in der Situation zurechtgefunden hatte, sagte oder tat er etwas, das jede Kontinuität des Verstehens zerstörte. In London hatte ich ihn einmal gefragt, warum er das tue. Seine Antwort war: »Um auf den WEG zu kommen, ist es notwendig, das Uhrwerk zu zerbrechen. Man muß die Schablone, nach der man alles beurteilt, zerstören.«

Einige Minuten lang schwieg ich, während ich versuchte, auf eine Antwort zu kommen, die ihn zufriedenstellen würde.

»Ich weiß nicht, wie ich dir darauf antworten soll«, begann ich. »Ich bin gerade erst angekommen, und bis jetzt hat mich alles so verwirrt – ich weiß nicht, *was* ich gelernt habe. Das ist alles so fremd! Veilleicht brauche ich noch ein paar Tage, um all die Dinge tief genug in mich einsinken zu lassen, damit ich dir antworten kann.«

»Unsinn«, sagte er, »du bist bloß starrsinnig und träge. Wenn du nur zuhören würdest und Vertrauen hättest, dann könntest du mir jetzt antworten. Etwas mußt du gelernt haben!« Er beugte sich vor und sah mir genau in die Augen.

»Nun?«

»Ich habe gelernt, daß ich wirklich nichts weiß, und daß ich erst am Beginn meiner Reise stehe. Bis zu diesem Augenblick war alles nur Vorbereitung.«

»Alles ist immer nur Vorbereitung«, sagte er, »das ist keine Antwort. Jetzt sind wir dabei, uns auf die künftige Welt vorzubereiten, doch wann sie kommt, das liegt in Gottes Hand, nicht in unserer. Wir müssen stets in Bereitschaft sein. Bereitschaft ist die Kunst, wach zu bleiben. Wenn du wach bist, dann wirst du vielleicht eines Tages die wirkliche Welt erblicken können. Du kannst nicht erwarten, in diese Welt zu gelangen, wenn du wie ein Schlafwandler im Traum herumläufst. Fast die gesamte Menschheit schläft, doch sie weiß es nicht. Du wirst nicht erwachen, indem du Bücher liest, die dir sagen, daß du schläfst. Wahrscheinlich wirst du nicht einmal erwachen, weil dir ein Lehrer sagt, daß du schläfst. Du kannst nur erwachen, wenn du erwachen *willst* und deshalb an dir arbeitest, all das unnütze Zeug loszuwerden, damit du auf die Natur dessen stößt, wer und was du bist. Das Erwachen ist auch keine Frage irgendwelcher übersinnlicher Erfahrungen. Ich kenne viele Leute, die von sich behaupten, mediale Kräfte zu besitzen – sie sind in tieferen Schlaf versunken als jene, die von diesen Dingen überhaupt nichts wissen. Diese verblendeten Menschen glauben, wenn sie mit irgendeinem ›Führer‹ Verbindung aufnehmen könnten, seien sie der Aufgabe enthoben, selbst an sich zu arbeiten. Sie begraben ihr Leid nur unter neuen Illusionen.

Worauf es ankommt, ist allein dies: zur Erkenntnis der EINHEIT GOTTES gelangen; dann wird dir alles weitere geschenkt. Wenn du versuchst, Teile von Ihm zu finden, einzelne Aspekte der EINEN WIRKLICHKEIT, dann bist du von den Bruchstücken gefesselt, und wo ist dann die Einheit? Wenn du auf der Reise haltmachst, um die Blumen zu bewundern, dann vergißt du darüber vielleicht das Ziel deiner Suche und bleibst bei den Blumen stehen. Sicher, sie sind wunderschön, aber was willst du wirklich? Prüfe deine Motive stets sehr gründlich – sieh genau zu, was du tust und warum du es tust. Suche unablässig nach deinem wahren Wesen, aber suche nicht um deinetwillen! Verstehst du?«

Ich hörte aufmerksam zu und hatte das Gefühl, wenigstens etwas von dem zu verstehen, was er sagte. Wenn man versucht, sein Selbst (von dem man nicht wirklich weiß, daß es existiert) zu entwickeln, dann entwickelt man nur eine Illusion. Erst dann, wenn man für etwas Größeres, als der Verstand zu begreifen vermag, an sich selbst arbeitet, kann überhaupt die Rede davon sein, daß man etwas Nützliches oder Konstruktives tut.

Ich erklärte Hamid meine Gedanken. Er schien erfreut und sagte mehrmals »Ah!«. Schließlich unterbrach er mich und fragte: »Haben dir die Oliven geschmeckt?«

Wieder so eine Frage, auf die ich nicht gefaßt war! »Ja natürlich«, sagte ich verwirrt. »Ich habe dir doch gestern abend gesagt, wie gut ich sie fand, und dich gebeten, mir das Rezept zu verraten, damit ich mir selbst einmal welche zubereiten kann!«

»Aber du hast sie nicht wirklich genossen, wenn du sie nicht verstanden hast. Hast du sie verstanden?«

Was sollte das nun wieder bedeuten – sie ›verstehen‹? Es waren herrliche Oliven, gewiß, aber wie kann man eine Olive ›verstehen‹? Ich überlegte verzweifelt, was ich antworten sollte, während Hamid mich ungerührt ansah und seinen Kaffee schlürfte. Schließlich sagte er gereizt: »Du bist doch nicht so blöde und denkst, daß ich nur von den Oliven sprach, oder? Nach dieser ganzen Zeit und alldem, was ich dir gesagt habe, glaubst du da im Ernst, daß ich meine Zeit damit vergeuden würde, bloß über Oliven zu reden? Manchmal verzweifle ich an dir. Hör zu, um Gottes willen! Du bist hier, um zu lernen, also geh und wasch dir die Ohren, und bleib wach! Jede Geschichte, die ich dir erzähle, ist auf mehreren Ebenen zu verstehen. Wenn es dir nur darum zu tun wäre, ein Rezept für gute Oliven zu hören, wäre das etwas anderes – aber du solltest imstande sein, darüber hinauszugehen. Außerdem hätte ich von der ganzen Sache gar nicht gesprochen, wenn ich nicht wüßte, daß du verstehen kannst. Jetzt hör genau zu.

Das Salz, in dem die Oliven eingemacht waren, sind deine Denkgewohnheiten. Es muß erst fortgewaschen werden, ehe man wirklich an die Arbeit gehen kann. Um das beste Ergebnis zu erzielen, mußt du die allerbesten Oliven aussuchen. Die Oliven mögen für die vielen Aspekte deiner selbst stehen; man könnte auch sagen, jede Olive ist eine Person, die möglicherweise für das WERK von Nutzen ist. Es heißt: ›Viele sind berufen, doch wenige sind auserwählt.‹ Der Krug, der in jeder erdenklichen Weise gereinigt werden muß, ist dein Körper oder auch der Raum, den du oder die Gruppe einnehmen. Wasser hat die Farbe des Gefäßes, in dem es sich befindet, und dieses Wasser soll so klar wie ein Gebirgsbach sein. Das ist der Grund, warum die rituelle Waschung so wichtig ist. Aber darüber haben wir ja schon einmal gesprochen.

Die Oliven sind äußerst empfindlich, wenn man sie vom Salz gesäubert hat, deshalb behandelt man sie sehr behutsam, sehr liebevoll und natürlich in wachem Bewußtsein, wenn man sie in den Krug gibt. Dann kommt das kochende Wasser. Das ist die erste Taufe, die Taufe mit Wasser. Es ist ein vollkommenes Eintauchen, was in gewisser Hinsicht, in der Welt des Relativen, sehr schmerzhaft ist. Du mußt verstehen lernen, daß dieser Pfad bewußtes Leiden verlangt. Denke daran, daß der Rosenstrauch nur dann eine vollkommene Rose hervorbringen kann, wenn er richtig beschnitten wird. Das Beschneiden mag der Pflanze einen vorübergehenden Schmerz zufügen – doch wäre sie imstande, zu begreifen, warum dies geschehen muß, so würde es sie jedesmal mit Freude erfüllen, wenn der Gärtner mit dem Messer naht. Wenn wir diesen Pfad betreten, müssen wir die Notwendigkeit des Leidens anerkennen.

Das Wasser bleibt gerade so lange im Krug, daß die Oliven anschwellen. Ihre Haut darf nicht platzen, denn verdirbt nur eine Olive, so werden auch die anderen verderben. Der Koch muß wissen, wie lange das Wasser im Krug bleiben und welche Temperatur es haben darf.

Nun fügt der Koch Zitrone und Minze hinzu. Eine wunderbare Gewürzmischung! Du solltest das einmal mit Lammbraten probieren – herrlich! Es ist eine ausgewogene Mischung von sauer und alkalisch, positiv und negativ, yin und yang. Mit dem Olivenöl, das man zum Schluß hinzufügt, bringt man die Oliven ins Gleichgewicht. Dieser letzte Teil des Verfahrens ist die zweite Taufe. Es ist die Taufe mit dem GEIST, mit der Essenz der Oliven selbst. Siehst du, das ist Alchimie, und es ist ein großes Rätsel. Man muß genau das in den Schmelztiegel hinzugeben, was die Essenz dessen ist, das man kocht. Dann schraubst du fest den Deckel zu und läßt es vierzig Tage und vierzig Nächte stehen – das ist die Zeit, die bestimmte Aspekte des schöpferischen Prozesses brauchen, um sich zu entfalten. Nach Ablauf dieser Zeit müßte alles im Gleichgewicht und innig miteinander vermischt sein. Zitrone und Minze werden sich mit dem Olivenöl verbunden haben, und der Geschmack des Olivenfleisches und der des Öls, vermischt mit den anderen Zutaten, werden zu einem geworden sein. Der Kreis ist vollendet, und alles ist zu seinem Ursprung zurückgekehrt.«

Er lächelte zustimmend, als er mein Staunen sah. »Du siehst also, man darf nicht nur auf die Oberfläche der Dinge schauen. Wahrhaftig, es gibt ein paar echte Köche in dieser Welt. Könntest du von der Speise essen, die sie zubereitet haben, dann würdest du alles empfangen, was es braucht, damit der unerweckte Mensch zu dem Menschen heranreift, der mit den Augen des Universums sieht, mit den Ohren des Windes hört und mit den Händen Gottes tastet.«

Eine Weile herrschte Schweigen. Ich konnte die Meeresbrandung hören, die sich an den Felsen brach, und auf dem Platz bellte ein Hund. In dieser Stille war Frieden – und Sehnsucht. Stärker als je zuvor spürte ich das Verlangen, von alldem loszukommen, was mein abgekapseltes und in sich selbst versunkenes Bewußtsein erfüllte, das Verlangen nach Reinheit, nach Erkenntnis. Ich wollte, wenn ich in den Alltag zurückkehrte, von der wahren Welt sprechen, den Menschen etwas mitteilen können, was ihnen helfen würde.

Hamid sah mich aufmerksam an. Ich wußte nichts zu sagen, doch er schien zufrieden. »Gut«, sagte er, »nun beginnst du ein bißchen zu begreifen. Ein bißchen Erkenntnis ist allerdings eine gefährliche Sache, denn es macht dich so verwundbar, daß du leicht von deinem Pfad herunterzustoßen bist. Auf dem Weg zur Entdeckung deines wahren Wesens wirst du geöffnet werden oder dich selbst öffnen können – für eine unsichtbare Welt, die weit mächtiger ist als jene, die du mit deinen normalen Sinnen wahrnimmst. Du denkst vielleicht, es sei die Atombombe, die die ungeheuersten Kräfte entfesselt, aber das ist nichts gegen die Macht der Elemente. Über diese Dinge können wir jedoch erst sprechen, wenn du sehr viel stärker geworden und wahrhaft überzeugt bist. Jetzt jedenfalls ist dein Körper noch zu schwach, weil du so sehr zweifelst und dich wehrst. Der Körper verliert immer Kraft und wird schwach, wenn man zweifelt. Wirkliche Gewißheit macht uns alle Kraft verfügbar, die wir brauchen. Du hast noch einen langen Weg vor dir. Von morgen an mußt du mehr für deinen Körper tun. Da du so lange vegetarisch gelebt hast, mußt du darauf achten, genügend Eiweiß zu dir zu nehmen. Wer an dem WERK beteiligt ist, braucht mehr Eiweiß als sonst – er muß fähig sein, alles zu verbrennen, was in sein Magnetfeld tritt. Wenn du bei mir bist, und wir sind offen und arbeiten zusammen, ist es gut; wenn nicht, dann mußt du gut essen, gut schlafen und gut lieben.«

Er sah mich aus den Augenwinkeln an, und ich hatte das Gefühl, daß er mir etwas sagte, das ich nicht hören konnte.

»Wenn du zu mir kommst, um mit mir zu arbeiten, dann bereite dich darauf vor und sei offen für das, was dir gegeben wird. In der übrigen Zeit geh hinaus und genieße die Sonne und die frische Luft. Kümmere dich dann nicht um diese Dinge, es sei denn, ich gebe dir besondere Anweisungen.

Ich werde dir noch eine Geschichte erzählen. In London lebt eine vorzügliche Lehrerin. Sie besitzt ein Restaurant und ist meistens dort anzutreffen, aber nur wenige Leute wissen, wer sie ist und was sie weiß. Einmal hörte ich, wie sie zu einem jungen Mann sprach, der auch mein Schüler war: ›Oh, hör mir zu, Freund. Verkehr in London sehr schlecht. Zu viele Autos auf der Straße, Leute ärgerlich und nicht höflich zueinander. Autos fahren los und stoßen zusammen, so kommen viele Schmerzen. Du mußt lernen, deinen Wagen steuern, jetzt, wo du kleines bißchen Wissen hast. Ich – ich bin sehr gute Fahrerin. Ich lenke meinen Wagen, ich fahre nicht auf andere Autos drauf, selbst wenn die zusammenstoßen.

Ich lenke meinen Wagen und ich passe auf, deshalb mache ich richtige Bewegung. Denk daran, Verkehr jetzt sehr schlecht, in der ganzen Welt. Du mußt lernen, guter Fahrer zu sein, wenn du unterwegs bist.‹

Meinst du, sie hat nur über Autos gesprochen?« fragte Hamid. »Nein, sie sprach von dem zunehmenden Verkehr in der unsichtbaren Welt. Er nimmt zu, weil er zornig darüber ist, daß die Menschen ihn nicht erkennen. Und so kommt es, daß es die Menschen, die nichts wissen vom Wesen der Dinge, hin und her zerrt, und bevor sie sich wieder in der Gewalt haben, hat es schon gekracht, und es ist ein Wunder, wenn sie nicht verletzt werden. Höre, was ich sage, und bete, daß du es verstehst, und dann vergiß nie, was du verstanden hast.«

Damit stand er auf, streckte sich und überraschte mich mit einem lauten Rülpser. Ich verstand – die Lektion war zu Ende.

»Nun ist Zeit fürs Mittagessen, und für dich ist es Zeit, dich auszuruhen. Wir trinken einen Raki, und dann könnten wir am Strand ein Schläfchen halten. Hast du schon einmal Raki getrunken?«

»Nein«, erwiderte ich. »Ich weiß nicht mal, was das ist.«

»Dann steht dir ja noch eine Überraschung bevor!« Er zwinkerte mit den Augen und vollführte einen kleinen Tanz auf dem Teppich, er drehte und drehte sich, die Arme ausgestreckt, Hände und Finger bewegend wie ein indischer Tempeltänzer.

»Bei uns tanzen nur die Männer«, sagte er. »Vielleicht tanzen wir beide zusammen? Aber du bist ja so englisch, und vielleicht verstehst du das ganz falsch?« Er schüttelte sich vor Lachen und umarmte mich dann, immer noch kichernd. »Mach dir keine Sorgen«, sagte er, »du hast noch eine Menge zu lernen, und Tanzen würde dir guttun. Ich werde versuchen, die Zigeuner aus dem Nachbardorf zu erwischen. Ah – die Musik, die sie machen! Wir werden frisch gerösteten Fisch essen, und du wirst meinen Freund Mustafa kennenlernen. Er ist verliebt, und wenn er verliebt ist, singt er wie ein Engel. Wirklich! Wir werden ein Fest feiern, und wie die Planeten kreisen, so werden wir uns drehen. Und du, mein Freund, wirst lernen, ein Mann zu sein und dich wie ein Mann zu benehmen.«

»Da ist noch etwas, das ich dich fragen muß.« Ich zögerte, bevor ich fortfuhr. »Wer ist das Mädchen in dem Zimmer unter mir?«
Er fuhr herum und sah mich scharf an. »Ich habe dir doch gesagt, daß du keine Fragen stellen darfst, bis der rechte Augenblick dafür gekommen ist und du Erlaubnis dazu hast! Wenn die Zeit reif ist, wirst du schon erfahren, was du wissen mußt. Das ist meine letzte Warnung! Du hast nicht nach Dingen zu fragen, die dich nichts angehen. Und was noch schlimmer ist – du bist ein Narr!«
Ich folgte ihm den Weg hinab zum Café auf dem Platz. Er ging sehr schnell und schaute nicht rechts noch links, und ich wußte nicht recht, ob er mich nun noch dabei haben wollte oder nicht. Ich lief sechs oder sieben Schritte hinter ihm. Als wir das Café erreicht hatten, kam der Besitzer herausgelaufen, um Hamid zu begrüßen, doch er schob ihn beiseite. Er setzte sich an einen der Tische draußen, mit Blick auf die Fischerboote, und rief nach einer Flasche Raki. Ich blieb abwartend vor den Tischen stehen, bis Hamid schließlich noch ein Glas bestellte und mich zu sich winkte; ich sollte mich ihm gegenüber setzen. Er schenkte uns ein wenig von der farblosen Flüssigkeit ein und füllte dann die Gläser bis zum Rand mit Wasser auf. Das Ganze nahm eine milchige Farbe an, wie Absinth. Wortlos erhob er sein Glas, stieß mit mir an und trank es in einem Zug aus; er nickte mir auffordernd zu. Ich nahm einen tiefen Schluck. Es war scheußlich. Das Zeug verbrannte mir fast die Kehle, Schauer jagten mir über den Rücken, und meine Zunge zog sich zusammen. Ich bemühte mich, ein Lächeln zustande zu bringen, doch mein Kiefer blieb unbeweglich so stehen, als käme ich gerade vom Zahnarzt. Hamid hatte mein Glas schon wieder gefüllt. »Trink«, kommandierte er, »aber jetzt in einem Zug!«
Eine merkwürdige Art spiritueller Unterweisung! Zitternd, aber ohne abzusetzen, stürzte ich den Inhalt des Glases hinunter.
Nachdem ich wieder atmen konnte, sah ich zu Hamid hinüber. Er hatte sich inzwischen ein zweites Glas eingegossen und unterhielt sich mit dem Kellner auf türkisch. Ohne sich umzuwenden und mich anzublicken, schenkte er mir nach, füllte mit Wasser auf und fuhr in seiner Unterhaltung fort. Ich nippte ängstlich an meinem Glas, der Geschmack war ekelhaft. Aber ich wollte Hamid, der

sich prächtig zu amüsieren schien, auch nicht kränken. Der Schnaps hatte eine merkwürdige Wirkung. Alles, was ich sah, schien plattgedrückt, zweidimensional zu werden! Allmählich ging mir auf, daß ich völlig betrunken sein mußte.

»Was ist denn los mit dir?« fragte Hamid plötzlich. »Du verstehst nicht zu trinken – du, ein Engländer? Gegen Alkohol in Maßen ist nichts einzuwenden. Aber du hast zuviel auf nüchternen Magen getrunken. Das ist verrückt!«

»Aber du hast es mir doch selbst gegeben!«

»Na und? Stand es dir nicht frei, anzunehmen oder nicht, ganz wie du wolltest? Du hattest die Wahl, aber du hast ohne zu überlegen zugegriffen und etwas getrunken, woran du nicht gewöhnt bist, und nun bist du betrunken. Ist das nicht reichlich dumm? Du mußt lernen, ein eigenes Urteil zu haben und, wenn nötig, den Gehorsam zu verweigern. Jetzt geh und such dir in der Küche etwas zu essen aus. Für mich habe ich schon bestellt.«

Ich war plötzlich sehr wütend. Das war glatte Manipulation! Erst brachte er mich in eine Zwickmühle, und nun warf er mir vor, ein Idiot zu sein. Was für ein Spiel trieb er mit mir? In London hatte er gesagt, es sei nicht gut, mehr zu trinken als etwas Wein zum Essen, und hier schüttete er in großen Schlucken diesen widerlichen Fusel in sich hinein – aber mir erzählte er, ich sollte das nicht tun. Und doch hatte er mich selbst dazu aufgefordert . . .

Der Alkohol machte mich schwindelig und ließ außerdem den ganzen angestauten Ärger in mir hochkommen, den ich bisher gar nicht wahrgenommen hatte. In der Küche, wo ich mir aus den großen dampfenden Töpfen auf dem Herd mein Essen aussuchen konnte, schrie ich dem Kellner, der mich mit seinem Notizblock umkreiste, auf englisch zu, daß ich keine Ahnung hätte, was ich haben wollte, daß es mir auch ganz egal sei, und daß ich am liebsten wieder in London wäre, wo man alles ganz anders mache.

Er verstand nicht, was ich sagte, und lächelte mich geduldig an. Schließlich zeigte ich auf einige der Töpfe; er schrieb sich alles auf und führte mich dann zu unserem Tisch zurück.

»Nun?« fing Hamid wieder an. »Was hast du aus alldem gelernt? Vielleicht siehst du ein bißchen klarer, wenn du noch ein Glas trinkst?«

Er schenkte ein und schob mir das Glas herüber. Diesmal leerte ich es ohne einen Mucks. Ich konnte ohnehin nichts mehr schmecken und war drauf und dran, mich völlig gehenzulassen und alle anzubrüllen, Hamid, den Kellner, das ganze Restaurant. Es begann sich alles um mich herum zu drehen, und auf einmal hatte ich das Gefühl, wir müßten jetzt tanzen.

»Komm«, sagte ich zu Hamid und erhob mich taumelnd, »laß uns tanzen! Ich habe das dringende Bedürfnis, zu tanzen. Bring mir bei, wie die Türken tanzen!«

Ich wankte zur Mitte des Platzes hin. Hamid rührte sich nicht. Er saß nur da und aß weiter.

»Los«, schrie ich, »wir wollen alle tanzen!« Als der Kellner angelaufen kam, fiel ich ihm fast in die Arme. Ich schwenkte ihn in einem altmodischen Walzer herum und wirbelte dann mit ihm auf unseren Tisch zu. Mit meinem freien Arm versuchte ich, nach Hamid zu greifen.

»Ihr müßt alle zusammen tanzen. Wie wunderbar es ist, lebendig zu sein!«

Und dann stolperte ich, mit einer letzten wilden Drehung, in den Tisch hinein und brach zu Hamids Füßen zusammen; neben mir lag der Kellner, Arme und Beine von sich gestreckt.

Der Schock ernüchterte mich ein wenig. Der Kellner klopfte sich lachend den Staub vom Anzug, doch von Hamid ging ein unheilverkündendes Schweigen aus. Er erhob sich und stand, da ich noch auf dem Boden lag und versuchte, wieder einen klaren Blick zu bekommen, wie ein Turm über mir.

»Das war die widerlichste Vorstellung, die ich je gesehen habe. Habe ich dir nicht gesagt, du solltest nicht trinken? Geh sofort nach Hause und ins Bett!«

Irgendwie schaffte ich es, nach Hause zu kommen; ich fiel gleich auf mein Bett. Der Raki hatte mich in einen seltsamen Zustand versetzt, halb Traum, halb Halluzination, worin ich von Angst und Schuldgefühlen erdrückt wurde. Hatte ich mich wirklich so schlecht benommen im Restaurant, oder war das Ganze nur Einbildung? Ich wußte es nicht, aber das spielte schon keine Rolle mehr. Verwirrt und deprimiert, begann ich mich wieder zu fragen, warum ich eigentlich hergekommen war.

Kaum zu glauben, aber dies war erst mein dritter Tag in Side; ich hatte jedes Zeitgefühl verloren. Ein Tag mit Hamid war nicht in Stunden auszudrücken. Die Kontinuität der Zeit wurde immer wieder gesprengt, unter dem Anprall des Unerwarteten geriet das Leben aus seinem gewohnten Takt. Es war mir nie vergönnt, einmal mit mir zufrieden zu sein, mir etwas in Ruhe durch den Kopf gehen zu lassen oder auch für die Verwirrung, in der ich mich befand, eine Rechtfertigung zu finden. Dinge, die mich konfus machten, folgten so rasch aufeinander, daß in meinem Kopf, der logisch zu denken gewohnt war, bald ein Chaos herrschte. »Göttliche Führung«, so hatte Hamid, wie ich mich plötzlich erinnerte, einmal gesagt, »besteht darin, einen Mann an den Rand der totalen Verwirrung zu bringen.«
Doch die übermächtige Angst, verrückt zu werden, die meine Verstörung in mir auslöste, war immer noch da. Konnte ich dem, was Verstand und Bewußtsein übersteigt, überhaupt ins Auge sehen? Die einzige Hoffnung schien darin zu liegen, ein so absolutes Vertrauen zu entwickeln, daß die Angst, von der die Wirklichkeit des Erlebens verdunkelt wurde, schwinden würde. Wenn ich frei sein könnte von dieser Angst, dann würde ich vielleicht klar genug hören und sehen können, um zu verstehen, was der Sinn dieser ungewöhnlichen Reise war. Aber wie kann man frei sein davon? Hamid hatte mir einmal gesagt, daß – paradoxerweise – diejenigen auf dem Weg des Wissens, die am meisten zweifeln, oft zur tiefsten Erkenntnis vordringen. Vertrauen und zweifeln zugleich, sich dem Unbekannten ausliefern und zugleich jeden Augenblick kritisch prüfen, damit die eigenen Motive immer ganz klar sind – wie sollte das möglich sein?
Als ich so auf meinem Bett lag, in diesem halbwachen Zustand, der vom Raki herrührte, da wurde mir klar, daß ich jetzt die Angst vor dem Unbekannten erlebte, und nicht die vertraute Angst vor Zurückweisung. Wer sich aufmacht, den spirituellen Weg zu gehen, tut es immer deshalb, weil er sich auf irgendeine Weise zurückgewiesen fühlt. Er wäre sonst kein Suchender. Wenn man sich ganz und gar angenommen fühlt, wonach sollte man noch suchen? Die Angst vor dem Unbekannten jedoch ist etwas, womit sich jeder von uns früher oder später einmal auseinandersetzen

muß. Ich war, das wußte ich jetzt, von dieser Angst gelähmt. Vielleicht hatte Hamid mich deshalb betrunken gemacht – damit sich die Erstarrung löse und ich mich dem Problem stellen konnte? Sofort ging es mir besser. Bis ich merkte, daß ich mich nur wieder in Entschuldigungen flüchtete und auf eine neue subtile Möglichkeit gekommen war, wie ich es vermeiden konnte, aufgehen zu müssen in etwas, das größer war als ich. Ich beschloß, einen Spaziergang am Strand zu machen, um meinen Kater loszuwerden, und dann so bald wie möglich mit Hamid zu sprechen.

Der Strand war leer, ein eisiger Wind fegte vom Meer herein. Ich lief am Wasser entlang bis zum Amphitheater und kletterte ganz oben hinauf. Wenn man auf die Ruinen hinabsah, konnte man sich leicht vorstellen, wie es war, als die Griechen und Römer in Kleinasien lebten und bei den Spielen, die in diesem Amphitheater stattfanden, den hungrigen Tieren Menschen zum Fraß vorgeworfen wurden. Was hatte sich in den zweitausend Jahren seitdem verändert? Die gleichen Fragen waren immer noch ohne Antwort. Vielleicht gab es keine Antworten.

Eine Bewegung hinter mir schreckte mich aus meinen Gedanken auf. Ich wurde plötzlich ganz verlegen, als wäre ich hier ein Eindringling, und tat so, als interessiere ich mich sehr für eine der zerbrochenen Säulen. »Merhaba«, sagte eine Stimme, »guten Tag!« Als ich mich umwandte, sah ich auf einer der Stufen hinter mir einen alten Mann sitzen. Er lächelte. In seinen Händen hielt er einen Korb mit Eiern, halb von einem Tuch verdeckt. »Merhaba«, antwortete ich. Ein Schwall türkischer Worte war die Folge. Ich lächelte entschuldigend und versuchte ihm mit meinen paar Brokken Türkisch aus dem Sprachführer zu erklären, daß ich ihn nicht verstehen konnte. Mit ernstem Gesicht hörte er mir zu und sagte mehrmals »Ah«. Schließlich fragte er, indem er mich forschend ansah: »Müslüman?« Ich dachte daran, was ich gelernt hatte – ich verneigte mich leicht, legte meine rechte Hand aufs Herz und sagte: »Elhamdülillah«, »Gott sei gepriesen!«

Als er das hörte, kam er herunter, setzte sich neben mich und schüttelte mir bewegt die Hand. Ich bemühte mich zu verbergen, wie erstaunt und verwirrt ich war, und während er sprach, konnte ich ihn nur ansehen und immer wieder zustimmend nicken. »Allah«, verkündete er, »*Muhammet resulallah*«. Und dann, indem er seine Hand aufs Herz legte: »*derviş, derviş*«.

Ich starrte den alten Mann an und begriff, daß ich endlich einen echten Derwisch entdeckt hatte – oder vielmehr von ihm entdeckt worden war! »*Derviş*«, wiederholte er ein drittes Mal und fuhr in seinem geschwinden Türkisch fort. Der einzige mir vertraute Laut in diesem Redeschwall war »*Mevlânâ*«. Jedesmal, wenn er diesen Namen erwähnte, hielt er einen Moment inne und sah mich eindringlich an. Ich nickte und lächelte eifrig, wenn mir auch der Inhalt seiner Worte schleierhaft war. Dann nahm er meine Hand und küßte sie. Er rückte näher zu mir, ergriff mit der Linken meine rechte Hand und stimmte einen Sprechgesang an. Dabei neigte er seinen Oberkörper vor und zurück und wiegte rhythmisch den Kopf. »*Hu-Allah*«, so sang er. Merkwürdig, seine Stimme klang zugleich dünn und volltönend, so als käme der Klang aus weiter Ferne durch ihn hindurch. Er verstummte und blickte mich erwartungsvoll an. »*Hu*«, sagte er und legte seine rechte Hand auf mein Herz. »*Allah.*« Er hob seine Hand auf meine rechte Schulter. Mit etwas zittriger Stimme fiel ich in seinen Sprechgesang ein.

»*Hu-Allah, Hu-Allah.*« Nachdem mein Körper den Rhythmus angenommen hatte, schien jede Silbe aus sich selbst heraus zu leben; der Klang und ich wurden eins, ein Kanal, durch den eine stärkere Kraft hindurchströmen konnte. Ich spürte das »*Hu*« hoch oben in meiner Kehle, wie die Seemuschel einen winzigen Teil des Ozeans einfängt. Allah hallte wider in meinem Herzen, tief und machtvoll. Ich hörte und fühlte die Töne, aber sie kamen ganz ohne Anstrengung heraus. Es war, als hätte ich mich unversehens für eine Dimension geöffnet, die schon immer dagewesen war, und ließe sie für einen Augenblick durch mich hindurchströmen.

Die Freude, die diese unerwartete Begegnung zunächst in mir ausgelöst hatte, verwandelte sich in ein tiefes inneres Gefühl der Liebe und der Gewißheit, daß es tatsächlich etwas gibt, das unser Verstand nicht fassen kann; es gibt Gott, und es gibt wirklich eine Quelle allen Lebens. Ich fühlte keine Angst mehr, an ihre Stelle trat ein grenzenloses Vertrauen in den Augenblick und in diesen alten Mann, der da neben mir saß.

Er sang jetzt nur noch ein einziges Wort, »*Allah*«, und er rief den Namen Gottes mit solcher Inbrunst aus, daß er mich fast von meinem felsigen Sitz zog. In meinem Innern preßte es die Luft in den Solarplexus hinunter und dann hinauf ins Herz, von wo sie, mit der zweiten Silbe des Wortes, wie nach einer Explosion in die Welt hinausflutete. Die gegenständliche Welt, mein Körper, das Amphitheater und der Strand, ja sogar meine Vergangenheit – das alles war verschwunden, aufgesogen im Namen Gottes. Es gab keine Zukunft, es gab nur diesen Augenblick.

Ich war schweißüberströmt, wir zitterten beide. Ich wurde in Welten voller Licht und Klang versetzt, die allen Schmerz, alles Zweifeln und Leiden und Fürchten auslöschten. Plötzlich spürte ich, wie er meine Hand drückte; mir wurde bewußt, daß er aufgehört hatte zu singen und ich nur noch meine eigene Stimme hörte. Ich versuchte die Augen zu öffnen, aber ich konnte es nicht. Er ließ einen langgezogenen Ruf ertönen, sanft wie der Wind. Er gab meine Hand frei und rieb mir den Nacken. Als ich schließlich die Augen wieder aufbekam, saß er direkt vor mir. Es strömte so viel Liebe von ihm aus, daß ich ihn kaum anblicken konnte. Wieder sagte er »*Hu*«, beugte sich nieder und berührte mit der Stirn den Boden. Ich sollte es ihm nachtun. Dann ergriff er meine Hände, küßte sie und führte sie an seine Stirn. Eine Weile saßen wir schweigend da. Dann stand er auf und beugte sich zu mir herab, um mir aufzuhelfen. »Nein, nein«, protestierte ich, aber er faßte mich fest am Arm, wischte mir den Staub von den Kleidern und führte mich dann die Stufen hinunter zum Strand. Dort verneigte er sich tief, sprach ein Abschiedswort, wandte sich um und ging den Strand hinunter. Ich schlug die entgegengesetzte Richtung ein, um zu Hamid heimzukehren.

Als ich zu Hause ankam, ging gerade die Sonne unter. Die Fragen, die ich Hamid an diesem Abend hatte stellen wollen, waren vergessen. Mehr noch, als ich ins Haus trat, fühlte ich mich plötzlich unfähig, überhaupt zu sprechen. Hamid sah mich forschend an und gab mir Kaffee. »Du hast geschlafen?« fragte er. Ich schüttelte den Kopf und versuchte zu berichten, was an diesem Nachmittag geschehen war, aber die Worte wollten nicht aus mir heraus, und so blieb mir nichts anderes übrig, als entschuldigend

zu lächeln und meinen Kaffee zu schlürfen. Es war keine Eile. Wir
saßen lange, ohne ein Wort zu sprechen. Endlich war ich soweit,
daß ich berichten konnte, was vorgefallen war.

Hamid hörte gespannt zu. Dann und wann unterbrach er mich
und erkundigte sich nach bestimmten Einzelheiten. Als ich geen-
det hatte, fragte er: »Weißt du, was das alles bedeutet?«

»Ein bißchen schon«, sagte ich. »Ich weiß, daß *Allah* ›Gott‹
bedeutet, und *Hu* ›Er‹. Ich habe gehört, daß *Hu* der erste Laut ist,
der im Universum ertönte. In London habe ich dich immer wieder
nach diesen Dingen gefragt, aber damals wolltest du absolut nicht
darüber sprechen.«

»Damals war die Zeit nicht reif dafür, aber nun, da dir ein so
großes Geschenk zuteil wurde, wollen wir uns eine Weile mit
diesen Dingen beschäftigen. Heute abend darfst du mich alles
fragen, was dir am Herzen liegt.«

Doch ohne meine Fragen abzuwarten, fuhr Hamid selber fort.
»Das erste und wichtigste, was du lernen mußt, ist die Bedeutung
des Wortes *dhikr*. Es ist ein arabisches Wort und bedeutet ›Sich-
Besinnen‹, wörtlich ›Erinnern‹. *Dhikr* ist die tägliche Übung all
derer, die dem WEG folgen. Es gibt viele Arten, *dhikr* zu praktizie-
ren; die Übung des ›Hu-Allah‹, die dir heute gegeben wurde, ist in
vielen Derwisch-Orden gebräuchlich. Nach dem, was du mir von
dem alten Mann erzählst, dem du heute nachmittag begegnet bist,
ist er ein Mevlevi-Derwisch, ein Jünger von Mevlânâ Celâleddin
Rumi, der in Konya lebte. Das bedeutet: du mußt bald nach
Konya gehen, um Mevlânâ deine Verehrung zu bezeugen.«

Er gab mir keine Gelegenheit, Fragen zu stellen über die Fahrt
nach Konya, und sprach gleich weiter. »Du magst dich wundern,
warum es notwendig sein sollte, *dhikr* zu üben, besonders, da du
doch kein orthodoxer Muslim bist. Das ist nicht leicht zu erklären.
Zunächst ist es unerläßlich, die Bedeutung des *dhikr* auf verschiedenen Ebenen zu begreifen – und dann wirst du schon von allein
auf die Antwort kommen. Das vollständige *dhikr*, das alle Mos-
lems sprechen, heißt ›lā ilāha illā llāh‹, das bedeutet ›Es gibt keinen
Gott außer Gott‹; doch der Derwisch sagt: ›lā ilāha illā hu‹ – ›Es
gibt keinen Gott außer Ihm (der Gott ist)‹. Das will uns sagen:
Wenn wir unsere eigene isolierte Existenz verneint und die ewig

lebendige Gegenwart Gottes bejaht haben, so bleibt noch eine weitere Wirklichkeit, jenseits des Jenseits.

Wir kümmern uns nicht um Religionen oder Formen. Für uns ist nur der innere Sinn von Bedeutung, der innere Strom der Wahrheit, der allen Religionen zugrunde liegt. Unser Weg ist nicht für jene, die bei der Form stehenbleiben. Es ist der Weg derer, die geradewegs zur Essenz, zum Wesen wollen. Der Orthodoxe sagt im *dhikr* ›*Allah-Hu*‹, ›Gott-Er‹, doch der Derwisch sagt ›*Hu-Allah*‹.

Es gibt viele Weisen, das *dhikr* auszuführen, und der Lehrer muß herausfinden, welche Ebene der Schüler erreicht hat, damit er ihm die richtige Art des *dhikr* geben kann. Man darf ihm die Form nicht nehmen, wenn der Schüler der Form noch bedarf. Die Regel lautet: Ist der Schüler noch nicht reif dazu, die Form hinter sich zu lassen, so gib ihm eine Übung.« Lachend lehnte er sich in seinem Stuhl zurück.

»Aber es ist unbedingt erforderlich, daß du lernst, was *dhikr* ist«, fuhr er fort, »denn zur Erkenntnis der Wahrheit gelangt man nur dann, wenn man sich ständig im Zustand des Sich-Besinnens, der Wachheit befindet. Ich kann dich nur aus meiner eigenen Erfahrung heraus lehren, ich werde dich also in der Erinnerung Gottes durch das *dhikr* unterweisen. Andere Traditionen haben natürlich andere Methoden des Erinnerns – beim christlichen Gebet besteht sie etwa in der ständigen Wiederholung der Formel ›Herr Jesus Christus, erbarme Dich meiner!‹.

Doch man darf verschiedene Wege nie vergleichen oder gar annehmen, einer sei dem anderen überlegen. Denn ein solches Urteil verursacht nur Trennung und Zwietracht. Wichtig ist allein, in welcher Haltung das Erinnern vollzogen wird. Ist es nur im Kopf, so hat es keinerlei Folgen. Erst dann, wenn das *dhikr* im Herzen geschieht, werden deine Gebete Antwort finden.

Du magst dich fragen, warum ich dich als Europäer anweise, das *dhikr* auf arabisch zu vollziehen. Das hat seinen Grund im Klang. Unter den lebenden Sprachen kommt Arabisch dem alten Aramäisch, der Wurzel des Hebräischen wie des Arabischen, am nächsten. Seine Laute haben bestimmte Eigenschaften, die sich nicht in andere Sprachen übertragen lassen.

Fürs erste mußt du die Form des *dhikr* üben, die du heute gelernt hast. Du solltest jeden Tag über die Bedeutung seiner Worte meditieren. Die vollständige Form ›*lā ilāha illā llāh hu*‹ bedeutet: ›Nein, es gibt keinen Gott außer Ihm (der Gott ist).‹ Du beginnst mit einer Absage, die alles verneint, so daß nur Er noch da ist. Das heißt, du gibst deinen kleinen Eigenwillen zugunsten des größeren, des Willens Gottes, auf. Wenn du das getan hast, bezeugst du Seinen Namen mit dem Ruf ›*Allah*‹. Und dann, wenn du ganz stillhältst und dich leer machst, hörst du vielleicht Seine Antwort: ›*Hu*‹ – ›Ich bin, der Ich bin‹. Das ist die Antwort von jenseits des Jenseits, der Klang des Überströmens der Göttlichen Essenz, jenseits aller Eigenschaften.

Morgen früh wirst du damit anfangen. Zuerst mußt du über die Bedeutung der Worte meditieren, dann das volle *dhikr*, ›*lā ilāha illā llāh hu*‹ dreiunddreißigmal ausführen; und dann läßt du das *dhikr* des ›*Hu-Allah*‹ folgen, das der alte Mann dir beigebracht hat – solange du es durchhältst, ohne die Sammlung in deinem Herzen zu verlieren.«

Nachdem ich versprochen hatte, am nächsten Morgen mit der Übung des *dhikr* zu beginnen, fragte ich Hamid, ob er den alten Mann kenne, und woher er wohl gekommen war. »Spielt das eine Rolle?« fragte er. »Warum bist du nur immer so neugierig? Tatsache ist: er war da und du warst da, am selben Ort und zur selben Zeit, und deshalb seid ihr einander begegnet. Ich wüßte nicht, was daran liegt, wer er ist. Der Augenblick ist vorbei! Und wer weiß – vielleicht war der alte Mann ja gar nicht da, und du hast ihn dir nur eingebildet?«

»Aber ich habe ihn gesehen, und er hat mich das *dhikr* gelehrt!« protestierte ich.

»Ah, ist denn nicht alles in dir selbst?«

Es gab eine lange Pause. »Na gut«, sagte er endlich, »das war ein bißchen zuviel. Doch eines Tages wirst du begreifen, daß deine inneren Erfahrungen sich in der äußeren Welt manifestieren, dem Spiegel, so daß du dich selbst darin anschauen kannst. Nein, ich weiß nicht, wer er war. Vielleicht kam er nur gerade mal vorbei – das tun sie manchmal. Oder er brachte den Korb mit den Eiern zu seiner Familie. Du wirst ihm noch einmal begegnen, wenn es richtig ist; ist es aber nicht richtig, so wirst du ihn nicht mehr treffen. Du darfst nie vergessen, daß es nur EIN ABSOLUTES SEIN gibt. Ob du also diesem oder einem anderen Derwisch begegnest – in Wirklichkeit triffst du nur auf eine andere Manifestation des EINEN SEINS. Verstehst du das schon? Nicht *ein* Augenblick ist so wie ein anderer – das ist das Wunder des Lebens. Nicht die Einheit ist ein Wunder, das Wunder ist die unendliche Vielfalt des Einen! Wie merkwürdig und wunderbar ist es doch zu wissen, daß, weil Gott sich niemals zweimal in derselben Weise manifestiert, jeder Augenblick ein Akt völliger Neuschöpfung ist. Ich habe dir einmal gesagt, daß die Zeit das unendliche Attribut Gottes ist. Erinnerst du dich?«

Abermals durchfuhr mich eine Art Schock und das Gefühl, die Zeit verzerre sich. Es war, als habe Hamids Frage meinen Verstand über die Grenzen seiner augenblicklichen Fassungskraft hinausgestoßen.

»Was ich nicht begreifen kann, Hamid, ist: wie und warum geschehen mir all diese Dinge? Das ist alles so seltsam, und offenbar gibt es keine logische Erklärung dafür. Unaufhörlich geschieht etwas – wie der Derwisch, der am Strand auftauchte –, aber du tust, als sei gar nichts geschehen.«

»Aber es *ist* nichts geschehen«, unterbrach er mich. »Wie könnte irgend etwas geschehen? Was meinst du überhaupt mit ›geschehen‹?«

»Ich meine damit, daß all diese Ereignisse stattfinden, eins nach dem anderen oder auch gleichzeitig, und ich weiß überhaupt nicht, *was* da vor sich geht, nach wem oder was ich eigentlich suche, oder gar wer oder was da sucht!«

»Ausgezeichnet!« Hamid machte ein sehr zufriedenes Gesicht. »Sobald du diesen Punkt erreicht hast, wo du nichts mehr weißt, und weißt, daß du nichts mehr weißt, kannst du die ersten Schritte tun auf deinem Pfad. Alles, was ich tun kann, ist, dich in entsprechende Situationen zu bringen, damit du zu diesem Punkt gelangst. In Wirklichkeit tue ich natürlich nichts, denn da ist nur Gott. Wir sind Seine Figuren auf der Bühne, die Er schuf, um Sich Selbst anzuschauen. Diesen Satz aus der *Hadith* des Propheten (Friede und Gottes Segen seien mit ihm) solltest du dir zur täglichen Meditation vornehmen: ›Ich war ein verborgener Schatz und sehnte mich danach, erkannt zu werden. So erschuf ich die Welt, auf daß ich erkannt werde.‹«

Ich gab mir Mühe, zu begreifen, was er sagte, doch je mehr ich mich anstrengte, desto müder wurde ich, und ich merkte bald, daß ich seinen Worten überhaupt nicht mehr folgen konnte. Ich fragte Hamid, ob noch Kaffee da sei.

»Vielleicht möchtest du Raki, jetzt wo die Sonne untergegangen ist?« Er lachte und ging die Flasche holen. »Lieber nicht«, sagte ich, »so eine Vorstellung wie heute morgen will ich nicht noch einmal geben.«

»Aber du mußt lernen, dich zu beherrschen. Wenn du nicht jetzt etwas trinkst, wie willst du dann wissen, ob du das kannst? Wie gesagt – gegen Alkohol in Maßen ist nichts einzuwenden. Trink nur.« Er schenkte mir ein Glas ein. Ich sah keinen Grund, es abzulehnen. »Also gut«, sagte ich, »aber nur eins!« Während wir tranken, faßte ich mir ein Herz, um Hamid abermals die Frage zu stellen, die mir die ganze Zeit über nie aus dem Kopf gegangen war.

»Du hast gesagt, ich dürfte dir heute abend Fragen stellen . . . Kannst du mir jetzt sagen, wer das Mädchen ist in dem Zimmer unter mir?«

»Ich sagte, du könntest Fragen stellen«, erwiderte er, »aber ich habe nicht gesagt, daß ich sie auch beantworten werde. Es ist noch nicht an der Zeit, über sie zu sprechen, doch ich kann dir immer-hin verraten, daß sie sehr krank ist und ich mich um sie kümmere. Auf dem Weg zur Selbst-Erkenntnis gibt es viele Fallgruben, wenn der Schleier der Illusion zerreißt und die Wesensnatur unseres Seins freigibt. Ein Lehrer, der nicht weiß, was er tut, oder der gewisse Kräfte entwickelt hat, ohne die nötige Erfahrung und das erforderliche Wissen zu besitzen, mag dazu beitragen, die Schleier reißen zu lassen, bevor die Zeit dazu reif ist. Dann gibt es nichts mehr, woran der Schüler Halt fände. Dem Mädchen ist genau das geschehen; aber das ist nicht alles. Sie wartet darauf, erkannt zu werden. Verstehst du überhaupt, wovon ich rede?«

»Meinst du, sie will als Frau erkannt werden?«

»Ich meine, daß sie darauf wartet, erkannt zu werden, wie alle

Frauen. Das Wollknäuel in ihren Händen ist das Blau der Matrix ihrer Welt. Sie sucht nach dem Faden, der sie dahin zurückführt, wo alles begann. Ich frage mich, wie viele Menschen es gibt auf der Welt, die in derselben Lage sind.« Er warf mir einen verstohlenen Blick zu, und ich wußte, daß ich diese Frage auf vielen verschiedenen Ebenen durchdenken mußte. Er sagte oder tat nie etwas ohne Absicht. Ich schwieg und bemühte mich, die Antwort zu finden, die er von mir haben wollte.

»Hast du noch nicht begriffen, daß alle Frauen in derselben Lage sind? Solange die Frau nicht vom Mann erkannt wird, kann sie niemals ganz frei sein. Der Mann hat zuviel vergessen. Doch würde er die Frau erkennen, so würde er auch sich selbst befreien. Die Frau, die Erde, wartet noch immer, mit großer Geduld, doch es mag sein, daß ihre Geduld bald ein Ende hat.

Dieses Mädchen ist zu uns geschickt worden, damit wir versuchen, ihr zu helfen, doch auch als ein warnendes Beispiel. Sei freundlich zu ihr und behutsam. Sie ist sehr zerbrechlich. Doch es gibt eine Chance für sie, eines Tages das Ende des Wollknäuels zu finden.

Heute abend möchte ich allein sein. Tu also, wozu du Lust hast, amüsiere dich. Morgen werden wir eine Reise unternehmen.«

»Aber ich dachte, wir wollten heute abend eine Party feiern?«

»Wir wollten, aber das war dann. Laß mich jetzt bitte allein. Wenn du das Mädchen siehst und sie hat noch nichts gegessen, dann nimm sie mit ins Restaurant. Wir sehen uns morgen früh.«

Ich sah sie nicht mehr an diesem Abend. Ich hoffte, sie würde auf den Hof hinauskommen, aber die Vorhänge an ihrem Fenster waren zugezogen, und als es dunkel wurde, ging kein Licht an. Sie war wohl fortgegangen.

Ich aß allein im Restaurant, dachte über den Tag nach und schrieb mir einiges auf von dem, was Hamid gesagt hatte. Der Schlaf kam leicht in dieser Nacht.

6

Vertraue auf Allah – doch binde zuerst deinem Kamel die Knie.

Mevlânâ Celâleddin Rumi

Wenn du aufmerksam und wachsam bist, wird dir die Antwort auf dein Tun in jedem Augenblick offenbar sein. Achte darauf, daß du auch ein reines Herz hast, denn etwas wird dir geboren als Frucht einer jeden Tat.

Mevlânâ Celâleddin Rumi

Am nächsten Morgen empfing mich Hamid mit dem gewohnten türkischen Kaffee, Früchten und Brot. Wir aßen schweigend, und dann verkündete er: »Wir werden heute über die Berge fahren, nach Nordwesten. Ich will zu den Ruinen eines Tempels, der Apollo geweiht war, und warum solltest du nicht mitkommen? Wir müssen bald aufbrechen; es ist eine ziemlich lange Fahrt, und wenn es geht, wollen wir noch heute abend zurückkommen. Sonst werden wir irgendwo übernachten und morgen heimfahren – wir werden sehen. Es wird ein Tag der Entspannung und des Vergnügens für uns sein, nach den Anstrengungen der letzten beiden Tage. Und nun geh und mach dich fertig.«

Als ich über den Hof ging, sah ich plötzlich, wie im unteren Zimmer die Vorhänge einen Spalt weit geöffnet wurden und das Gesicht der jungen Frau am Fenster erschien. Sie lächelte. Das Gesicht verschwand, und dann öffnete sie mir die Tür. Sie trug ein blaßblaues Nachthemd, und ihr Haar fiel ihr bis auf die Taille hinab. »Guten Morgen!« begrüßte ich sie.

Sie schien nicht zu hören, was ich sagte, denn ihr Gesicht zeigte keinerlei Reaktion. Ich hatte vergessen, Hamid zu fragen, ob sie überhaupt sprechen könne, deshalb fragte ich sie nun, ob sie gehört habe, was ich gesagt hatte. Sie nickte, und wieder spielte ein scheues Lächeln um ihre Mundwinkel.

»Wir machen heute einen Ausflug«, sagte ich. »Brauchen Sie irgendwelche Hilfe? Kann ich noch etwas für Sie tun, bevor wir fahren?« Eine Hand auf der Türklinke, stand sie reglos im Eingang und starrte mich an. Mir wurde plötzlich sehr unbehaglich zumute. »Na dann bis morgen«, sagte ich und hastete auf mein Zimmer, um ein paar Sachen für die Nacht einzupacken.

Es war schon fast Mittag, als wir losfuhren. Alles hatte viel länger gedauert, als ich angenommen hatte. Hamid war für Stunden in seinem kleinen Nebenzimmer verschwunden, derweil ich den alten Mercedes mit Reiseproviant vollstopfte; es reichte für etliche Mahlzeiten, falls nötig, denn wir würden ja durch eine ziemlich wilde Gegend fahren.

Der Wagen war uralt. Zwar lief der Motor noch ganz gut, aber die Bremsen taten es kaum noch, und die Reifen waren völlig abgefahren. Als wir endlich losfuhren, äußerte ich meine Zweifel, ob der Wagen in dem Zustand eine so lange Fahrt überhaupt überstehen würde. Hamid wurde ärgerlich. »Du mußt Vertrauen haben, Vertrauen«, sagte er. »Vertraue auf Gott und mach dir keine Sorgen. Wir haben für den Wagen getan, was wir konnten; kann man denn mehr von uns erwarten?«

In einer kleinen Ortschaft machten wir Rast in einem Straßencafé. Ein junger Mann Anfang Zwanzig saß neben uns; zwangsläufig kam er mit Hamid ins Gespräch. Obwohl sie Türkisch sprachen, merkte ich, daß sich die Unterhaltung um unsere Fahrt drehte. Der junge Mann erklärte gestikulierend irgend etwas und skizzierte mit seiner Gabel eine unsichtbare Landkarte auf dem Tischtuch. Schließlich gab er uns die Hand, verabschiedete sich mit vielen Verbeugungen und verließ das Café. »Worum ging es denn?« fragte ich Hamid. »Er hat mir erzählt, daß letzte Woche eine neue Straße fertig geworden ist, auf der wir mindestens zwei Stunden einsparen können. Offensichtlich führt sie über die Berge, während die alte Straße durch das Tal verläuft. Er sagt, die Straße sei sehr gut, ein bißchen steil dem Gipfel zu, aber der Wagen würde es ohne weiteres schaffen. Wenn wir nicht diese Straße nehmen,

müssen wir irgendwo übernachten, weil wir erst so spät losgefahren sind, und ich würde gerne noch heute abend ankommen.«
Sobald wir zu der neuen Straße unterwegs waren, wurde Hamid ausgesprochen heiter. So fröhlich, so völlig entspannt hatte ich ihn noch nie erlebt. Es war eines seiner Steckenpferde, Gärten zu entwerfen, und während unserer Fahrt machte er mich immer wieder auf verschiedene Büsche und Pflanzen aufmerksam, beschrieb mir ihre Kennzeichen und heilkräftigen Eigenschaften. Wir waren gerade auf der neuen Straße angelangt, als er mich vor einem winzigen Café anhalten ließ. Er schrie etwas zu den Leuten hinüber, die dort saßen; es hörte sich sehr zornig an. Dabei zeigte er auf den Boden zu ihren Füßen und auf die Mauer am Straßenrand. Als er ihre erschrockenen Gesichter sah, unterstrich er seine Worte noch einmal nachdrücklich mit einem lauten Schlag auf die Wagentür, und dann durfte ich weiterfahren.
»Was hast du gemacht?« fragte ich ihn.
»Ich habe ihnen gesagt, daß sie unwissende Dummköpfe sind – sie hatten keine Ahnung, daß sie eine seltene Pflanze mit Füßen traten, die die Parasiten tötet, von denen hier alle befallen werden.«
Er lachte immer noch, als wir kurz darauf einen furchtbaren Lärm hörten. Ein uraltes Motorrad folgte uns, auf dem drei Männer saßen, die alle durcheinanderriefen und mit Pflanzenbüscheln winkten, die sie in den Händen hielten. Ich fuhr langsamer, um sie herankommen zu lassen, und dann hielten wir alle am Straßenrand. Ich blieb im Wagen, während Hamid sich anhörte, was sie zu sagen hatten. Dann brüllte er wieder und schlug zur Bekräftigung mehrmals heftig auf den Kühler. Die drei machten ein sehr beschämtes Gesicht, kletterten auf ihr Motorrad und fuhren davon.
»Was gab's denn diesmal?«
»O diese Idioten, sie haben die falschen Kräuter angebracht. Wenn sie die genommen hätten, wären sie eine Woche lang nicht aus dem Klo herausgekommen!«
So ein Tag war es. Alles ging mühelos und einfach, selbst dem Motor schien die Fahrt Spaß zu machen. Das unheilverkündende Rasseln im Motor hatte aufgehört, und obwohl die Straße jetzt

85

schon so steil war, daß wir im zweiten Gang fahren mußten, schien alles in schönster Ordnung. Doch ganz allmählich wurde die Straße schlechter, und schließlich konnte von einer Straße gar keine Rede mehr sein. Begonnen hatte es als eine ziemlich glatte Straße aus gestampfter Erde, aber jetzt fuhren wir auf einem Karrenpfad, anders konnte man das nicht nennen. An Umkehr war nicht mehr zu denken, er war so schmal, daß wir unmöglich hätten wenden können; und wenn ich gezwungen sein sollte, anzuhalten, so würden die Bremsen bei dieser steilen Neigung wohl kaum etwas nützen. Ich bekam plötzlich große Angst, und die Situation wurde mit jeder Kurve bedrohlicher. Links erhob sich ein Felsvorsprung, und rechts ging es über dreihundert Meter steil abwärts. Hamid schien das alles nicht zu rühren, er saß ruhig da und summte eine Melodie vor sich hin. Ich traute mich nicht, ihn anzusprechen – ich wußte ja, daß ich keine Angst haben durfte. Aber ich hatte Angst, ich war stocksteif vor Angst. Es war nicht nur der Zustand des Wagens und der Straße. Es war die Verant-wortung. Ich fuhr in meinem Wagen den Mann, der ein Lehrer des WEGES war, und unter den gegebenen Umständen mußte jeder Unfall tödlich sein. Vergeblich versuchte ich, meine angsterregte Phantasie in Zaum zu halten.

Die Straße ging weiter und weiter, und mit unseren fünfzehn Stundenkilometern schien jede Kurve eine Ewigkeit zu dauern. Inzwischen waren die Fahrrinnen so tief, daß ich unmöglich darin fahren konnte, ohne zu riskieren, mit dem Wagenboden über die Erde zu schleifen. So mußte ich mit zwei abgefahrenen Reifen am Rand des Felsens entlang und mit den anderen auf dem erhöhten Mittelteil zwischen den Spuren fahren. Ich zitterte, und als wäre es noch nicht schlimm genug, drang plötzlich Brandgeruch aus der Motorhaube. Der Wagen mußte heißgelaufen sein. Das würde bedeuten, daß wir anhalten mußten, und ich hatte kein Wasser dabei.

In der nächsten Kurve stieß plötzlich von links eine schmale Spur auf die unsere. Ich konnte gerade noch undeutlich erkennen, daß uns etwas entgegenkam, und betätigte blitzschnell sämtliche Bremsen. Ein junges Kamel stürzte genau auf uns zu, prallte gegen den Wagen, verharrte eine Sekunde und verschwand dann in der

Richtung, aus der wir kamen. Ich war schweißgebadet und zitterte heftig; ich hatte völlig die Nerven verloren. »Warum hast du angehalten?« fragte Hamid scharf. »Fahr weiter! Es wird immer später, und deine Scheinwerfer sind sehr schwach.«

Ich war unfähig, mich zu bewegen. Ich hatte beide Füße auf dem Bremspedal und hielt mit beiden Händen den Draht fest, der als Handbremse diente. Der Motor kochte über vor Hitze. Ich war so verzweifelt wie nie zuvor in meinem Leben. Was zum Teufel hatte hier oben in den Bergen ein Kamel zu suchen? Und woher kam es?

»Begreifst du nicht, daß es so etwas wie Zufall nicht gibt?« Hamids Stimme klang sehr scharf. »Hier oben leben keine Kamele, und dieses ist genau auf uns zugerannt. Wenn du nicht so schnell reagiert hättest, wären wir den Abhang hinuntergestürzt. Kannst du jetzt bitte aufhören zu zittern und weiterfahren? Vielleicht gibt es andere Tiere auf diesem Berg, aber das hier war in Wirklichkeit gar kein Kamel.«

»Aber es *war* ein Kamel«, protestierte ich, »wir haben es doch beide gesehen!«

»Woher willst du das wissen, du Narr? Du sahst ein Kamel, aber für ein Kamel hat es sich ganz schön seltsam benommen, findest du nicht?«

»Was meinst du damit, Hamid?« Ich weinte jetzt fast vor Verzweiflung und Angst. Wäre der Wagen jetzt rückwärts hinuntergerollt, ich hätte es nicht fertiggebracht, mich zu bewegen.

»Ich meine damit, daß das ein Kamel war und daß es kein Kamel war. Und jetzt reiß dich gefälligst zusammen und fahr den Berg hoch, bevor ich wirklich böse werde!«

Mit letzter Anstrengung schaffte ich es schließlich, den Wagen wieder in Bewegung zu setzen. Die Straße schien kein Ende zu nehmen. Hamid sang schon wieder, aber ich zitterte noch immer, so war mir der Schock in die Glieder gefahren – das war um Haaresbreite.

Als wir den Gipfel erreichten, ging gerade die Sonne unter. Der Blick über die Ebene Anatoliens war atemberaubend, aber es dämmerte rasch, und wir hatten keine Zeit für Aufenthalte. Es war noch ein langer Weg hinab, und die Straße wurde keineswegs besser. Ohnehin wußte Gott allein, wohin sie uns führte.

Der Mann im Café hatte offenbar nicht gewußt, was er sagte, als er uns diese Straße empfahl. Mir schoß der Gedanke durch den Kopf, daß wir am Ende noch neben dem Wagen schlafen müßten, und mit hereinbrechender Dunkelheit wurde es bitter kalt. In diesem Augenblick verlangte Hamid, ich solle anhalten.

»Aber wir sollten machen, daß wir weiterkommen«, sagte ich. »Es wird schon dunkel!«

»Es ist notwendig, daß wir halten«, verkündete er. »Die Natur ruft.«

Er verschwand im Gebüsch. Als er wieder auftauchte, sang er vor sich hin, als wäre nichts geschehen und alles genauso, wie es sein sollte. »Fahr los!« sagte er und stieg wieder ein.

Auf dem Weg hinab veränderte seine Laune sich allmählich. Erst hörte er auf zu singen, und dann wurde er sehr still. Ich versuchte mit ihm zu reden und stellte ihm weitere Fragen über die Sache mit dem Kamel, aber er tat den Mund nicht auf und blickte nur steinern nach vorne auf den Weg. Als der Saumpfad langsam wieder einer Straße ähnlich wurde, hatten wir den Fuß des Berges erreicht. Vor uns erstreckte sich eine lange, vollkommen gerade und frisch asphaltierte Straße. Ein Hinweisschild verriet, daß wir nur noch vierzehn Kilometer von unserem Ziel entfernt waren.

»Wir haben's geschafft!!« rief ich aus, und im selben Moment knirschte es ohrenbetäubend unter dem Wagen, und wir saßen fest. Hamid rührte sich nicht. Er blieb unbewegt sitzen und sah geradeaus. Ich stieg aus und schaute unter den Wagen. Die Straße war voller Öl, die Ölwanne lief aus. »Ich fürchte, ein Felsbrocken hat uns die Ölwanne zerschlagen«, sagte ich. »Was machen wir jetzt?«

»Du wirst warten, bis ein anderer Wagen vorbeikommt, und zusehen, daß er uns bis zur nächsten Stadt abschleppt. Da war kein Felsbrocken auf der Straße.«

»Da muß aber einer gewesen sein! Ich habe doch gehört, wie er gegen den Wagen geschlagen ist!«

»Wo ist er denn? Zeig ihn mir, wenn du ihn finden kannst.«

Ich suchte überall um den Wagen herum den Boden ab, aber ich konnte nichts finden, keinen Stein, keinen Felsbrocken. Die Straße war vollkommen sauber, und am Rand lag nur feiner Schotter.

»Nun?« kam es aus dem Wagen. »Und wie erklärst du dir das?«
»Vielleicht ist irgendwas mit dem Motor los?« überlegte ich.
»Nichts ist mit dem Motor los. Da war kein Stein. Du hast auf der
ganzen Linie versagt, und nun sitzen wir hier fest, während die
Nacht hereinbricht. Hast du denn *nichts* behalten?« Mit dem Wort
»nichts« wandte er sich um und starrte mich an. Ich war sprachlos.
Ich hatte nicht die geringste Ahnung, wovon er redete. Es *mußte*
ein Felsbrocken auf der Straße gewesen sein! Ich versuchte zu
überlegen, inwiefern ich versagt hatte.
»Du bist den ganzen weiten Weg hierher nach Anatolien gekommen. Du hast mich in England gefragt, ob ich dir helfen wolle, und
ich sagte dir, daß es ein gefährlicher Weg ist und daß, wenn du kein
Vertrauen hättest, wir beide straucheln würden. Jede Stunde, die
du hier bist, habe ich auf dich eingeredet, du solltest Vertrauen
haben. Vertrauen. Vertrauen. Und was machst du? Erst versagst
du jämmerlich bei der Mutprobe und benimmst dich wie ein etwas
zu lang geratener Schuljunge – so hast du vor Angst gesabbert auf
dem Berg. Und dann merkst du nicht einmal, daß du versagt hast,
und verkündest, kaum bist du unten angekommen, lauthals, du
hättest es geschafft. Als ob du überhaupt etwas schaffen könntest.
Du, mein Freund, bist nichts, und je eher du das einsiehst, desto
eher wirst du imstande sein, wenigstens eine Ahnung davon zu
bekommen, was es mit diesem Pfad auf sich hat. Wer, glaubst du
wohl, war der Mann im Café? Denkst du, wir sind ihm rein
zufällig begegnet, oder es war ein bloßes Versehen, daß er uns
irregeführt hat? Ich habe dir oft genug gesagt, daß es so was wie
Zufall nicht gibt. Er war nicht das, was er zu sein schien, ebensowenig wie das Kamel. Dieser Mann war kein gewöhnlicher Mann,
und du hast zu tief geschlafen, um es überhaupt zu bemerken.«
»Du meinst, du hast das die ganze Zeit über gewußt?«
»Natürlich hab ich das, aber für diese kurze Zeit habe ich schließlich die Rolle deines Führers und Lehrers übernommen, und so
mußte ich akzeptieren, was dir als Prüfung geschickt wurde. Ich
wußte nicht genau, was passieren würde. Aber was immer auf uns
zukommen würde, es mußte angenommen werden. Wie es aussieht, hast du auf jedem Zentimeter des Weges versagt. Wann wirst
du endlich lernen, an Gott zu glauben? Du sagst, du willst die

WAHRHEIT, doch was du wirklich willst, ist die Wahrheit ohne Liebe. Gott ist Liebe, und ohne Liebe ist nichts. Wenn du nicht an Gott glaubst, wirst du nie fähig sein, zur WAHRHEIT vorzudringen. Du kannst nicht Gott umgehen und denken, daß du aus eigener Kraft dorthin gelangen wirst. Das ist die schlimmste Art der Arroganz. Du mußt offensichtlich erst einmal lernen, demütig zu sein, bevor wir überhaupt weiterarbeiten können. Ich habe dich wohl überschätzt, und auch ich habe in meiner Aufgabe versagt, wenn das die Art ist, wie du dich verhältst. Jetzt mach dich auf und versuche einen Wagen zu finden.«

Ich war wie vor den Kopf geschlagen. Ich fühlte mich, als sei ich körperlich angegriffen worden. Ich ging hinüber auf die andere Straßenseite und schaute noch einmal zum Wagen hin. Hamid saß kerzengerade und unbeweglich da, die Augen geschlossen. Kein Auto kam vorbei, kein Lastwagen, nichts. Ich zitterte vor Zorn und Kälte. Hamid glaubte, er habe etwas falsch gemacht, und ich war mir sicher, daß auch ich einen Fehler begangen hatte. Nie wäre ich zu einem solchen Lehrer gegangen, wenn ich gewußt hätte, daß er sich so benehmen würde. Und er konnte sagen, was er wollte – es mußte ein Stein auf der Straße gewesen sein! Ich war das alles so leid, und ich wünschte, ich hätte diese Reise niemals angetreten. Wie hatte ich nur so dumm sein können, mich dazu verleiten zu lassen, diesem Mann den ganzen weiten Weg bis in die Türkei zu folgen? Wer war er überhaupt, und was hatte er mit mir vor? Im Augenblick saß ich fest, aber bei der nächsten Gelegenheit würde ich machen, daß ich raus kam aus dem ganzen Schlamassel, raus aus dem Land und geradewegs zurück nach London.

Das Geräusch eines Motors unterbrach mich in meiner stummen Schimpferei. Es hörte sich nicht nach einem normalen Auto oder Lastwagen an, aber es kam eindeutig näher. Da es dunkel war, stellte ich mich mitten auf die Straße. In der Kurve erschien ein alter Traktor. Ich signalisierte dem Fahrer, anzuhalten, und zeigte auf unseren Wagen. In Zeichensprache erklärte ich ihm, daß wir eine Panne hätten, und ob er uns wohl bis zur nächsten Stadt abschleppen könne? Mit sehr ernstem Gesicht kletterte er von seinem Traktor und ging langsam um unseren Wagen herum. Hamid saß immer noch kerzengerade und mit geschlossenen

Augen da. »Hamid«, rief ich, »ich habe einen Traktor erwischt. Kannst du bitte mit dem Mann reden?«

»Sprich selbst mit ihm«, erhielt ich zur Antwort. Es war sehr schwierig, mich verständlich zu machen. Der Traktorfahrer ging fortwährend um den Wagen herum und starrte ihn an, als käme er von einem anderen Planeten. Er besah ihn sich von außen und von innen, untersuchte die Reifen und die Stoßstangen und schaute unter die Motorhaube. »*Yok*«, sagte er, das bedeutet »kein, nichts«. »Kein was?« fragte ich. »*Otomobil yok*«, sagte er bestimmt. »Ich weiß, daß es *yok* ist«, erwiderte ich, »deshalb wollen wir ja, daß Sie uns abschleppen!« Und ich vollführte eine kleine Pantomime vor dem Wagen, indem ich so tat, als hätte ich ein Seil über der Schulter und zöge den Wagen hinter mir her. Doch das schien ihn nicht zu beeindrucken, und er wiederholte sein »*yok*« noch einige Male. Schließlich kam er ganz dicht an mich heran und sagte, indem er einen gewaltigen Knoblauchdunst verströmte, inbrünstig: »*Lira, çok Lira!*« Das bedeutete, es würde viel Geld kosten, aber ich war mir nicht sicher, ob er damit die Reparatur des Wagens meinte oder den Preis, den er fürs Abschleppen verlangte. Ich fragte ihn, wieviel er haben wolle, und er nannte einen grotesken Betrag, indem er mit dem Finger in das ausgelaufene Öl auf der Straße Ziffern malte. Hilfesuchend wandte ich mich wieder an Hamid.

»Du mußt zahlen, was er verlangt«, bestimmte er. »Es hat keinen Sinn, zu feilschen – wir sind in seiner Hand!«

»Aber das ist fast alles, was ich bei mir habe!«

»Du wirst es ihm geben, und außerdem wirst du auch die Reparatur bezahlen, denn es ist deine Schuld, daß all das passiert ist. Ich bin jetzt müde und hungrig und äußerst zornig. Zahle, was er verlangt, und mach schnell!«

Ein paar Stunden später stand unser Wagen vor einer kleinen Werkstatt in einem Dorf. Wir waren in einem engen, schmutzigen und stickigen Zimmer im Wirtshaus untergekommen. Der Preis für die Reparatur des Wagens war irrwitzig hoch. Hamid würdigte mich keines Wortes, während wir ein trauriges Mahl aus unseren Vorräten verzehrten. In dem Zimmer stand ein großes Doppelbett, darauf legten wir uns nieder, so wie wir waren. Ich dämmerte gerade in den Schlaf hinüber, als Hamid mich heftig an der Schulter rüttelte. »Vergiß nicht«, sagte er, »da war kein Felsbrokken. Hättest du nicht so blöde ausgerufen ›Wir haben's geschafft!‹, so wäre wahrscheinlich weiter alles glattgegangen. Jetzt bete, bevor du schläfst, daß dir deine Arroganz und Gedankenlosigkeit vergeben werde. Sonst ist deine Reise zu Ende.« Damit drehte er sich auf die andere Seite, und nicht lange, da schnarchte er schon so gewaltig, daß das ganze Bett erzitterte.

Am nächsten Morgen eröffnete uns der Mann von der Werkstatt, daß es mindestens einen Tag dauern würde, bis der Wagen repariert sei. Bevor es losgehen könne, müßten erst einige Ersatzteile aus einer anderen Stadt beschafft werden, und der Wagen, den man dazu brauchte, war jetzt in einem anderen Dorf, wo eine Hochzeit gefeiert wurde. Eigentlich, so hieß es, hätten die Hochzeitsgäste schon am Tag zuvor wieder da sein müssen, aber es war wohl ein sehr schönes Hochzeitsfest, denn bis jetzt war noch niemand zurück. Ich setzte mich irgendwohin und beobachtete Hamid, wie er zu der Menge sprach, die sich inzwischen vor der Werkstatt versammelt hatte. Mir blieb unerfindlich, wovon die Rede war, aber allmählich war ich mit Hamids Art vertrauter geworden. Es spielte keine Rolle, was er sagte, wenn man nur imstande war, mit einem inneren Gehör zu lauschen. Seine Worte trugen eine tiefere Bedeutung, als es an der Oberfläche erschien. Ich lauschte ihm, wenn er über einen Satz aus dem Koran sprach oder auch aus den Schriften eines Sufi-Meisters zitierte, und jeder seiner Zuhörer erhielt aus der Erörterung gerade so viel, wie er aufzunehmen fähig war, nicht mehr und nicht weniger. Manchmal sprach er die ganze Zeit nur über einen bestimmten Ausdruck, und dann merkte ich, daß seine ganze Kraft in diesem Gespräch auf einen einzigen gerichtet war, der richtig zuhörte.

Was mich anging, so war ich immer noch ziemlich aufgewühlt von den Erlebnissen am Tag zuvor. Ich war verbittert und wütend, aber ich wußte auch, daß ich jetzt nicht aufgeben konnte; damit würde offenbar, daß ich keine Ausdauer besäße.

Vor langer Zeit hatte Hamid mir einmal gesagt: »Um diesen Weg zu gehen, brauchst du zwei Beine. Das eine ist das Bein deiner Veranlagung oder der Fähigkeiten, die in dir schlummern; und das andere ist das Bein der Ausdauer. Eines ohne das andere ist nutzlos.«

Mir war klargeworden, daß ich, wenn ich weiterkommen wollte, all das »Wissen« aufgeben mußte, das ich in den ganzen Jahren erworben zu haben glaubte. Diese drei Tage hatten jede Hoffnung, die ich einmal gehegt hatte, selbst ein Lehrer zu sein, völlig erschüttert. Ich erkannte, daß ich nichts, gar nichts wußte. Bei einem unserer ersten Treffen in London hatte Hamid zu mir gesagt, daß wir uns diesem Pfad nur wahrhaft anvertrauen müssen, und dann wird uns genau das gegeben, wessen wir bedürfen. Aber hatte ich wirklich all dessen bedurft, was ich während dieser kurzen Zeit erlebt hatte? Es gab doch sicher noch einen anderen Weg, meinen Mut auf die Probe zu stellen, als eine Fahrt durchs Gebirge; nichts konnte mich davon überzeugen, daß dort auf der Straße kein Felsbrocken gelegen hatte. Und es beunruhigte mich auch, daß nach dieser ganzen Zeit Hamid immer noch solch ein Rätsel für mich war. Ich wußte wirklich gar nichts von ihm. Es war, als wäre mir schon vor langer Zeit die Situation aus den Händen genommen worden und alles, was seitdem geschah, unvermeidlich gewesen. Ich sträubte mich immer noch gegen diese Vorstellung. Zu spüren, daß etwas unvermeidlich ist, ist eine Sache; eine andere ist es, sich dem, was gerade geschieht, völlig auszuliefern und hinzugeben. Es ist leicht, sich intellektuell bewußt zu sein, daß man zu seinem Lehrer mit offenen Händen gehen muß – aber wirklich aufhören, alles zu beurteilen, ist sehr schwer.

Während der Morgen verging, wurde ich allmählich ruhiger, und ich beschloß zu versuchen, mehr Vertrauen zu haben. Es gab nichts zu tun, und so machte ich mich auf zu einem Spaziergang in den Hügeln hinter dem Dorf. Alles war still zur Mittagszeit. Der Ruf zum Gebet war schon ertönt, und das Dorf lag fast verlassen da. Von den Hügeln aus konnte ich den Platz vor der Werkstatt sehen und unseren Wagen am Straßenrand. Der Gasthof lag um die Ecke, hinter einigen Häusern versteckt. Der Blick auf das staubige, stillgewordene Dorf versetzte mich in eine Zeit zurück, als Hamid einmal von der Idee der Umkehrung des Raumes gesprochen hatte.

Die Menschen sind, so hatte er mir erklärt, gewöhnlich davon überzeugt, daß sie selbst es sind, die etwas bewirken oder verursachen. Deshalb geht alles vom Ich als Zentrum aus, das sich selbst hinausprojiziert auf die Leinwand des Lebens. Solange wir in diesem Raum des Ich-Zentrums leben, kann der Eindruck des Wandels entstehen – aber nichts kann sich wirklich wandeln. Es war schwer für mich zu verstehen, was ›wirklicher Wandel‹ wohl bedeuten mochte. Hamid hatte gesagt, daß es nicht darum gehe, die Grenzen des Bewußtseins zu erweitern, sondern darum, sie zu durchbrechen. Um das Bewußtsein durchbrechen zu können, muß man jedoch erst zu seiner wahren Identität finden. Und das bedeutet, daß man alle Vorstellungen, alle Ideen und Gedanken darüber, was man ist, hinter sich lassen muß. Man muß gegenüber dem, was man für sich selbst hält, absterben, und geboren werden in das, was man wirklich ist; das ist das wahre Erbe der Seele.

Hamid hatte auch von einer anderen Weise, das Leben zu sehen, gesprochen – indem man es zuläßt, gesehen zu *werden*. Er beschrieb eine Spiralbewegung auf einen Mittelpunkt zu. »Was du bist«, sagte er, »ist die komplexe Manifestation eines Augenblicks der Zeit. Indem diese Spirale sich unablässig ihren Weg zum Zentrum bahnt, formt sie dich in jedem Augenblick neu. Doch weil du glaubst, daß du es bist, der etwas verursacht, ist die Bewegung der Spirale blockiert. Gott braucht den Menschen, doch Er kann den Menschen nur dann zu Sich bringen, wenn der Mensch wahrhaft weiß, daß er Gott braucht.«

Und dann brachte er mir eine Übung bei, die dem galt, was er »den Raum umkehren« nannte. Man muß völlig stillsitzen, die ganze Aufmerksamkeit wie in einem Brennpunkt in der Mitte der Brust konzentriert, und sich langsam loslassen und erkennen, daß man, anstatt zu sehen, gesehen wird; statt zu hören, gehört wird; statt zu berühren, berührt wird; statt zu schmecken, die Nahrung Gottes ist und geschmeckt wird. »Mache dich also wohlschmeckend«, sagte er. »Und schließlich laß es zu, geatmet zu werden. Hab Vertrauen und gib dich völlig hin, in der Erkenntnis, daß du machtlos bist im Angesicht Gottes, der Ersten Ursache.«

Als ich dort auf dem Hügel saß und die letzten Tage noch einmal an mir vorüberziehen ließ, da wurde mir klar, daß ich aufgehört hatte zu suchen, und begonnen, auf die Antwort zu lauschen. Ich begriff plötzlich, daß es zwar unbedingt notwendig ist, zu suchen, die Frage zu stellen; doch man darf der Antwort nicht nachjagen, denn dann stößt man sie nur ständig von sich weg. Man muß gleichzeitig fragen und lauschen, in dem Vertrauen und der Überzeugung, daß die Antwort in der Frage schon enthalten ist. In diesem Augenblick wußte ich, daß ich betrachtet wurde, daß ich gehört wurde, daß ich aufgelöst und zur Nahrung für den großen Umwandlungsprozeß wurde, der im Universum vor sich geht.

Ich befand mich nicht mehr in einem Mittelpunkt, von dem aus alles mit dem »kleinen Ich« *begann,* sondern das »Ich« wurde in mir erst geformt. Zur gleichen Zeit, da ich starb, wurde ich geboren, und die Sinne, mit denen ich hörte, sah, schmeckte und fühlte, waren die Sinne eines größeren Wesens, das sie zu etwas gebrauchte, was dem menschlichen Verstand unbegreiflich bleibt. Ich war nur ein Vehikel, durch das etwas geboren wurde, was in der natürlichen Ordnung angelegt ist. Es gab nichts zu fragen oder zu zweifeln, denn in diesem Augenblick war etwas, das selbst jenseits des Vertrauens war.

Ich weiß nicht mehr, wie lange ich so auf dem Hügel saß; als ich endlich zum Dorf zurückkehrte, war ich sehr ruhig. Hamid wußte offensichtlich, was mit mir vorging, und ließ mich in Ruhe. Er sagte nur, daß der Wagen am nächsten Morgen fertig sein sollte und wir dann weiterfahren würden. Sein Ärger schien verflogen zu sein; emsig unterhielt er sich mit dem Mechaniker und dessen Freunden, die hinzugekommen waren. Die fremdartigen Laute drückten Kraft, aber keine Bedeutung für mich aus, und meine Gedanken wanderten zu der jungen Frau mit der blauen Wolle. Ich sah sie vor mir, wie sie in ihrem Zimmer in Side am Fenster saß und wartete, und ich hatte das Gefühl, daß ich sie zum erstenmal wirklich sah. Ich ließ sie mich sehen, mich betrachten und durch mich hindurchschauen. Und langsam begann ich, den Schmerz aller Frauen der Erde zu verstehen, die darauf warten, erkannt zu werden, um endlich frei sein zu können. Ich sah sie nicht mehr als jemanden, den der Pfad verwundet hatte, sondern als ein lebendiges Opfer, das die Welt an die Verantwortung erinnern sollte, die wir gegenüber der Frau und dem Weiblichen in uns selbst haben

– der unerkannten Seele, die darauf wartet, in die Freiheit geboren zu werden. In diesem Augenblick wurde sie für mich zu einem Spiegel, in dem ich die Frau in mir selbst erblickte und den Schaden, den ich ihr mit jeder Gedankenlosigkeit, mit jedem Augenblick der Vergeßlichkeit zufügte.

Hamid störte mich auf aus meiner Träumerei. Ich erzählte ihm meine Gedanken, doch er griff mich am Arm und sagte: »Nun hast du ein bißchen gesehen, und es ist dir ein Vorgeschmack auf das, was noch kommen wird, gewährt worden. Eines Tages wirst du wissen, warum sie die blaue Wolle mit sich trägt, und dann wirst du sehen, daß die heißeste Zone, das Blau der Flamme, im Zentrum des Feuers liegt.

Morgen fahren wir weiter. Unser Plan hat sich jetzt geändert, wir gehen nach Ephesus, um Maria zu besuchen. Wenn wir zeitig aufbrechen, schaffen wir's in einem Tag, dann haben wir noch Zeit genug, uns vorzubereiten, bevor wir zu ihrer Kapelle hinaufwandern.«

Am nächsten Morgen war der Wagen wieder in Ordnung. Wir saßen auf dem Balkon unseres kleinen Gasthofs und frühstückten.

»Wir treten heute in ein neues Stadium unserer Reise ein. Wir werden den Ort aufsuchen, wohin die Jungfrau Maria nach der Kreuzigung ging. Dort steht eine Kapelle, und normalerweise rate ich den Menschen, die mit mir arbeiten wollen, auf dem Weg zu mir Maria einen Besuch zu machen. Bei dir war das anders. Bevor ich die nächsten Schritte für dich planen konnte, mußte ich erst wissen, ob du von den Leuten in Istanbul und Ankara empfangen würdest, zu denen ich dich geschickt hatte.« Er sah mich forschend an. »Ist es schwer für dich, diese Dinge zu verstehen?«

Auf diese Frage war ich nicht gefaßt; einen Moment lang überlegte ich. »Ich kann nicht sagen, ob es schwer ist oder nicht«, erwiderte ich schließlich. »Die Vorstellung einer solchen Reise ist noch so neu für mich. In England macht man keine Pilgerfahrten mehr. Es gibt Leute, die nach Lourdes pilgern, aber das ist etwas anderes. Wir besuchen keine Grabmäler – so was gilt als Aberglaube. ›Gott‹ – das hatte tatsächlich kaum Bedeutung für mich, bevor ich dich traf.«

»Aber du glaubst doch sicher an Christus?«

»Ich weiß nicht, wirklich! Ich glaube, daß einst ein großer Meister lebte, der Jesus Christus hieß; aber der Geist Jesu scheint verlorengegangen zu sein. Ich habe mich danach gesehnt, den Geist zu schmecken – vielleicht habe ich deshalb diese Reise unternommen.«

»Warum dann diese Suche nach den Derwischen?« Hamid lächelte und sah mich über seine Brille hinweg an. »Wenn du den Geist finden wolltest, der Christus ist, wie kamst du dann darauf, um die halbe Welt zu reisen, um in der Türkei nach Derwischen zu suchen?«

»Es ist so, weißt du – ich hatte das Gefühl, daß die Derwische ein verborgenes Wissen besitzen, daß mir helfen würde . . .« Noch während ich sprach, wußte ich, daß das gar nicht stimmte. Es dämmerte mir, daß ich mich niemals hingesetzt und überlegt hatte, warum ich diesen Leuten eigentlich nachjagte. Mir war das immer unumgänglich erschienen, aber Hamids Fragen ließen mich nun zweifeln. Vielleicht war es gar nicht notwendig, daß ich sie fand! Was suchte ich wirklich?

»Ich möchte dir etwas über den inneren Sinn der Jungfrau Maria sagen, bevor wir zu ihrer Kapelle kommen.« Hamid schien entschlossen, mich auf eine Erkenntnis zu stoßen.

»Doch erst einmal mußt du eines begreifen: obwohl es so aussieht, als spräche ich über ein historisches Ereignis, ist all das, wovon ich rede, in dir selbst, und es geschieht *in diesem Augenblick*. Es gibt keinen anderen; und was, in unserer Welt, vor zweitausend Jahren geschehen ist, das ist Teil der Entfaltung dieses Augenblicks – nicht jenes vergangenen, sondern des gegenwärtigen Augenblicks. Es geht weder darum, über zweitausend Jahre zurückzublicken, noch darum, sich den Moment in seiner Vorstellung zu vergegenwärtigen. Sei wach für diesen Augenblick in dir selbst, und du wirst von allein verstehen. Sie mag eine gewisse Zeit brauchen, um sich in unserer Welt zu entfalten, aber die WAHRHEIT – und die Entfaltung der WAHRHEIT – ist immer da.«

Er verstummte. Sein Schweigen zog sich hin, und meine Gedanken begannen umherzuwandern – von den Resten unseres Frühstücks über den bevorstehenden Ausflug nach Ephesus zur Reparatur des

Wagens. Endlich beugte er sich vor und sah mich eindringlich an. »Hör mir jetzt aufmerksam zu«, sagte er. »Laß deinen Geist zur Ruhe kommen und höre nur zu. Dein Körper ist die Jungfrau Maria. Der Geist ist Christus, das Wort, das durch Gabriel, den ewigen Boten, mitgeteilt wurde.

Der Atem ist der Atem der Gnade Gottes, und dieser Atem ist es, der die Seele zum Leben erweckt. Solange die Seele nicht vom Geist belebt ist, gleicht sie dem Vogel, der noch nicht flügge ist.

Viele Pfade führen zu Gott, doch der Weg Mariens ist der süßeste und sanfteste. Wenn du mit Maria, der Matrix des Lebens, der Göttlichen Mutter, eins wirst, dann wirst du in Christus und Christus wird in dir geformt werden, und so wirst du durch den Atem der Gnade Gottes ins Leben gerufen werden und Ihn erkennen. Denn es ist der Atem der Gnade, der das Sein verleiht. In jedem Augenblick erscheint Gott in lebendiger Form, und niemals zeigt er sich zweimal im selben Moment.

Maria brachte Jesus zur Welt, weil sie auserwählt worden war für dieses Werk; und deshalb wurde sie unterwiesen im Wissen von der Geburt. Es heißt, daß Gabriel, der Bote, Maria in der Gestalt eines Mannes erschien. Sie glaubte, daß er sie als Frau begehre, und sie erstarrte und wandte sich zu ihrem Herrn. Hätte sie sich nicht geöffnet, dann wäre das Kind, das aus diesem Augenblick geboren wurde, verstockt und unverträglich gewesen – man hätte nicht mit ihm leben können. Dein Körper ist die Jungfrau Maria, der Geist ist Christus, der Atem ist der Atem der Gnade Gottes. Deine Seele bleibt im Schlaf versunken, bis der Heilige Geist sie zum Leben erweckt. In jedem Augenblick unseres Lebens wird irgendwo ein Kind geboren. Das Kind, das geboren wird, kann ein Mensch sein, der im Bewußtsein Gottes lebt, aber es kann auch verstockt sein, endlos hadernd mit dem Leben. Die Verantwortung, die uns die Erkenntnis dieser Dinge enthüllt, ist ungeheuer. Wenn du hören kannst, was ich dir sage, dann wirst du anfangen zu begreifen. Wenn du vom Geist durchdrungen wirst, so magst du, *inşallah*, zum Wissen kommen, aber das wird dir das Leben nicht leichter oder einfacher machen. Es wird das Leben schwerer machen, aber schwerer an Sinn und Entschlossenheit.

Maria ist die Göttliche Mutter. Maria ist im Blau der Flamme, und

Maria ist die Matrix aller göttlichen Gestaltungsmöglichkeiten, hier, in unserer Welt. Es ist notwendig, daß sie erkannt werde. Lerne, Gott zu lieben mit deinem ganzen Sein, mit allem, was du bist, mit deinem Herzen, deinem Geist und deiner Seele – und dann, vielleicht, wird uns allen das Verstehen geschenkt für die Bedeutung der jungfräulichen Geburt. Lerne zu beten, und deine Gebete werden zurückkommen von eben der Matrix, die das Kind formt.

Den Sufi nennt man ›Sohn des Augenblicks‹. Indem du jeden Augenblick in Maria aufgehst, wird etwas erlöst, daß ein Kind geboren werde; und was geboren wird, das ist der Sohn des Augenblicks. Dieses Kind mag zur Erkenntnis Gottes gelangen und deshalb ›Sufi‹ genannt werden, aber es mag auch sein, daß es, unerwacht, im Schlaf auf Erden wandelt – noch nicht Mensch, Gottes und der Wunder Seiner Schöpfung nicht bewußt, ohne die Erkenntnis seiner selbst und daher ohne ein wahres Verständnis der Liebe. Dein Körper ist die Jungfrau Maria – sei dessen inne in jedem Augenblick deines Lebens. Das ist die Verantwortung, die wir auf uns nehmen müssen, wenn wir zur Erkenntnis kommen, zum wahren Sein.

Maria wurde erwählt, Jesus zu gebären, weil sie ihre Reinheit bewahrte. Einfache Gemüter nennen das ihre ›Jungfräulichkeit‹, doch die Wissenden verstehen, daß ›rein sein‹ bedeutet, vollkommen anpassungsfähig zu sein, mit dem Augenblick zu fließen, wie ein dahinfließender Strom zu sein, der aus den Wassern des Lebens selbst sich speist. Rein sein, das ist Freude spenden, und Freude ist die Entfaltung des Wissens, daß Gott vollkommen ist. Das WERK, nach dem du suchst, ist der Geist Gottes, und der Geist Gottes ist Christus, der zu uns kommt, um die Welt zu erlösen. Der ewige Bote ist stets in uns – darauf wartend, den Augenblick zu entfalten durch das WORT; und eines Tages, wenn Maria abermals erkannt worden ist, dann wird Christus wieder erscheinen und in der äußeren Welt sichtbar werden. Denke daran, wer Maria ist, und eines Tages, wenn du bereit bist und Gott es so will, wirst du erkennen, was ich dir gesagt habe.«

Unsere Fahrt verlief schweigend. Ich wußte noch jedes Wort, das Hamid an diesem Morgen gesprochen hatte, und hatte alles in meinem Notizbuch festgehalten; doch mir war klar, daß ich ihren wahren Gehalt vielleicht erst nach vielen Jahren verstehen würde. Ich erinnere mich, wie gedemütigt und beschämt ich mich fühlte, weil ich wieder einmal unterschätzt hatte, was Hamid mich lehrte. Irgendwie erschien mir meine Suche nach den Derwischen jetzt völlig bedeutungslos; tatsächlich war meine Suche wohl weitgehend bloß Zeitverschwendung gewesen. In mir wuchs das Verlangen, herauszufinden, was es mit dieser ganzen Reise eigentlich auf sich hatte, die Marksteine auf dem Pfad, die ich bis jetzt passiert hatte, zu verstehen.

»Wir werden nun doch nicht in Ephesus haltmachen«, sagte Hamid. »Es ist schon spät, und wir müssen noch vor Sonnenuntergang zu Maria. Vielleicht bleiben wir über Nacht und sehen uns morgen die Stadt an. Eigentlich sollte man die sechs Kilometer bergaufwärts zu Fuß gehen, wenn man Maria besucht, aber ich bin jetzt müde. Doch wenn du hierhin zurückkommst, mußt du das tun.«

Die Straße, die sich in vielen Haarnadelkurven steil den Berg hinaufwand, bot einen eindrucksvollen Ausblick über das Land. Seit der Zeit der Kreuzigung hat sich hier fast nichts verändert, sieht man einmal von den asphaltierten Straßen und den Busladungen von Touristen ab. Schaf- und Ziegenhirten wandern mit ihren Herden über die Berge, die terrassenförmig angebauten graugrünen Olivenbäume tragen Frucht seit Anbeginn der Geschichte, und die Kleidung der Männer und Frauen auf den Feldern ist so, wie sie immer schon war. Es war, als führen wir in eine biblische Szenerie hinein, die so bleiben würde bis zum Ende der Zeiten.

Am Gipfel angekommen, stellten wir den Wagen ab und gingen den Rest des Weges zur Kapelle zu Fuß. Die Restaurants und Andenkenläden für die Touristen nahmen zunächst einiges von dem Zauber hinweg, doch bald hatten wir den Lärm der Touristen hinter uns gelassen. Als wir um eine Ecke bogen, gerieten wir plötzlich in eine Meßfeier unter freiem Himmel. Man hatte einen Altar aufgestellt, und an die hundert Menschen knieten auf der Erde, darunter dunkelhäutige Türken aus dem Osten, Frauen in grobgewebten schwarzen Gewändern und Pilger aus Istanbul und Europa. Dieser Ort war von einem tiefen Frieden und innerer

Stille erfüllt, und es verlangte mich danach, mit den anderen niederzuknien. »Komm«, sagte Hamid, »erst zu Maria!«

Ihre steinerne Kapelle war sehr klein und von riesigen Bäumen umstanden. Drinnen war es kühl und dämmrig, Hunderte von flackernden Kerzen, jede ein Liebesopfer, spendeten Licht. Am Eingang kauften wir Kerzen, zündeten sie an und stellten sie sorgsam in den Nischen auf, die in die Wände eingelassen waren.

Hamid stand vor dem Altar und betete. Ich folgte ihm und betete darum, den Sinn dieser Reise in das Unbekannte verstehen zu können und zur WAHRHEIT geführt zu werden.

Wir blieben nicht lange in der Kapelle, sondern gingen auf einen Kaffee in eines der nahe gelegenen Cafés. »Du wunderst dich vielleicht«, sagte Hamid, als wir uns setzten, »wieso ich über Maria zu Gott beten kann, obwohl ich doch im islamischen Glauben aufgewachsen bin. Wußtest du, daß es in jeder Moschee eine Gebetsnische gibt, die Maria geweiht ist? Religiöse Formen sind uns gleichgültig. Uns geht es um die Wahrheiten, die allen Religionen unausgesprochen zugrunde liegen und darauf warten, geoffenbart zu werden. Hast du das Wissen, dann wirst du in deiner Liebe zu Gott allen Seinen Sendboten deine Ehrerbietung bezeugen. Einige der Boten sind bekannt, von anderen werden wir nie wissen.

Der heutige Tag markiert den Beginn eines neuen Lebens für dich – sofern du demütig und wahrhaft mit offenen Händen gekommen bist, und alles andere zurückgelassen hast. Maria nimmt nur den auf, der mit allem kommt, was er ist. Das ist so wie mit dem Nadelöhr, von dem ihr sprecht. Um durch das Nadelöhr zu gehen, mußt du deine Überzeugungen verlieren und erkennen, daß du nichts weißt. Um von Maria angenommen zu werden, ist es notwendig, daß du dich aufgibst in ihr.

In der Tradition des Islam beginnt alles erst mit der Anerkennung der Einheit Gottes – es gibt nur EIN ABSOLUTES SEIN, von ihm geht alles aus und alles existiert in ihm. Ich kann sagen, daß ich an die jungfräuliche Geburt glaube, weil ich die Dinge, von denen wir gesprochen haben, verstehe; ich sehe auf den inneren Sinn der Worte und bin nicht von der Welt der Formen gefesselt.

Aber für heute haben wir genug gesprochen. Es wird spät. Wir werden die Nacht über hierbleiben und in einem herrlichen Restaurant, das ich kenne, essen gehen. Morgen früh fahren wir weiter.«

In dieser Nacht saß ich in meinem Hotelzimmer in Ephesus auf der Bettkante und sann nach über das, was ich heute gehört hatte. Hamid war in seinem Zimmer verschwunden – nach seinem Besuch bei Maria, so hatte er gesagt, wolle er allein sein. Mir ging es ebenso, und ich war dankbar für die Gelegenheit, nur still dasitzen zu können, ganz für mich allein.

Einige Zeit später wurde ich aus meiner Meditation aufgestört. Aus Hamids Zimmer, das genau über meinem lag, waren Schritte zu hören. Er war mir sehr nervös vorgekommen, bevor er auf sein Zimmer ging; jetzt hörte ich ihn herumwandern und herumwandern, und ich überlegte, was da los sein mochte. Plötzlich gab es einen Krach und das Geräusch zerbrechenden Geschirrs ertönte, es klang, als habe er einen großen Gegenstand quer durchs Zimmer in einen Stapel Teller und Gläser geschleudert. Drei Stufen auf einmal nehmend stürzte ich die Treppe hinauf und hämmerte gegen seine Tür. Nichts rührte sich, dann endlich hörte ich ihn sagen: »Komm rein!« Er stand mitten im Zimmer. Auf dem Tisch am Fenster lag eine zerbrochene Vase, und auf dem Boden lag sein Koffer, geöffnet, der Inhalt war im ganzen Zimmer verstreut. Er hielt seine Brille in der Hand, eines der Gläser war zerbrochen.

»Ich habe einen Krach gehört«, sagte ich, »ist alles in Ordnung?«

»Nein. Irgendwas stimmt nicht. Wir müssen sofort nach Side zurück. Pack deine Sachen, wir fahren gleich los.«

»Aber Hamid«, protestierte ich, »wir haben fast kein Licht – es ist dunkel, und wir werden die ganze Nacht brauchen!«

»Was hat das damit zu tun? Wie oft soll ich dir noch sagen, daß du vertrauen mußt. Da ist etwas nicht in Ordnung. Ich weiß noch nicht, was es ist, aber wir müssen sofort zurück!«

»Aber . . . woher weißt du das?« fragte ich verwirrt.

»Genug! Hol deinen Koffer und komm. Und bezahl die Rechnung!« Er sammelte seine Kleider auf, stopfte sie in den Koffer und eilte die Treppe hinunter. So schnell ich konnte, war auch ich im Wagen. Es war sehr dunkel, Sterne übersäten den Himmel. Mir fiel auf, daß Halbmond war.

Wir fuhren die ganze Nacht. Hamid sprach kein Wort. Entweder saß er da und starrte durch die Windschutzscheibe, oder er lehnte sich in seinem Sitz zurück und schlief laut schnarchend. Die Scheinwerfer waren so schwach, daß es alle Konzentration verlangte, um nicht von der Straße abzukommen. Die Touristensaison hatte noch nicht begonnen, deshalb waren nur wenige Autos unterwegs, und als der Morgen graute, waren wir nur noch hundert Kilometer von Antalya entfernt.

»Fahr direkt nach Side«, sagte Hamid. »Hast du noch genug Benzin?«

»Ich glaube nicht – die Nadel steht sehr niedrig.«

»Macht nichts, wir müssen Vertrauen haben – wir dürfen keine Zeit verlieren.«

Während der letzten zwanzig Kilometer zeigte die Nadel auf Null. Doch das Benzin ging uns nicht aus, und als das Dorf gerade erwachte, hatten wir unser Haus erreicht.

Ohne abzuwarten, daß ich den Wagen irgendwo parkte, befahl mir Hamid, gleich vor der Tür zu halten. Er stieg rasch aus und stieß dabei mit dem Kopf gegen die Wagentür; seine Brille fiel herunter. Ich lief um den Wagen herum, um sie aufzuheben, und gab sie ihm. »Die Brille ist nicht wichtig«, sagte er. »Komm schnell!«

Wir traten ins Haus. Ich hatte keine Ahnung, was uns erwartete; es schien alles in Ordnung zu sein. Hamid rannte ums Haus und dann quer durch den Garten auf das Zimmer des Mädchens zu. Er klopfte an ihre Tür – keine Antwort. »Geh rauf und sieh in deinem Zimmer nach«, befahl er.

»Nach was?« fragte ich.

»Da muß etwas sein. Beeil dich, sieh nach!«

Ich lief die Treppe hinauf in mein Zimmer. Sie saß auf dem Bett. Die blaue Wolle war überall, auf dem Bett, um den Bettpfosten gewickelt und über den ganzen Boden verteilt. Ihr Haar war aufgelöst, und in ihren Augen flackerte ein furchtbarer Zorn. Sie sah mich an und deutete mit beiden Händen auf einen Briefumschlag, der auf dem Boden lag. Ich hob ihn auf und sah, daß er an mich adressiert war, über Hamids Anschrift. Ich rief zu ihm hinunter, und er kam sofort hoch. »Öffne ihn«, sagte er und verschwendete nicht einmal einen Blick auf das Mädchen, das aufgestanden war, um ihn zu begrüßen.

Es war ein Telegramm von meinem Geschäftspartner, kurz und ohne Umschweife. »Rückkomme sofort«, begann es, »deine Hilfe nötig betreffs Geschäftsverkauf . . .«

»Du verdammter Narr!« schrie Hamid. »Du hast gesagt, du kämest mit offenen Händen und hättest nichts Unerledigtes zurückgelassen. Jetzt weiß ich, warum alles so schwierig war. Mach, daß du rauskommst! Fahr zurück und tu, was du tun mußt.«

Damit verließ er den Raum. Das Mädchen saß da und sah mich mit ihren großen Augen unverwandt an. Sie konnte kaum verstanden haben, was gesprochen worden war. »Komm«, sagte ich zu ihr, »gehen wir hinunter zu deinem Zimmer.« Ich führte sie die Treppe hinab; das Wollknäuel hielt sie vorsichtig in beiden Händen. Ohne sie loszulassen, öffnete ich mit einer Hand die Tür und brachte sie dann zu ihrem Stuhl am Tisch. Sie weinte jetzt lautlos, große Tränen liefen ihr übers Gesicht.

»Ich muß nach England«, sagte ich. »Ich habe dort etwas zu erledigen, aber ich komme zurück, sobald ich kann. Können wir dann miteinander sprechen?« Sie antwortete nicht. Ich lief die Treppe hinauf zurück zu meinem Zimmer und begann zu packen.

7

Was du suchst, ist das, was sucht.

Franz von Assisi

Ich sagte: »Du bist hart wie einer von ihnen!«
»Wisse«, erwiderte er,
»daß ich hart bin zu deinem Besten, nicht aus Bitterkeit und
Haß.
Wer immer mit einem stolzen ›Ich bin's!‹ hereinkommt – ich
schlag' ihm ins Gesicht.
Denn dies ist der Schrein der Liebe, o Narr!, es ist kein
Schafstall!
Wisch dir die Augen aus und betrachte das Bildnis des
Herzens.«

Mevlânâ Celâleddin Rumi

»Aber Hamid – ich mußte zurückfahren! Manchmal passieren solche Dinge, und dann muß man seine Pläne ändern. Jedenfalls ist nun alles erledigt – es gibt nichts mehr, was meiner Aufgabe hier in die Quere kommen könnte. Ich habe die ganze Sache einem Rechtsanwalt übergeben und ihm gesagt, daß ich für unbestimmte Zeit nicht in England sein werde; er hat unbeschränkte Vollmacht, den ganzen Kram für mich zu regeln.«
Seit ich wieder in Side war, hatte Hamid kaum ein Wort gesprochen. Ich war nur eine knappe Woche weg gewesen und hatte mich sehr beeilt, um so bald wie möglich wieder hier zu sein; schon aus London hatte ich ihm telegrafiert, daß meine geschäftlichen Probleme geregelt seien und ich in Kürze wieder zurück sein werde.

Nach drei Tagen des Schweigens reagierte er schließlich auf meine Rechtfertigungen und Erklärungen.

»Du hast geschworen, nichts zurückgelassen zu haben, was noch zu erledigen wäre. Ich habe dir erklärt, daß wir diese Reise nur dann zusammen unternehmen können, wenn du mit offenen Händen kommst. Offenbar ist die Zeit noch nicht reif, und für dich wäre es besser, wieder nach England zu gehen, einen normalen Beruf zu haben und mich erst dann wieder zu fragen, wenn du besser vorbereitet bist.«

»Bitte, Hamid«, bettelte ich, »es ist jetzt wirklich alles in Ordnung, und es gibt nichts mehr, was mich noch einmal fortbringen könnte. Nichts ist wichtiger als diese Zeit. Das weiß ich!«

»Jetzt hör mir genau zu.« Hamid setzte sich gerade auf und schlug mit der Faust auf den Tisch. »Du bist der widerspenstigste und eigensinnigste Bursche, der mir je begegnet ist. Du hörst einfach nicht zu, wenn man dir etwas sagt. Nach deiner ganzen sogenannten Suche scheinst du immer noch nicht begriffen zu haben, wie wichtig es ist, wirklich an sich selbst zu arbeiten. Du hältst dich für berechtigt, eine Meinung zu haben. Du hast nicht einmal das Recht, zu glauben, daß du etwas weißt. Wenn du den WEG verstehen willst, dann mußt du Opfer bringen. Aber tust du das? Bringst du wirklich irgendwelche Opfer? Du hast vielleicht ein paar Annehmlichkeiten und einige deiner britischen Gewohnheiten aufgegeben, aber für das wahre Verstehen mußt du *alles* opfern. Hättest du das wirklich getan, dann wärest du nicht nach London zurückgerufen worden für eine lächerliche geschäftliche Besprechung, die völlig unnötig war. ›Ihr könnt nicht Gott dienen und dem Mammon‹ – sagt ihr das nicht immer?«

»Warum bist du so böse, Hamid?« fragte ich. »Warum ist diese eine Woche so wichtig? Es ist doch nicht so, als wäre ich nicht sofort zurückgekommen. Wäre ich nicht jetzt nach London gefahren, so wäre ich höchstwahrscheinlich später auf sehr viel längere Zeit zurückgerufen worden.«

»Woher weißt du das?« brüllte er mich an. »Was verstehst du davon? Du willst immer noch nicht hören, was ich dir sage. Vertraue, vertraue, vertraue! Meinst du wirklich, das hätte passieren können, wenn du mit offenen Händen und im Vertrauen auf

Gott gekommen wärest? Du weißt, das es keinen Zufall gibt. Also hör mir zu – ich werde dir den wirklichen Grund verraten, weshalb du nach England zurückgerufen wurdest.

Von dem Moment an, wo du deinen Fuß auf diesen Pfad setzt, gibt es keine Umkehr mehr. Aber du wurdest selbstzufrieden, nachdem du hier angekommen warst. Ich habe dich beobachtet. In deinem Stolz und deiner Überheblichkeit glaubtest du, du hättest schon etwas erreicht. Es gibt nichts zu erreichen, es gibt nur die Hingabe an ein Leben des Dienens. Aber du hast, weiterhin deinen Überzeugungen und Vorstellungen verhaftet, nur dein Ich ›spirituell‹ aufgeblasen. Das Ziel dieser Reise liegt weit jenseits von allem, was du zu denken vermagst.

Du glaubst, ein bloßer Zufall oder vielleicht gar die Dummheit deines Geschäftspartners sei schuld daran, daß du nach London zurück mußtest. Das ist nicht so. Anstatt alles aufzugeben und auf Gott zu vertrauen, hast du dir eine Hintertür zum bequemen Leben in London offen gelassen. Ist es nicht so?«

In diesem Augenblick wollte ich nichts dringlicher, als daß ich diese Reise niemals begonnen hätte. Ich schämte mich. Ich wußte, daß er die Wahrheit sprach. Ich hatte die Dinge auf eine Weise zurückgelassen, die mir eine Art Rückversicherung erlaubte: so konnte ich immer noch zu meinem alten Leben zurückkehren, als wäre nichts geschehen. Und dann hatte ich völlig aus dem Gedächtnis verdrängt, wie ich alles arrangiert hatte. Als mein Partner mich nun wegen der Probleme, die sich aus dem Verkauf unseres Antiquitätengeschäfts ergaben, zu Hilfe rief, spielte er nur seine Rolle dabei, daß mein Mangel an Vertrauen entlarvt wurde.

»Nun hör mir zu. Dein Selbstmitleid interessiert mich nicht, und außerdem bin ich noch nicht fertig mit dir. Es hat noch einen anderen Grund, daß deine Rückkehr nach England mich so wütend gemacht hat. Es war eine sehr bedeutsame Abfolge von Ereignissen, die uns beide nach Ephesus zu Maria führte. Damals wurdest du in die Anfänge jenes inneren Pfades eingeführt, in dem alles gründet, was ich dir zu vermitteln versucht habe. Ist man in diesen Pfad einmal eingeführt, so muß man doppelt so hart wie zuvor an sich arbeiten, um die nächste Stufe in der Entfaltung des Geheimnisses zu erreichen. Als diese Entfaltung für dich gerade beginnt, läufst du weg nach England und machst die Kontinuität unserer gemeinsamen Arbeit völlig zunichte. Und daß du zurück mußtest, kommt nur daher, daß du deine Sicherheit nicht opfern wolltest. Das ist es, weshalb wir nichts zurücklassen dürfen, was uns bindet – denn alles Unerledigte wird uns mit Sicherheit davon abhalten, den Schritt zu tun, mit dem wir unsere Verpflichtung ganz und gar annehmen. Nun, da du zurückgekommen bist, mußt du deine Verpflichtung erneuern, wenn wir zusammen weitermachen sollen.«

Er schwieg eine Weile, als überlegte er, wie er fortfahren solle. »Wenn du wirklich mit Bewußtsein sagst ›Ich will es!‹, weil es Gottes Wille ist, dann habe ich Mitleid mit dir, denn ich weiß, welche Opfer du bringen mußt, ehe dir die Erkenntnis unserer wesenhaften Einheit mit Gott geschenkt wird.

Wenn du zu jener WAHRHEIT gelangen willst, dann mußt du lernen, dich mit jedem Atemzug aufs neue hinzugeben, mit jedem Schritt auf Gott zuzugehen. Jeden Morgen, wenn du erwachst, solltest du darum beten, dienen zu dürfen, ohne einen Lohn dafür zu erwarten.

Du mußt dir jetzt klar darüber werden, ob du wirklich bereit bist, weiterzugehen und dich vorbehaltlos dem Werk Gottes auf Erden zu widmen.«

Ich fühlte mich Hamid näher als je zuvor, und ich spürte, daß ich die Kraft besaß, zu vertrauen. »Ja«, sagte ich, »ich will es.«

Hamid stand auf und umarmte mich wie einen Sohn. »Ich freue mich, daß du zurückgekommen bist«, sagte er. »Ich habe dich sehr vermißt.«

Wir weinten beide, und da war eine Liebe, die alles hinwegwusch, was geschehen war.

»Danke«, sagte ich, »danke, daß du mich wieder annimmst und Geduld mit mir hast.«

»Wenn du *weißt*«, erwiderte er lächelnd, »dann wirst du in jedem Augenblick ›danke‹ sagen, denn jeder Augenblick ist in seinem Wesen vollkommen. Wahrlich, Seine Wege sind wunderbar! Es tut mir leid, daß ich manchmal so hart mit dir umspringe, aber ich fürchte, manche Leute lernen nur auf diese Weise.

Jetzt ruhen wir uns aus; morgen früh kommst du wie gewöhnlich zu mir, und dann werden wir sehen, was als nächstes zu tun ist. Du solltest noch wissen, daß am Tag deiner Abreise nach England das Mädchen verschwunden ist. Ich erzähle dir das erst jetzt, da ich mich entschlossen habe, dich wieder aufzunehmen – vorher ging es dich nichts an. Wie ich hörte, ist sie nach Antalya gefahren, aber niemand scheint sie gesehen zu haben. Ich habe alle Hotels abgeklappert und bei sämtlichen Reiseagenturen nachgefragt – nichts. Sie tut das nicht zum erstenmal, doch du solltest sie in dein Gebet einschließen. Sie bittet so sehr um Hilfe.«

Am nächsten Morgen unternahmen wir, statt der üblichen Sitzung in Hamids Zimmer, einen langen Spaziergang am Strand. Schweigend stapften wir auf das Amphitheater zu. Der gestrige Tag hatte mich an den Rand der totalen Verwirrung getrieben, bis zu jenem Punkt, an dem wir uns schließlich Gott zuwenden und entdecken, daß unser ganzes Selbstbewußtsein nur eine Illusion ist. Ich war verzweifelt, als ich sah, daß ich nichts wußte, daß ich nicht einmal in der Lage war, jene Veränderung in mir selbst herbeizuführen, ohne die es nicht weitergehen konnte – ja überhaupt etwas dafür zu tun. Indes hatte Hamid mir auch gesagt, daß wir im selben Augenblick, da wir unserer Ohnmacht wirklich inne werden, an den Beginn des Pfads der Erkenntnis rücken.

Auf den Felsen ließen wir uns nieder. Wir sahen auf das Meer hinaus. Hamid schwieg noch immer, doch wie so oft sprach sein Schweigen mehr als seine Worte. Es schien, als sei ihm jeder Augenblick eine Kostbarkeit, und die Tiefe seines Empfindens fügte allen unseren gemeinsamen Handlungen und Erlebnissen eine neue Dimension hinzu. Je länger wir zusammen waren, desto mehr verlor die Zeit ihre Bedeutung für mich, und der Raum war von meinen Reisen zwischen London und Istanbul verschluckt worden. Die unsichtbare Struktur der Zeit, die es uns erlaubt, Entfernung zu erfahren, löste sich auf, und es gab Augenblicke, in denen mich große Angst überkam, weil ich sah, daß es immer weniger gab, an das ich mich klammern konnte, und mir die Krücken, mit denen ich meine ängstlich gehüteten Illusionen aufrechterhielt, Stück für Stück aus der Hand genommen wurden.

Hamid stand auf und wies mit erhobenem Arm auf den Bogen der

Bucht. Es war ein vollkommener Morgen. Der kalte Wind hatte sich gelegt, das Meer schimmerte und glitzerte, so stark und klar war die Sonne. Es war sehr still; nur die knarrenden Ruder eines Fischerbootes waren zu hören, das in unserer Höhe an den Felsen vorbeizog.

»Ist es nicht wunderbar?« fragte er mich. »Die Liebe will nur Schönheit. Leben sollte ein Akt der Liebe sein. Erfülle alle um dich herum mit dem Frieden dieses Geistes. Laß dich nie von deinen Leidenschaften beherrschen, aber habe den Mut, leidenschaftlich zu leben. Denn solange du nicht ganz und gar liebst, wirst du Gott niemals erkennen! Aber nun sag mir: was hast du wirklich verstanden in der Zeit, die wir beide zusammen sind? Nicht mit dem Verstand, sondern mit dem Herzen?«

Ich fürchtete diese Fragen. Es war schon schwer genug, mich von meinen alten Vorstellungen zu lösen, aber noch schwerer war es, die ersten winzigen Einsichten, die ich aufrichtig behaupten konnte, in Worte zu fassen.

»Ich glaube, das wichtigste ist«, begann ich, »daß das, was ich früher gelernt und verstanden zu haben dachte, sich als unwirklich herausgestellt hat. Es gab Momente, in denen mir eine Erkenntnis aufblitzte – aber die meiste Zeit über habe ich nur Massen von Kenntnissen angesammelt, die mir jetzt völlig nutzlos erscheinen.«

Hamid lächelte. »Ganz so schlimm ist es nicht, oder?«

»Ich weiß nicht. Letzte Nacht bin ich fast verzweifelt. Du hast gesagt, daß es in Wahrheit nichts zu erreichen gibt – dann war doch mein ganzes bisheriges Leben sinnlos, nichts als eine Zeitverschwendung! Ich bin nicht mehr glücklich. Ich weiß nicht, was ich bin.«

»Das ist leicht zu erklären«, erwiderte er. »Mit deinen Denkgewohnheiten lösen sich auch die Empfindungsmuster, und dann kommt eine Zeit, in der dir alles sehr negativ erscheinen mag. Mach dir deswegen keine Sorgen. Würdest du diese Erfahrung nicht machen, dann wüßte ich, daß du dich dagegen wehrst, einige der bestgehüteten Besitztümer deines Verstandes aufzugeben. Man hat immer ein Gefühl des Verlustes, wenn man von Illusionen Abschied nimmt, aber das ist nur eine Zeitlang so und wird vorübergehen. Weiter, was hast du mir noch zu sagen?«

»Als ich ... als ich in London war, da fiel mir auf, daß ich mit kaum jemandem reden konnte, nicht einmal mit meinen engsten Freunden. Sie schienen sehr mißtrauisch, und je mehr ich mich bemühte, ihnen begreiflich zu machen, was geschehen war, desto schlimmer wurde es. Ich konnte das, was wir hier getan haben, einfach nicht vermitteln. Das war ein großer Schock für mich, ich hatte das Gefühl, daß ich sie irgendwie im Stich gelassen hatte, denn sie haben immer dasselbe gewollt wie ich.«

»Ah«, sagte Hamid, »aber ich sage dir – du mußt eine neue Sprache erschaffen. Jetzt verstehst du das noch nicht. Wenn dein Herz sich schließlich öffnet, wirst du aus dem Herzen sprechen können, und sie werden verstehen, was du sagst. Vergiß jedoch nicht, daß jeder von uns auf seine Weise versteht und nicht notwendigerweise in der Form, die du zu vermitteln versuchst.«

»Wie werde ich wissen, wann das geschieht? Wie spreche ich, wenn ich wirklich aus dem Herzen spreche?«

»Das ist nicht leicht zu beantworten, denn wenn dein Herz offen wäre, wüßtest du es. Aber so viel kann ich dir sagen. Wenn du in dieser neuen Sprache sprichst, dann wirst du sehen, daß in den Leuten, die du zu erreichen suchst, eine wirkliche Veränderung vor sich geht. Das Wort, zusammen mit dem Atem, trägt den GEIST in die relative Welt und bewirkt diese Veränderung. Ohne wirklichen Wandel gibt es keine Freiheit, weder für den Suchenden auf dem Pfad noch für jene, mit denen er in Kontakt kommt.

Das Herz ist der Sitz der Seele. Aus dem Herzen sprechend, kannst du das Feuer in den Herzen der anderen entzünden. Durch die Wiedererkennung erweckst du die schlafende Seele. Und Feuer breitet sich aus – nichts ist ansteckender als die Liebe.

Doch zuerst mußt du selbst in Liebe sterben, wenn du als ein wirkliches menschliches Wesen leben und andere zur Liebe führen willst. Deshalb heißt es im Islam: ›Stirb, bevor du stirbst.‹ Wir müssen lernen, uns in jedem Augenblick aufzugeben; und wie wir in Liebe sterben, so werden wir in der Liebe neu erstehen.

Es verlangt großen Mut, in jedem Augenblick zu sterben. Doch ehe du dich nicht wahrhaft aufgeben kannst, bist du noch kein *salik*, kein Reisender des WEGES. Ein *salik* ist jemand, der sich selbst gefunden hat. Und indem er sich selbst erkannt hat, hat er die Wahrheit erkannt und weiß, was zu tun ist. Er blickt von der Höhe des Wissens und trägt so zu dem Wandel bei, der kommen muß. Er weiß, daß Gott des Opfers und der Hingabe des Menschen bedarf, damit die Evolution fortschreiten kann.

Wir stehen an einem Punkt der Geschichte, wo viele der traditionellen Formen zerfallen. Jeder versucht verzweifelt, die religiösen, politischen und ökonomischen Formen, die sich die westliche Lebensweise geschaffen hat, noch zu flicken. Politiker und Ökonomen probieren alles mögliche aus, um die Stabilität wiederherzustellen, aber in Wirklichkeit geschieht nichts. Es ändert sich nichts wirklich. Und ihr spirituell Suchenden reist durch die ganze Welt, um eine Antwort zu finden auf euer eigenes Leid und eure eigene Verwirrung. Ihr geht zu indischen Gurus, zu Swamis, Astrologen, Psychoanalytikern – zu den verschiedensten Leuten, deren Wege ihr für ein Weilchen ausprobiert. Anscheinend sind jetzt die Derwische dran!« Er lächelte mich vielsagend an.

»Aber gibt es wirklichen Wandel?« fuhr er fort. »Siehst du eine wirkliche Veränderung? Da ist immer noch dieselbe Verwirrung, und der Niedergang der alten Ordnung hält an. Alle versuchen, eine Antwort auf die Frage zu finden, doch was sie auch austüfteln und für richtig halten mögen – nichts wird geschehen. Denn sie haben nicht den Mut, sich der Veränderung zu stellen. Sie wollen Methoden, mit denen sie ihrer Selbstgerechtigkeit Genugtuung verschaffen, Erklärungen für Phänomene, die sie messen können – sie wollen alles mögliche, nur keine wirkliche Änderung. Aber gib acht! Wenn jetzt nicht etwas geschieht und die Menschen zu *saliks* werden, dann besteht die sehr wirkliche Gefahr, daß die Erde in den Zustand des uranfänglichen Chaos zurückfällt. Es könnte sein, daß wir, wenn wir nicht bald und auf höchster Stufe das tun, was nötig ist, das Ende der Zivilisation noch selbst erleben. Allerdings ist schon so viel zerstört worden, daß es fraglich ist, was überhaupt noch getan werden kann.«

Die Dringlichkeit, die aus Hamids Worten sprach, war erschreckend. Ich spürte, daß er mir etwas begreiflich zu machen versuchte, was von entscheidender Bedeutung war, etwas, dem ich noch nicht ins Gesicht sehen wollte. Mein Verstand versperrte sich seinen Worten.

»Du meinst also«, sagte ich schließlich, »daß die Zukunft der Welt, unseres Planeten, von uns und den wirklichen Veränderungen abhängt, die wir jetzt bewirken?«

»Das ist genau das, was ich meine«, erwiderte Hamid. »Jetzt bereiten wir uns vor auf die künftige Welt, doch wann sie kommen wird, das liegt in Gottes Zeit und nicht in der unseren. Du kannst jetzt nur eines tun: härter und härter an dir selbst arbeiten, weniger im Schlaf wandeln und mehr darum beten, daß dir das Verstehen geschenkt werde. Das wird es dir leichter machen, wenn die Zeit kommt. Aber die Zeit kann nur kommen, wenn du keine Vergangenheit hast, die deinen Geist fruchtlos in der Mühle seiner Gewohnheiten kreiseln läßt. Es gibt noch viele Stufen jenseits dessen, was wir bisher berührt haben, doch ich kann dir nicht sagen, wann du bereit sein wirst, von ihnen zu erfahren. Vielleicht schon in einer Woche. Vielleicht in einem Monat. Vielleicht erst nach Jahren. Es hängt von dir ab.

Mit der Welt ist es ebenso. Die Welt ist voller Vorstellungen und Ideen, doch was ihr not tut, ist das Wiedererkennen, damit die Liebe all den Schmerz und die Fesseln der Gewohnheit hinwegschmelzen und der Mensch mit der unsichtbaren Welt zusammenwirken kann, um eine neue Lebensweise in *dieser* Welt zu schaffen. Meistens glaubst du, daß ich nur von dir rede, weil du dich so sehr im Mittelpunkt wähnst, daß du gar nicht richtig zuhörst. Siehst du nicht, was das bedeutet? Wenn du dich selbst wahrhaft aufgibst, dann ist das, was ich sage, zu all denen gesprochen, die hören können, und wir müssen diesen Felsen nicht verlassen, damit dies geschieht. Wende das Innere nach außen, damit du zu dienen vermagst, und dann wird das Wort, das ich zu dir spreche, von all jenen in der Welt gehört werden, die bereit sind zu hören.«

Den ganzen restlichen Morgen über war Hamid guter Laune. Er bestand darauf, daß wir Patience spielten, Stunde um Stunde. Jedesmal, wenn ich an unser vorheriges Gespräch anknüpfen wollte, unterbrach er mich und ließ mich nicht einmal meinen Satz beenden. Schließlich war ich die Patience leid und fragte ihn, ob wir nicht etwas anderes spielen könnten.

»Warum willst du denn etwas anderes spielen?« fragte er zurück.

»Das Patience-Spiel fördert eine Haltung, die du lernen mußt. ›Patience‹ heißt ›Geduld‹, und Geduld ist unerläßlich, denn sonst handelst du vorschnell und machst den Plan zunichte. Die Saat muß gelegt werden, und dann mußt du abwarten, bis die Zeit reif ist und die Saat aufgeht. Wenn du in der Erde herumstocherst, bevor es soweit ist, wirst du nur zerstören, was du gepflanzt hast. Geduld ist eines der wichtigsten Dinge, die man braucht, wenn man diesen Pfad betritt. Du bist viel zu ungeduldig, und deshalb spiele ich Patience mit dir.«

»Aber mir hängt dieses Spiel zum Hals heraus! Du springst von einem Thema zum andern, und just in dem Moment, wo ich das Gefühl habe, daß wir auf etwas zusteuern und einem bestimmten Gedankengang folgen, bist du schon wieder auf einer anderen Fährte, und ich weiß nicht mehr, wo ich bin!«

»Genau das«, verkündete er vergnügt, »war meine Absicht. Und jetzt heb bitte ab!«

Am Nachmittag nahmen wir im Restaurant ein spätes Mittagessen zu uns. Der Fang der Nacht stand zur Wahl, und wir stellten uns einen riesigen Teller mit den verschiedensten Fischen zusammen, mit wildem Thymian und Fenchel gewürzt und über offenem Holzkohlenfeuer geröstet. Hamid war sehr gesprächig, und während er auf türkisch die Schriften auslegte, sammelte sich die übliche Menschenmenge an. Vor zwei Wochen noch wäre ich beleidigt gewesen, daß er mir keine Beachtung schenkte, aber jetzt gefiel es mir, daß ich in Ruhe essen und den Fischern zusehen konnte, die zwischen den Booten am Strand ihre Netze flickten. An diesem Morgen war etwas geschehen; ich versuchte nicht länger alles zu begreifen, und ich brauchte nichts anderes zu tun, als mich nur dem Geräusch der Wellen hinzugeben und die Nachmittagssonne auf meinem Gesicht zu spüren.

Nach unserem geruhsamen Essen schliefen wir ein bißchen am Strand. Als wir aufwachten, kündigte Hamid plötzlich an, daß ich am nächsten Tag alleine auf eine Reise gehen müsse. Es traf mich wie ein Schlag nach diesem friedlichen Nachmittag. Außerdem war das Mädchen noch nicht wieder aufgetaucht, und ich hatte versuchen wollen herauszufinden, wohin sie gegangen war, nachdem sie aus Side verschwunden war.

»Jammere nicht«, warnte Hamid mich. »Du weißt noch nicht, was der Grund dieser Dinge ist. Du wirst morgen nach Konya fahren, um die drei großen Heiligen zu besuchen. Du solltest heute noch alle notwendigen Vorbereitungen treffen. Geh zu Mustafa im Restaurant, er wird dir die Fahrkarte besorgen und einen Wagen, mit dem du zum Busbahnhof kommst.«

»Und was machst du?« fragte ich ihn.

»Ich werde morgen auch verreisen. Ein Freund von mir fährt mich nach Istanbul; ich werde bei meiner Cousine wohnen, am Bosporus. Ich gebe dir die Adresse, wir können uns dann dort treffen.«

»Aber wie lange soll ich denn in Konya bleiben?«

»Das hängt davon ab, wie du dorthin gehst. Vor allem sollte dein Geist ganz offen sein. Erinnerst du dich an die Postkarte, die ich dir in England gab, als ich sagte, du könntest zu mir kommen?«

Ich hätte sie unmöglich vergessen können, denn ich hatte sie mitgenommen in die Türkei. Ich sagte Hamid, daß sich die Karte in meinem Koffer befand, und daß ich sie mir oft anschaute.

»Auf dieser Karte ist ein Bild vom Grabmal Mevlânâ Celâleddin Rumis. Er ist es, zu dem du nun gehen mußt, um ihm deine Ehrerbietung zu bezeugen. Mevlânâ bedeutet ›Unser Meister‹, und in unserer Überlieferung ist er als ›Der Pol der Liebe‹ bekannt. Wenn du auf die rechte Weise zu ihm gehst und empfangen wirst, dann kannst du sehr viel von ihm lernen.«

»Wann hat er gelebt?« fragte ich.

»Mevlânâ lebte im dreizehnten Jahrhundert. Ich würde dir gerne von seinem Leben und seiner Lehre erzählen, aber gerade jetzt, denke ich, ist es besser, wenn du alleine weitergehst. Vielleicht können wir, wenn wir uns in Istanbul treffen, ein bißchen über ihn sprechen.

Es gibt drei Orte, die du aufsuchen mußt in Konya, und zwar in der richtigen Reihenfolge. Der erste ist das Grabmal von Schams-i Täbris, der ›Sonne von Täbris‹. Das war ein wandernder Derwisch, der Mevlânâ zur völligen Hingabe an Gott führte. Dann mußt du das Grab von Sadrüddin Konyevî besuchen; er war einer der frühesten und größten Lehrer Mevlânâs und er stellt die Brücke dar zwischen Mevlânâ, dem Pol der Liebe, und dem Scheich al-Akbar, Muhyiddîn Ibn al Arabi, den unsere Überlieferung den ›Pol des Wissens‹ nennt. Und zum Schluß mußt du das Grabmal und Museum Mevlânâs besuchen. Auch er wollte, daß alle Leute tanzen.« Ich war mir nicht sicher, aber ich hatte das Gefühl, daß Hamid mir dabei zuzwinkerte. »Schade, daß du nicht schon im Dezember hier warst. Da war ich in Konya, bei den großen Feierlichkeiten, die jedes Jahr dort abgehalten werden, zum Gedenken an die Nacht seines Todes oder, wie wir auch sagen, seine ›Hochzeitsnacht‹, die Nacht seiner Vereinigung mit Gott.

Doch das ist für den Augenblick genug. Geh jetzt und treffe die nötigen Vorbereitungen. Und morgen früh komm zu mir und sag mir adieu, bevor du fährst. Ich glaube, der Bus fährt so gegen sechs von Antalya ab, du mußt also sehr früh aufstehen.«

8

Befreie dich vom Ich mit einem Streich! Wie ein Schwert sei
ohne eine Spur weichen Eisens; sei wie ein stählerner Spiegel,
poliere allen Rost hinweg mit Zerknirschung.

Mevlânâ Celâleddin Rumi

Ich bin nur durch dich, und du erscheinst durch Mich.
Doch wäre Ich nicht erschienen, würdest du nicht sein.

Muhyiddîn Ibn al Arabi

Auf der Fahrt nach Konya wurde es bitter kalt. Die Steppen
Anatoliens waren vereistes Ödland, und jedesmal, wenn wir halt-
machten, vertrieb der eisige Wind das bißchen Wärme aus dem
Bus, und wir stürmten in die Rasthäuser, um uns mit heißer Suppe
und Kaffee aufzuwärmen. Die Leute verkrochen sich tief in ihre
Schafsledermäntel, die Frauen hatten ihre Schals über den Kopf
gezogen. Viele der Männer trugen große Pelzmützen mit Ohren-
klappen gegen die Kälte. An den Rastplätzen standen sie herum
und rauchten schwarze türkische Zigaretten. Die Kälte blieb nicht
ohne Wirkung auf ihr Temperament; die unablässigen Gespräche,
die für die südliche Türkei so typisch waren, fehlten hier. Man saß
nur schweigend da und wartete darauf, daß die Bushupe ertönte.
Dann ging es wieder in den Bus, und wir machten es uns für ein
paar weitere Stunden bequem, bis zur nächsten Rast. Selbst mein
Nachbar, ein alter Mann, hatte mich nur zu Beginn der Fahrt
gegrüßt, als er sich neben mich setzte. »*Merhaba* – Guten Morgen!« hatte er gesagt, und das war alles. Es war ganz anders als auf
meinen bisherigen Fahrten, wo ich immer umdrängt wurde und
jedermann wissen wollte, warum ich in der Türkei sei, wohin ich
wollte und was ich vorhätte.

Ich weiß nicht warum, aber Konya hatte ich mir immer als eine ziemlich primitive Stadt vorgestellt. Zu meiner Überraschung fand ich mich in einer modernen Busstation wieder, vor der schon die Taxis warteten. Bei Sonnenuntergang hatten wir die Randbezirke der Stadt erreicht. Nun waren die Straßen erleuchtet, und die vereisten Straßenränder schimmerten von den Lichtern der Autos. Wir kletterten alle aus dem Bus und kümmerten uns um unser Gepäck. Die friedliche Stille unserer Reise ging unter in der freudigen Aufregung derer, die ihre Freunde und Verwandten nach der langen Reise abholten. Das war wieder der Mittlere Osten, mit all dem Lärm, Gewimmel und bunten Durcheinander der Straßen und Märkte türkischer Städte.

»Sie wollen Taxi, Sir? Sehr billig!«

»Wieviel?«

»Sehr billig, Sir, Sie steigen ein und wir fahren zu Hotel, ja?«

»Aber wieviel kostet es?«

»Nur fünfundzwanzig Lira, fester Preis immer, Sir.«

»Gut«, sagte ich, »ich fahre mit Ihnen, aber nicht für fünfundzwanzig Lira. Ich gebe ihnen zehn.«

»Nicht möglich, Sir, fester Preis immer.«

»Dann gehe ich zu Fuß!« sagte ich, nahm meine Tasche und wandte mich die Straße hinunter.

»Sie sehr harter Mann, Sir, aber werde Ihnen geben Sonderpreis – zwanzig Lira.« Der Taxifahrer lief hinter mir her und griff nach meiner Tasche.

»Fünfzehn«, sagte ich, hielt die Tasche fester und ging schneller.

»Gut, Sir, fünfzehn und paar Zigaretten.«

»Ich rauche nicht«, sagte ich und bestieg das Taxi mit dem Gefühl, eine Schlacht gewonnen zu haben. Kaum waren wir losgefahren, da war es, als hätte es gar kein Feilschen gegeben. Auf dem ganzen Weg zum Hotel erzählte mir der Taxifahrer von seiner Familie und stellte mir die üblichen Fragen – wie es mir in der Türkei gefalle, wie lange ich in Konya bleiben und ob ich nicht von seinem Schwager ein Auto mieten wolle.

Hamid hatte mir ein Hotel im Zentrum der Stadt genannt, in der Nähe des Mausoleums von Mevlânâ Celâleddin Rumi. Ich wurde vom Besitzer empfangen, der mir sagte, daß das Hotel kaum belegt sei – es war noch nicht die Jahreszeit, wo die Touristen nach Konya kommen. »Sie sind nur auf der Durchreise?« fragte er. Ich sagte ihm, daß ich noch nicht wüßte, wie lange ich bleiben würde. Er brachte mein Gepäck auf ein kleines Zimmer im ersten Stock; es lag direkt über dem Salon. Dann gab er mir den Schlüssel, und ich war allein.

Von der langen Busfahrt erschöpft, schlief ich bis in den späten Morgen hinein. Als ich soweit war, daß ich meine Suche beginnen konnte, war es fast Mittag geworden. Der Hotelbesitzer war sehr hilfsbereit, als er hörte, daß ich das Grab von Schams-i Täbris besuchen wollte. »Ich bete für Sie, daß es heute geöffnet ist«, sagte er. »Manchmal ist es offen, manchmal nicht. Aber wenn es Ihnen bestimmt ist, dorthin zu gehen, dann wird Allah für den Schlüssel sorgen, der das Tor öffnet.«

Da Hamid mir ausdrücklich eingeschärft hatte, die Grabmäler in einer bestimmten Reihenfolge zu besuchen, beginnend mit Schams-i Täbris, war mir nie in den Sinn gekommen, daß es geschlossen sein könnte. Als ich das eiserne Tor versperrt fand und auf einen menschenleeren Vorplatz blickte, war ich wie vor den Kopf geschlagen. Auf dem Reinigungsbrunnen saßen ein paar Tauben; sonst war niemand zu sehen. Die Tür war verriegelt, und es gab keine Möglichkeit, durch ein Fenster hineinzusehen. Es war kalt, ein eisiger Wind fegte durch die Stadt. Ich war sehr niedergeschlagen. Bis zu diesem Augenblick hatten sich mir alle Türen geöffnet; selbst als es mir nicht gelang, den Scheich in Istanbul zu finden, hatte ich das nicht als Abweisung empfunden. Jetzt war es anders; ich fühlte mich plötzlich einsam und verlassen. Es war absurd, doch je mehr ich versuchte, dagegen anzukämpfen, desto schlimmer wurde es. Ich setzte mich am Rand des Platzes nieder und versuchte meine Gedanken zu ordnen, aber nichts schien meine Stimmung ändern zu können. Diese verschlossene Tür stand für all die Zurückweisungen, die ich in meinem Leben erfahren hatte. Und dieses Mal war ich doch auf die rechte Weise gekommen, mit offenen Händen!

In Gedanken ging ich noch einmal die Busfahrt durch, um herauszufinden, ob ich unterwegs vielleicht irgend etwas getan hatte, was mich in diese Situation hätte bringen können. Inzwischen war ich davon überzeugt, daß nichts zufällig geschieht; in der Tatsache, daß das Tor geschlossen war, lag also eine Lehre für mich verborgen. Doch ich konnte nichts finden, was meine Lage erklärt hätte. Was sollte ich nun tun? Es gab niemanden, den ich hätte fragen können, und auf der Tür war kein Hinweis darauf zu finden, wann das Grabmal wieder geöffnet sein würde.

Ich muß etwa eine halbe Stunde so dort gesessen und versucht haben, gegen meine Depression anzugehen, als mir plötzlich klarwurde, was nicht stimmte. Überheblicherweise hatte ich einfach vorausgesetzt, daß das Grab zugänglich sein und ich empfangen werden würde. Obwohl ich geglaubt hatte, mit offenem Herzen nach Konya gegangen zu sein, war ich tatsächlich ohne jede Demut gekommen. Das war es! Ich war deshalb nicht aufgenommen worden, weil ich, wieder einmal, nicht in der rechten Haltung gekommen war. In diesem Augenblick erkannte ich, daß es ohne Demut nur Schmerz und das Gefühl der Trennung gibt.

Einerseits kam es mir nun wenig sinnvoll vor, meine Grabbesuche jetzt fortzusetzen. Wenn dabei eine bestimmte Reihenfolge einzuhalten war, dann sollte ich besser bis zum nächsten Tag warten und sehen, ob es dann möglich war. Andererseits gab es nichts anderes zu tun, und so beschloß ich, meinen Anweisungen zu folgen und mich, ohne noch mehr Zeit zu verlieren, auf die Suche nach dem Grab des Sadrüddin Konyevî zu machen.

Ich merkte bald, daß auf meiner Karte viele der engen, verschlungenen Gassen gar nicht eingezeichnet waren, und nach ein paar Minuten hatte ich mich schon verlaufen. Nach der Karte zu schließen, war Mevlânâs Grab viel näher als das von Konyevî, und auch leichter zu finden; also schlug ich seine Richtung ein. Ich arbeitete mich durch das Labyrinth der Gassen, und dann, am Ende einer Straße, sah ich es – das prächtige Grabmal und Museum Mevlânâs. Plötzlich fiel mir auf, daß die Sonne schon sehr niedrig stand. Ich hatte den ganzen Tag mit meiner Pilgerreise hingebracht, und nun stand ich, eher durch einen Zufall, vor meinem letzten Ziel. Offensichtlich sollte ich Mevlânâ zuerst besuchen. Ich überquerte rasch den Platz und erreichte das Tor gerade als ein Wächter herauskam, um es zu schließen. »Tut mir leid, Sir, Grab für heute geschlossen. Morgen offen, inşallah.«

Wieder in meinem Hotel, lag ich auf dem Bett und starrte zur Decke, machtlos gegen die Bitterkeit, die mich überkam. Irgendwann schlief ich ein, und als ich wieder aufwachte, war es bereits dunkel. Die Straßen waren beleuchtet; ich hatte genau die Zeit bis zum Abendessen verschlafen.

Mir fiel ein, daß ich von Hamid geträumt hatte. Er war wie ein Spiegel, so blank und klar, daß ich nur hineinzuschauen brauchte, um genau zu sehen, was in diesem Augenblick vor sich ging, und so allmählich in das Wesen des Augenblicks selbst einzudringen. Im Verlauf der Entfaltung meiner Reise hatte er mich mit Bedacht auf einen Punkt zu geführt, an dem die Suche nach der WAHRHEIT den Suchenden aufzulösen begann, so daß ich nicht mehr wußte, wer ich war – oder wer das war, der zu dieser Reise aufgebrochen war. Mir schien es, als kehrte ich mich langsam von innen nach außen. Was ich suchte, war das, was suchte!

Und da verstand ich – es ist Gottes sehnlichstes Verlangen, daß wir die WAHRHEIT erkennen, die uns zu Suchenden macht, und die WAHRHEIT ist nichts anderes als Er Selbst. Das Feuer ist überall latent vorhanden, doch wir müssen es, im Verlangen danach, zu Ihm heimzukehren, erst entzünden und die Flamme nähren. Es ist an uns, den ersten Schritt zu tun.

Am folgenden Morgen unternahm ich noch einmal den Versuch, Schams-i Täbris meine Verehrung zu bezeugen. Das Wetter war umgeschlagen, das schmelzende Eis hatte die Straßen mit schmutzigen Schlammbächen überflutet; die Frauen schlängelten sich mit gerafften Röcken zwischen den Pfützen hindurch. Ein feiner Sprühregen ging nieder, und ich fühlte mich an einen typischen Wintertag in London erinnert.

Als ich gerade um eine Ecke bog, merkte ich, daß mir jemand folgte. Ich hatte das sichere Gefühl, in Gefahr zu sein, doch ich brachte es nicht fertig, meine Schritte zu beschleunigen oder auch zu verlangsamen. Bald war mein unbekannter Begleiter nur noch einen Schritt hinter mir. Die Spannung wurde langsam unerträglich, bis ich plötzlich eine Hand auf meiner Schulter spürte. Das war ein Überfall! Ich wirbelte herum und holte aus. Mitten im Schlag hielt ich inne. Ich hatte diesen Mann schon einmal gesehen.

Anstatt mich anzugreifen, schlang er seine Arme um mich und drückte mich ans Herz wie einen langentbehrten Freund. Sein fester Griff und die Tatsache, daß er mich halb in seinem Mantel begrub, ließen mir keine Chance, sein Gesicht anzuschauen. Er sprach in geschwindem Türkisch mit mir, und das einzige, was ich verstehen konnte, war das persische Wort *döst*, das bedeutet »Freund«. Endlich ließ er mich los, legte die Hand aufs Herz und sagte: »Istanbul, Istanbul«. Es war der Buchhändler, den ich auf meiner Suche nach dem Scheich in Istanbul getroffen hatte. Ich war ziemlich verblüfft. Was hatte er bloß an diesem Morgen in den Nebenstraßen Konyas zu suchen? Mit der Verständigung haperte es naturgemäß, doch das schien ihm gar nichts auszumachen. Er nahm mich beim Arm, unablässig in Türkisch auf mich einredend, und ehe ich mich's versah, waren wir am Vorplatz des Grabmals von Schams-i Täbris angelangt. Er führte mich rasch auf die andere Seite zum eisernen Tor; dann legte er seine Hand aufs Herz und verneigte sich tief. Auch ich verneigte mich, und dann führte er mich zum Eingang des Grabmals. Wieder war die Tür verschlossen. Er schien erstaunt und versuchte behutsam, ob die Tür nicht doch zu öffnen wäre. Dann ging er um das Gebäude herum auf die andere Seite, und ich hörte, wie er mit jemandem sprach. Bald darauf kam er zurück, und nach etlichen Minuten und mit Hilfe meines türkischen Sprachführers und Lexikons konnte ich mir zusammenreimen, daß der Mann, der den Schlüssel zum Grab hatte, krank war, und es deshalb heute geschlossen bleiben würde.

Diesmal deprimierte es mich nicht. Die Gegenwart des Buchhändlers war bedeutsam genug, und daß wir nicht ins Innere des Gebäudes konnten, schien ihn ebenso zu betrüben wie mich. Er entschuldigte sich auf jede nur erdenkliche Weise und zeigte auf das Wort »morgen« in meinem Wörterbuch. Bis dahin, so gab er mir zu verstehen, sollte ich mit ihm kommen. Wie er das tat, war es eher ein Befehl als eine Einladung, und so folgte ich ihm brav, als er davoneilte. Wir marschierten ziemlich lange durch den Nieselregen, bis wir schließlich an einem schmalen Wohnhaus anlangten. Er bedeutete mir, ihm zu folgen, und ging die Treppe hinauf zum ersten Stock. Vor der Tür lag ein Haufen Schuhe, und er wies auf meine Füße, während er seine Schuhe auszog. Ich tat das gleiche, und dann klopfte er an. Die Tür öffnete sich einen Spalt weit, und das Gesicht einer Frau erschien. »Ah«, sagte sie. Die Kette wurde entfernt, und die Tür ging auf.

Es war alles so schnell gegangen, daß ich zum Überlegen keine Zeit mehr gehabt hatte, doch seltsamerweise war ich keineswegs überrascht, mich in einem Raum wiederzufinden, in dem an die vierzig Männer jeden Alters versammelt waren, vom Achtzehnjährigen bis hin zu einem gebeugten alten Mann, der neunzig Jahre zählen mochte. Der Buchhändler winkte mir zu, und auf einem Sofa wurde mir Platz gemacht. Mit einer Handbewegung, die durch den ganzen Raum deutete, sagte er lächelnd: »*derviş, derviş*«; dann wurde er zu einem mächtigen, ganz für sich stehenden Stuhl am anderen Ende des Raumes geleitet. Als er sich setzte, verneigten sich alle, mit der Stirn den Boden berührend. Er begann einen Sprechgesang, mit einer sonderbar dünnen und näselnden Stimme. Die lautstarke Entgegnung der übrigen Männer schuf einen seltsamen Kontrast. Ich konnte die Worte, die er sang, nicht verstehen, doch immer wenn er innehielt, antworteten die Männer mit »*Hu-Allah, Hu-Allah*«. Bald wurde ein großes Tamburin hervorgeholt, und einige der Derwische begannen rhythmisch zu klatschen, sich dabei im Takt hin und her wiegend. Die beiden Männer, zwischen denen ich saß, ergriffen meine Hände. Es war zu spät, zu unterbrechen und zu fragen, was hier vor sich ging. Ich wurde hineingesogen in den Rhythmus, und bald fiel ich in ihre Antwort ein. Der Rhythmus wurde stärker und schneller, und jetzt hielten sich alle bei den Händen und schwangen vor und zurück. Die bisher auf den Stühlen und dem Sofa gesessen hatten, knieten nun auf dem Boden, und dem Tamburinspieler hatte sich ein zweiter Musiker angeschlossen, der auf einer langen Bambusflöte spielte. Dann und wann veränderte der Buchhändler den Rhythmus, indem er mit der Hand auf sein Knie schlug, oder er steigerte die Tonhöhe des Antwortgesangs, indem er selbst höher und höher sang. Nach einer Weile schlug er mit der flachen Hand auf den Boden. Sogleich begannen alle, »Allah, Allah« zu singen. Ein junger Mann stellte sich in die Mitte des Kreises. Ich versuchte mein Bestes, mitzumachen und gleichzeitig zu beobachten, was beides ziemlich schwierig machte. Der Buchhändler sah zu mir herüber, er lächelte und blinzelte mir zu, als der Mann in der Mitte des Kreises sich vor ihm verneigte, so tief sich verneigte, daß er fast den Boden berührte. Dann begann er sich zu drehen, noch langsam zunächst, die Arme über der Brust gekreuzt. Ganz allmählich wurden seine Drehungen schneller; sobald er seine Arme ausbreitete, beschleunigte sich der Rhythmus immer mehr, das Trommeln wurde immer intensiver. Ich hatte eine schwere Wolljacke an, der Schweiß lief mir in Strömen. Das Knien war höchst unbequem, ich hatte Krämpfe in den Beinen. Am liebsten hätte ich aufgehört, aber die Männer neben mir zogen mich mit dem Rhythmus vor und zurück, bis ich jedes Gefühl für meinen Körper verlor. Ich hörte nur noch den Ruf »Allah« in mir widerhallen, ich sah nur noch Licht, das überall verströmte. Der wirbelnde Derwisch hielt sich vollkommen im Gleichgewicht, sein Kopf war leicht nach links zurückgeneigt. Manchmal stieß er einen Schrei aus. Ich hatte das Gefühl, daß ich in jedem Moment das Bewußtsein verlieren könnte und nichts mehr übrigbleiben würde als der Klang des Wortes und dieses Licht, das immer noch stärker wurde. Doch dann, im Höhepunkt der Intensität, hielt der Derwisch ganz plötzlich in seiner wirbelnden Bewegung inne. Ihm schien überhaupt nicht schwindlig zu sein. Er machte einfach halt, kreuzte seine Arme über der Brust und verneigte sich tief. Das Trommeln hörte auf, das *dhikr* verstummte, und die Männer neben mir küßten meine Hände. Der ganze Raum vibrierte vor Liebe und Freude, es war, als sähen sich alle nach einer langen Trennung, wieder.

Dann wurde ich von jedem einzelnen begrüßt, und während man Kaffee brachte, kam ein junger Mann zu mir und stellte sich vor. »Mein Name ist Farid«, sagte er. »Ich spreche Englisch, und ich bin glücklich, für Sie und den Scheich dolmetschen zu können.« Es wurde rasch still im Raum, jeder lauschte unserem Gespräch. »Bitte sagen Sie ihm meinen Dank«, begann ich, »daß er mir erlaubt hat, hier bei Ihnen zu sein.« Der Scheich nahm meinen Dank feierlich entgegen, und Farid mußte mir seine Antwort nicht übersetzen. Jedermann lächelte mich mit großer Freundlichkeit an.

Ich hatte einige Schwierigkeiten, die Frage in Worte zu kleiden, die mir am dringlichsten war. »Fragen Sie bitte den Scheich«, sagte ich schließlich, »ob er der Scheich ist, den ich in Istanbul aufsuchen sollte. Und wenn er es ist, warum er sich nicht zu erkennen gab.« Die Frage wurde übersetzt, und der Scheich antwortete mit einem dröhnenden Gelächter. Er beugte sich vor und sprach mit Farid. »Unser Scheich sagt: ›Natürlich bin ich das.‹«

»Warum haben Sie mir dann damals nicht gesagt, daß ich mein Ziel erreicht hatte, und mich Ihnen meine Achtung erweisen lassen?«

»Es gibt ein Wort im Koran, das sagt: ›Wir werden sie auf die Probe stellen, bis wir sie erkennen.‹ Ich wollte herausfinden, ob es Allahs Wille war, daß wir uns treffen sollten oder nicht. Ich wußte, daß Er, wenn es Sein Wille war, uns wieder zusammenführen würde, und so habe ich freudig gewartet.«

»Mir wurde gesagt, daß der Scheich in einem Schneiderladen arbeite, aber Sie sind doch Buchhändler! Wie reimt sich das zusammen?«

Der Scheich lächelte abermals. »Sie müssen wissen, daß ich von dem Mann, der Sie aus England hierher geschickt hat, noch nie gehört habe. Und ich habe auch niemals in einem Schneiderladen gearbeitet. Er war offenbar nicht ganz richtig informiert, aber Sie haben mich ja gefunden, und das allein zählt.«

Sobald meine Worte übersetzt wurden, beugten sich alle vor, um nur ja kein Wort des Gesprächs zu verpassen. Während der nächsten Stunde herrschte eine geradezu elektrisierte Atmosphäre im Raum. Der Scheich hatte erklärt, daß er nie von Hamid gehört habe, und er bestritt, intuitiv gewußt zu haben, daß wir einander begegnen würden. Ich fragte ihn, ob er an diesem Tag aus einem bestimmten Grund in Konya sei, worauf er mir antwortete, daß er recht häufig seine Freunde hier besuchen komme, und daß dies der einzige Grund sei.

Ich ließ nicht locker. »Warum sind Sie heute morgen zu dem Platz gegangen?«

»Um Schams-i Täbris zu besuchen, genau wie Sie«, erwiderte er. »Ich nütze jede Gelegenheit, ihm meine Ehrerbietung zu bezeugen; doch heute habe ich zum erstenmal vor verschlossenen Türen gestanden.«

Ich erzählte ihm, wie ich am Tag zuvor dort hingegangen und was von diesem Augenblick an alles geschehen war. So schlicht wie möglich versuchte ich zu erklären, warum ich auf der Suche war, und ich berichtete von all den Dingen, die ich im Lauf meines Lebens getan hatte und die mich schließlich zu diesem Augenblick geführt hatten. »Sie sind zu ernst«, sagte er. »Warum sind Sie so ernst? Glauben Sie denn, Er hat keinen Sinn für Humor? Es wird Ihn köstlich amüsieren, uns in diesem Augenblick zuzusehen, da ein Engländer all diese Fragen stellt, während Er von Anfang an wußte, daß dies alles so geschehen würde. Aber sagen Sie mir – ist dies das erste Mal, daß Sie Derwischen begegnen?«

Ich erklärte ihm, daß ich ursprünglich hatte herausfinden wollen, ob die Derwische ein verborgenes Wissen vom Heilen besäßen, da mich diese Sache immer sehr beschäftigt habe. Doch seitdem, so fuhr ich fort, war so viel Neues geschehen, daß ich jetzt nur noch auf der Suche nach meinem wahren Selbst war und mich bemühte herauszufinden, wie ich in der Welt von Nutzen sein könnte.

»Ah«, sagte er. »Wären Sie in Ihrer Suche nur darauf aus gewesen, Informationen für sich zu sammeln, dann hätten Sie nie zu uns gefunden; deshalb hat Ihr Lehrer Sie so lange Zeit warten lassen. Er hat Ihnen sicher gesagt, daß das Wissen ein Geschenk ist und nicht erworben werden kann, und daß wir niemanden aufnehmen, der sich bei uns nur Wissen aneignen will. Wir werden ihn sogar in die Irre führen und mit sinnlosen Aufträgen fortschicken – so wird er nicht finden, was er sucht. Das Heilen ist eine sehr interessante Sache, doch wir dürfen nicht vergessen, das am Anfang von allem Gott steht, und nichts, was nicht in Ihm gründet. Die Derwische sind stolze Menschen, und wie Sie wissen, sind ihre Versammlungen in diesem Lande illegal. Daß Sie bei uns sein durften, haben Sie nur der Lauterkeit Ihrer Motive zu verdanken.«

Ich war immer noch durcheinander. Wenn der Scheich nie von Hamid gehört hatte, wie konnte dann Hamid von ihm wissen? Ich fragte, so vorsichtig ich konnte. Meine Frage ließ den ganzen Raum in Gelächter ausbrechen.

»Aber warum lacht Ihr denn?« fragte ich kläglich.

»Wenn Sie nicht aus dem Westen kämen«, erwiderte der Scheich, »dann hätten Sie diese Frage nicht gestellt. Für uns alle hier ist die

Antwort leicht, doch ich kann sie Ihnen nicht sagen. Wollte ich es Ihnen erklären, so müßte ich zu Ihrem Verstand sprechen, und begrifflich ist die Frage nicht zu beantworten.«

Obwohl der junge Mann, der für uns dolmetschte, gelegentlich Schwierigkeiten hatte, die richtigen englischen Worte zu finden, schien er gründlich vertraut zu sein mit Vorstellungen, die ich nur schwer begreifen konnte.

Ich versuchte es noch einmal, mit einer anderen Frage. »Ich verstehe das immer noch nicht. Woher wußte Hamid von Ihnen, und woher wußte er, daß ich Sie finden würde?«

Der Scheich schwieg einen Augenblick. Dann sagte er: »Ich werde Ihnen eine Geschichte erzählen. Wenn Sie sie verstehen, dann haben Sie die Antwort auf Ihre Frage.

Am Anfang der Zeit war das Wort, und das Wort sprach Gott, und das Wort hieß ›Sei!‹. Mit diesem Augenblick begann alles, ins Sein zu treten. In diesem Augenblick *war* einfach alles Geschaffene, das je sein sollte, und in diesem Wort lagen alle Voraussetzungen für jedes Geschehen, das wir erleben, und auch alles, was uns über diese Welt hinaus in die wirkliche Welt blicken läßt. So *ist* im Anfang schon alles. Doch das, was Sie hier und jetzt vor sich sehen, ist nicht die wirkliche Welt, und auch was ich zu Ihnen sage, ist, wenn Sie nur auf die Form meiner Worte lauschen, nicht wirklich. Lauschen Sie jedoch dem Seufzen des Windes, dann werden Sie die Botschaft der WAHRHEIT vernehmen. Schickt man die Botschaft mit dem Wind, dann wird, früher oder später, jemand wachsam genug sein, um sie aufzunehmen. Man kann nicht wissen, wer es sein wird, der sie hört; und doch, in der WIRKLICHKEIT gibt es nur Ihn, und so ist Er Selbst es, der die Botschaft hört, und Er Selbst ist es, der sie aussendet. Nun horchen Sie auf den Klang des Windes.«

Der Scheich legte den Finger auf die Lippen, es wurde sehr still im Raum. »Lauschen Sie«, sagte er abermals, »und Sie werden den Träger-Klang der Telepathie hören.«

Unmerklich zunächst, dann immer stärker werdend, erfüllte ein Klang den Raum, jener Laut, von dem aller Klang seinen Anfang nahm. Es war der Laut »*Hu*«, und es war der Laut hinter dem Wind. Er war überall. Ich suchte nicht mehr. Der Klang trug die

Suche, und die Botschaft selbst war der Laut »*Hu*«. Die Kunst der Verständigung zwischen zwei Menschen an verschiedenen Orten, durch den Raum hindurch, ist nur eine andere, sehr feine Form der Sprache, und alle Sprache entstammt dem ersten Befehl Gottes, als Er die Welt ins Sein brachte. Deshalb also hatten die Derwische über meine Frage gelacht! Es spielte keine Rolle, ob Hamid je von dem Scheich gehört hatte; das war nicht wichtig. Wichtig war, daß wir alle hier zusammen waren, und das Geheimnis, das all dem zugrunde lag, war nicht der Schlüssel, der die Tür aufschließen würde. Der Augenblick selbst würde die Tür öffnen. Ich hatte eine Frage über die Kommunikation gestellt, doch in Wahrheit hatte ich gefragt: »Warum bin ich hier?« – und deshalb konnte mir so geantwortet werden.

Da war noch eine andere Frage, die ich dem Scheich stellen wollte. Sie beschäftigte mich schon seit langem.

»Was«, fragte ich, »ist ein Derwisch?«

Er sah mich an, und es herrschte lange Schweigen, ehe er zu reden begann. »Wir sprechen in Geschichten, wie Sie wissen, und das hat unter anderem den Grund, daß man einer Geschichte wieder und wieder zuhören kann, denn jeder Augenblick ist anders und wird sich nie wiederholen. So wird die Geschichte mit jedem Mal, da Sie sie erneut studieren, einen anderen Sinn enthüllen. Dabei spielt die Stimmung, in der Sie sich befinden, eine Rolle, der Ort, von dem aus Sie die Geschichte betrachten, die Tageszeit – es hängt von vielen Dingen ab. Deshalb gibt es für die Geschichte, die ich Ihnen jetzt erzählen werde, keine Erklärung. Sie müssen nur aufmerksam zuhören und sie erforschen, und dann, eines Tages, werden Sie vielleicht verstehen.«

Der Scheich fuhr fort. »Es war einmal ein Moskitoschwarm. Ein starker Wind kam auf, und da das Fenster im Haus des Scheichs offenstand, wehte er all die Moskitos hinein. Auf der anderen Seite des Zimmers war noch ein Fenster, und wie sie durch das eine Fenster hereingeweht worden waren, so wurden die Moskitos durch das andere wieder hinausgeweht – außer einem. Dieser eine setzte sich der Frau des Scheichs aufs Knie. Der Scheich erblickte ihn, lächelte, hob seine Hand und tötete ihn. Der Moskito starb. Er wurde der Derwisch.«

Damit erhob er sich. Er sprach ein Gebet über uns alle, und die Versammlung war beendet. Er gab Farid und mir einen Wink und führte uns auf die Straße hinaus.

»Ich habe Ihnen noch etwas zu sagen«, begann er. »Heute abend noch fahre ich nach Istanbul zurück. Wenn Sie wollen, können Sie mit mir kommen.«

»Das ist sehr freundlich von Ihnen, aber ich habe versprochen, die drei Gräber aufzusuchen, und ich denke, ich sollte nicht abfahren, bevor ich das getan habe.«

»Die Grabmäler sind Ihnen zweimal verschlossen geblieben«, sagte er, »das könnte bedeuten, daß Sie nicht schon jetzt dorthin gehen sollen. Vielleicht ist da etwas, das Sie noch tun müssen, ehe Sie wirklich bereit sind für diesen Augenblick. Wenn Sie wollen, können Sie und Farid und ich zusammen nach Istanbul fahren. Es liegt ganz bei Ihnen.«

Der junge Mann konnte seine Begeisterung nur schwer verbergen, doch ich wußte nicht, was ich tun sollte; ich war hin- und hergerissen zwischen dem Verlangen, weiter mit dem Scheich zu sprechen, und dem Gefühl, daß ich doch in Konya bleiben sollte, um zu tun, was mir aufgetragen war.

»Ich bin um sieben Uhr heute abend zur Abfahrt auf dem Platz. Wenn Sie da sind, fahren wir zusammen.«

Er nahm den Dolmetscher am Arm, sie winkten mir noch einmal zu, und ich blieb allein.

9

Wahre Erkenntnis kommt durch drei Dinge – eine Zunge,
die den Namen Gottes singt, ein dankbares Herz und einen
geduldigen Körper.

Aflaki

Verstand ist die Illusion der Wirklichkeit.

Hazrat Inayat Khan

Und behüte dein Herz vor der Neigung zu dem, was du
aufgegeben hast an Menschen und Begierden und Wünschen
und Belieben und Bestreben, und behüte es davor, die
Geduld und die Harmonie und die Freude in Gott zu
verlieren in Zeiten, da dir Unglück widerfährt.

Abd al Qadir al Gilani

Es fiel mir sehr schwer, mich zu einem Entschluß durchzuringen, denn der Weg über die logische Überlegung schien versperrt. Der Gedanke, den Scheich nach Istanbul zu begleiten, war ungemein verlockend, doch da war noch mein Versprechen. In den vergangenen beiden Wochen war so vieles geschehen, daß der ruhige Fluß der Ereignisse, in dem eines zum anderen führt, unterbrochen schien. Jegliche Ordnung hatte sich aufgelöst. Ohne Ordnung ist es nahezu unmöglich, eine bewußte Entscheidung zu treffen; doch allmählich dämmerte mir, daß wir ohnehin nicht imstande sind, in dieser Welt bewußte Entscheidungen zu treffen. Wir glauben immer, daß wir uns irgendwie entscheiden können zwischen diesem und jenem, ob wir hierhin oder dorthin reisen usw., doch es gibt eine andere Lebensweise, die von uns nur verlangt, daß wir uns hingeben, um uns tragen zu lassen, wohin immer es uns zu gehen bestimmt ist. Die Entscheidung wird für uns getroffen, in genau dem Augenblick, da wir unseren eigenen dem Größeren Willen opfern.

Zum erstenmal erfuhr ich jetzt am eigenen Leib, was es wirklich bedeutet, sich auszuliefern und hinzugeben. Weil ich England und damit meine ganze Vergangenheit hinter mir gelassen und den entscheidenden Schritt in das Unbekannte gewagt hatte, erhielt ich nun die Chance, einen Einblick zu gewinnen in die Art und Weise, wie sich die wirkliche Welt in diese relative Welt hinein entfaltet. Mit Hilfe unserer gewohnten Begrifflichkeit war den Ereignissen der letzten Wochen überhaupt kein Sinn zu entlocken. Das ständige Herumreisen, eine Kette unerklärlicher Zufälle, das Zusammentreffen mit jenen merkwürdigen Leuten, die Steinchen in einem großen Puzzle zu sein schienen – all dies trug dazu bei, mein zweifelndes Bewußtsein auf eine Wahrheit zu stoßen, die nicht zu leugnen war: unsere Existenz wird von Gesetzen beherrscht, die wir niemals begreifen können. Kräfte bestimmen unser Leben, die, obgleich unsichtbar und ungreifbar, eine Macht besitzen, die größer ist als alles, was wir in der gegenständlichen Welt sehen und erfahren können. Hamid hatte gesagt, es gebe eine andere Sprache, die Sprache des Herzens; also mußte es möglich sein, zu verstehen – durch unmittelbare Einsicht, nicht durch die Mittel des diskursiven Denkens. Während ich durch die winterlichen Straßen Konyas ging, fühlte ich die Unvermeidlichkeit all dessen, was ich erlebt hatte. Wenn es mir gelang, mich nicht einzumischen in den Ablauf der Ereignisse, indem ich meinen eigenen Willen ins Spiel brachte oder alles zu analysieren versuchte, dann würde ich zu der Erkenntnis geführt werden, nach der ich strebte.

Es war schon spät am Nachmittag, als ich zum Hotel zurückkehrte, entschlossen, den Dingen ihren Lauf zu lassen, offen zu sein und mir von den Ereignissen selbst zeigen zu lassen, was ich zu tun hatte.

Ich legte mich aufs Bett und starrte zur Decke. Der Klang des *dhikr* tönte in meinem Kopf; der ganze Raum schien erfüllt von der Würde und mächtigen Gegenwart jener Derwische, denen ich begegnet war. Noch nie zuvor hatte ich so etwas erlebt. Wenn nur jeder Mensch die Kraft ihrer Liebe zu Gott erfahren könnte, dann würde, dessen war ich sicher, ein wirklicher Wandel eintreten, und eine neue Gesellschaft könnte errichtet werden, die in der Liebe und dem Wissen gründet, nicht in Angst, Ehrgeiz und Gier. Es konnte nicht darum gehen, die Derwische in ihren Praktiken nachzuahmen; wir müßten nur von ihnen lernen, das Leben leidenschaftlich zu leben und diese Erfahrung in jedem Augenblick unseres Lebens wirksam werden zu lassen.

Als ich aufwachte, war es dunkel. Ich hatte nicht gemerkt, daß ich eingeschlafen war. Panik überfiel mich. Halbwach und zitternd tastete ich nach meiner Uhr. Es war neun Uhr abends. Um sieben sollten wir uns treffen!

Ohne zu überlegen, riß ich meine Kleider aus dem Schrank und stopfte sie in den Koffer; ich wußte nur, daß ich nach Istanbul mußte, sofort. Etwas anderes schien gar nicht in Frage zu kommen, und der letzte Versuch, doch Gründe für einen weiteren Tag in Konya zu finden, ließ keinen Zweifel: ich mußte nach Istanbul. Der Mann beim Empfang schien erstaunt über meine Hast und fragte, ob ich noch nicht gegessen habe. »Es ist nötig, daß Sie essen, nein?«

»Nein«, sagte ich, »ich will nichts essen, ich muß sofort zur Busstation. Wenn noch kein Bus da ist, werde ich dort warten, bis einer kommt.«

Ich bezahlte meine Rechnung, nahm ein Taxi, und eine Viertelstunde später war ich im Busbahnhof. Am Fahrkartenschalter fragte ich nach einem Bus nach Istanbul. »Sie wollen jetzt fahren?« fragte der Mann. »Ja natürlich, aber wann fährt der Bus?« Er sah mich an. »Nun, Sir, der Bus ist schon weg, vor fünf Minuten ist er abgefahren. Aber es wird noch ein zweiter Bus fahren, weil mit dem ersten nicht alle Leute mitgekommen sind. Sie können also den nächsten nehmen, wenn Sie wollen.«

In der Eile, mit der ich das Hotel verließ, hatte es nur eines für mich gegeben – dorthin zu kommen, wo ich sein mußte. Und nun gab es einen extra Bus mit einem Platz für mich. Offenbar war die ganze Sache so bestimmt, und es machte nichts aus, daß ich nicht zu den Gräbern gegangen war. Das war eine große Erleichterung, und als ich meinen Platz einnahm, fühlte ich mich so wohl wie lange nicht. Ich war auf dem Rückweg nach Istanbul, und bald würde ich wieder mit Hamid zusammen sein. Ich war so glücklich, daß mir die Zeit auf dieser langen Fahrt wie im Flug verging. Selbst daß der Sitz so unbequem war, störte mich nicht, und die meiste Zeit über schlief ich.

Mit dem ersten Morgenrot erreichten wir Istanbul. Die Straßen füllten sich allmählich mit den Händlern, die die Frühaufsteher auf ihrem Weg zur Arbeit abpassen wollten. Die Verkaufsstände auf den Straßenmärkten machten bereits gute Geschäfte mit allerlei Obst, frischem Gemüse und Brot, das noch heiß war vom Backofen. Von den Minaretten ertönte der frühmorgendliche Ruf zum Gebet. Diesmal hatte Istanbul nichts Bedrohliches für mich. Es war, als käme ich nach Hause. Seit Beginn meiner Reise war ich nicht so glücklich gewesen. Nichts, was mir häßlich erschien, selbst den Verkehrslärm und das Geschubse und Gedränge in den Straßen genoß ich an diesem Morgen. Obwohl mir Schlaf fehlte, und trotz der Ereignisse des vergangenen Tages, verspürte ich keine Müdigkeit. Das Glück, das mich durchströmte, schien auch die anderen zu berühren, denn als wir an der Endstation den Bus verließen, wandten sich die Mitfahrenden zu mir um und lächelten mir zu, und einer von ihnen bot mir von seinen Früchten an. Es war ein guter Tag, und er versprach, so zu bleiben.

Ohne Schwierigkeiten fand ich ein Taxi und nannte dem Fahrer die Adresse der Cousine, bei der Hamid wohnte. »Du mußt erst mit der Fähre über den Bosporus«, hatte er mir gesagt, »und dann bringt dich ein Bus genau bis vor die Haustür.« All dies versuchte ich dem Taxifahrer zu erklären, doch er verstand weder Englisch noch Französisch. Er lächelte nur, große gelbe Zähne mit zahllosen Goldfüllungen entblößend, und raste mit halsbrecherischem Tempo durch die Straßen. Ich redete immer weiter auf ihn ein, daß er mich nur bis zur Fähre bringen solle, dann käme ich schon alleine weiter. Dummerweise hatte ich ihn nicht gefragt, was er für die Fahrt verlangte. Als er an Bord der Fähre fuhr, wußte ich, daß es zu spät war. Er wollte mich bis ans Ziel bringen. Ich überlegte, was mich diese Fahrt wohl kosten würde, aber daran war jetzt nichts mehr zu ändern. Ich lehnte mich zurück und versuchte, mir keine Sorgen mehr darum zu machen.

Nach einer Dreiviertelstunde waren wir angelangt. Die Rechnung war so hoch, daß ich sie gar nicht bezahlen konnte. Ich versuchte dem Fahrer klarzumachen, daß ich zuerst zur Haustür mußte, um mir etwas Geld zu leihen. Er sah jetzt sehr böse drein, sein Lächeln war einem unheilverkündenden Blick gewichen; während er mit der einen Hand meinen Koffer festhielt, zeigte er auf meine Brieftasche. »Warten Sie, warten Sie«, sagte ich, »es dauert keine Sekunde«, und zeigte auf das Haus. In meiner Begeisterung über die Ankunft in Istanbul hatte ich völlig vergessen, daß es ja noch sehr früh am Morgen war und vielleicht noch alle schliefen. Nichts rührte sich auf mein Klingeln hin. Ich versuchte es am Fenster, hinter dem die Vorhänge noch zugezogen waren, und klopfte an die Scheibe. Noch immer keine Antwort. Wenn nun niemand zu Hause war? Inzwischen hatte der Taxifahrer mit seinem Geschrei und den Drohungen, die Polizei zu rufen, einen kleinen Auflauf um den Wagen herum verursacht. »Freund, Freund«, sagte ich, indem ich auf das Haus zeigte. Jemand löste sich aus der Menge und sprach mich auf englisch an. »Der Fahrer sagt, er hat Sie durch ganz Istanbul gefahren und will sein Geld haben.« – »Ich weiß«, sagte ich, »aber ich habe nicht genug Geld bei mir, und mein Freund hier drin«, wieder zeigte ich auf das Haus, »wird mir helfen können.« – »Der Fahrer sagt, wenn Sie ihn nicht sofort bezahlen, wird er die Polizei rufen.« – »Hören Sie, das habe ich mitgekriegt«, versuchte ich ihm zu erklären, »aber ich muß nur meinem Freund Bescheid sagen, dann geht alles klar.« Der Mann aus der Menge zeigte keinerlei Gemütsbewegung; es war, als hätte er mich überhaupt nicht gehört. »Der Fahrer sagt, daß er die Amerikaner nicht mag.« – »Ich bin aber kein Amerikaner«, sagte ich, »ich bin Engländer.« Das alles wurde übersetzt, zum Vergnügen der Menge, die immer größer wurde. »Der Fahrer sagt, daß er die Engländer auch nicht leiden kann. Er mag die Deutschen.« – »Es kümmert mich einen Dreck, wen er mag oder nicht mag«, schrie ich ihn an. »Sagen Sie ihm, daß alles in Ordnung kommt und er sein Geld gleich haben wird!« Ich hämmerte mit solcher Kraft gegen die Tür, daß die Fensterscheiben erzitterten. »Hamid, Hamid«, brüllte ich. Jetzt öffnete sich die Tür, und ein vertrautes Gesicht schaute heraus. Es war das Mädchen.

Ihr aufgelöstes Haar und der Schmerz, der in ihren Augen lag, lenkten die Aufmerksamkeit der Menge von mir ab. Als sie in dem langen weißen Gewand, das sie schon in Side getragen hatte, auf die Straße hinaustrat, erstarb alles Reden und Schreien. Der Fahrer hielt in seinem Gestikulieren inne, doch meinen Koffer ließ er nicht los. Der Übersetzer stand mit offenem Mund hinter mir. Einer nach dem anderen, wandte sich die Menge um und ging schweigend davon. »Es ist in Ordnung«, sagte ich zu dem Taxifahrer, »warten Sie noch einen Augenblick.«

An der jungen Frau vorbei, die immer noch dastand und die Straße hinunterblickte, während sie das Wollknäuel gedankenverloren von einer Hand in die andere gleiten ließ, ging ich ins Haus. »Hamid!« rief ich noch einmal.

Einen Morgenrock über seinen Schlafanzug ziehend, kam er aus einem Zimmer. Er sah weder überrascht aus, noch hieß er mich willkommen. Seine frostige Begrüßung tilgte auch die letzten Reste der Freude, die ich heute morgen noch empfunden hatte. Ich erklärte ihm meine mißliche Lage. Er verschwand in seinem Zimmer und kam einen Augenblick später mit zweihundert Lira wieder. Er gab sie mir und verließ dann das Haus, um nach dem Mädchen zu schauen, die inzwischen auf die Straße hinausgegangen war. Von der Menge war nichts mehr zu sehen, und der Fahrer saß wieder in seinem Wagen. Ein paar Kinder waren herangekommen und spielten um das Mädchen herum, ihren schleppenden Gang und ihre langsamen Bewegungen nachahmend. Sie schien es gar nicht wahrzunehmen. Langsam ging sie die Straße hinunter, ihr Kleid wehte in der morgendlichen Brise. Hamid brachte sie ins Haus zurück und führte sie ruhig die Treppe hinauf. Ich löste bei dem Fahrer mit den zweihundert Lira meinen Koffer aus. Er gab mir nichts zurück, und ich hatte es auch nicht anders erwartet.

Das Eßzimmer, hoch über den Bosporus hinausragend, war lichtdurchflutet von der frühen Morgensonne. Überall wunderschöne Antiquitäten, französische Möbel und Skulpturen, an den Wänden Gemälde aus dem achtzehnten Jahrhundert. Draußen, unter den Balkontüren, brandete der Bosporus mit all seiner Betriebsamkeit. Winzige Fischerboote ließen sich mit der Strömung treiben, lange Leinen hinter sich herziehend. Kinder spielten in den schwarzen

Strudeln an der Mauer des benachbarten Gartens, setzten Papier-
schiffchen aus und planschten in den Untiefen herum. An dieser
Stelle ist der Bosporus über anderthalb Kilometer breit, und wohin
man auch sah – überall Boote und Schiffe, große Tanker unter
russischer Flagge, kleine, bis zum Rand beladene Frachtdampfer,
tief im Wasser liegende Kohlenschlepper, Luxuskreuzer, die weit
draußen vor Anker gegangen waren und ihre Passagiere in die
Landungsboote entließen. Da waren Fischerboote, Rennboote,
Schleppkähne und Ruderboote und Fähren, die sich so nahe auf
das Haus zu bewegten, daß ich die Gesichter der Menschen unter
Deck sehen konnte, die durch die Bullaugen herausschauten. Ich
war so fasziniert von diesem Anblick, daß ich Hamid gar nicht
hatte hereinkommen hören.
»Nun?« fragte er.
Er war jetzt gekämmt und hatte seinen Schlafanzug mit einem
weiten türkischen Hemd über einer blauen Hose vertauscht. Ich
entschuldigte mich erst einmal und erklärte ihm, daß der Taxifahrer mich bis hierher gebracht hatte, weil ich ihm nicht begreiflich
machen konnte, was ich wollte. Hamid hörte eine Weile zu,
nannte mich einen Idioten und schlug dann vor, zu frühstücken.
Das Mädchen erwähnte er mit keinem Wort. Die Stimmung im
Raum erinnerte mich an die Situation im Gebirge, als Hamid so
wütend geworden war. Während er draußen war und Frühstück
machte, bemühte ich mich, ganz ruhig zu sein und die allmählich
in mir aufsteigende Angst gar nicht zu beachten. Etwas stimmte
nicht, das wußte ich. Im Hotel in Konya war ich mir noch ganz
sicher gewesen, daß das, was ich tun wollte, richtig war, doch nun
sah alles anders aus. Vielleicht hatte ich wieder alles falsch gemacht
und würde fortgeschickt werden.
Ich konnte nichts anderes denken, doch am Frühstückstisch wurde
kein Wort gesprochen. Wir aßen Brot und Obst und tranken
starken, gesüßten türkischen Kaffee. Hamid sprach erst mit mir,
als wir fertig waren.
»Nun berichte mir bitte alles, was sich ereignet hat, seit wir uns das
letzte Mal gesehen haben.«
Ich gab mir Mühe, mich an alles zu erinnern, was seit meiner
Abfahrt von Side geschehen war; in Gedanken machte ich die

ganze Reise noch einmal, um kein Detail auszulassen. Er schien alles wissen zu wollen, wo genau ich gewesen war, was ich gegessen hatte, wen ich getroffen hatte, und so weiter. Ich erzählte ihm von den Grabmälern, die geschlossen waren, und von meiner Begegnung mit dem Scheich. Das schien ihn nicht im mindesten zu interessieren. Als ich das *dhikr* schilderte, wedelte er ungeduldig mit der Hand und fing wieder von den Grabmälern an. Er nahm mich regelrecht ins Verhör – zu welcher Zeit ich dorthin gegangen sei und aus welchem Grund sie geschlossen gewesen seien.

»Und warum bist du nicht noch einen Tag länger geblieben, um zu tun, was ich dir aufgetragen hatte?« fragte er. »Glaubst du, ich habe dich nur zum Spaß auf den weiten Weg nach Konya geschickt? Was ist denn mit dem Derwisch, den du im Amphitheater in Side getroffen hast? Meinst du, es war ein reiner Zufall, daß du ihm begegnet bist und er dir von Mevlânâ gesprochen hat? Du bist so schwerfällig – schwerfällig und blöde, und du hörst nicht zu. Du hast ganz vergessen, warum du zu mir gekommen bist. Wieder einmal hast du mir nur meine Zeit gestohlen, und das ist das letzte Mal. Willst du bitte endlich begreifen, daß du nicht hier bist, um meine oder sonst jemandes Zeit zu vergeuden! Du bist nicht hier, um Privatreisen zu veranstalten oder zu glauben, daß du überhaupt etwas wüßtest. Du bist hier, um in den WEG eingeführt zu werden, das hast du selbst verlangt. Du bist geprüft worden, und meistens hast du versagt. Du hast versagt in der Mutprobe im Gebirge, die auch eine Prüfung deines Vertrauens war, und du hast nichts daraus gelernt. Starrsinnig hältst du daran fest, auf die äußere Form dieser Welt zu sehen, so wie du darauf bestanden hast, daß es ein Felsbrocken auf der Straße war, der den Wagen beschädigt hat. Du sagst, daß du mir vertraust, aber in deinen Handlungen leugnest du dieses Vertrauen wieder und wieder. Was bist du eigentlich für ein Schüler? Ich hätte dich schon vor Wochen nach England zurückschicken sollen, zu deinem Antiquitätengeschäft. Du willst einfach nicht zuhören. Kannst du denn nicht begreifen, daß ein einziger Augenblick die ganze Schöpfung enthält und immer enthalten wird? Das bedeutet: was wir in einer Woche erreichen können, hängt einzig und allein vom Grad unseres Vertrauens ab und davon, ob wir unseren kleinen Eigenwillen aufzugeben vermögen zugunsten eines größeren und höheren – des Willens Gottes.«

»Aber Hamid . . .«, begann ich.

»Unterbrich mich nicht«, schnaubte er. »Du hast mich in alle möglichen Schwierigkeiten gebracht durch deinen Mangel an Vertrauen und jetzt durch deine Ungeduld. Hättest du es noch einen Tag länger in Konya ausgehalten, dann wärest du vielleicht empfangen worden. Aber jetzt bist du wieder hier, ohne auch nur das mindeste erreicht zu haben, und wir müssen wieder ganz von vorne anfangen.«

Ich suchte nach einer Erklärung für meine vorzeitige Rückkehr nach Istanbul, doch eine stichhaltige Begründung gab es nicht.

»Der Scheich hat mich eingeladen, mit ihm nach Istanbul zu fahren, und er meinte, wenn die Grabmäler mir zweimal verschlossen geblieben waren, dann wäre es vielleicht noch nicht die rechte Zeit für mich, sie zu besuchen. Deshalb dachte ich, ich könnte es später noch einmal versuchen.«

»Gar nichts dachtest du! Du hast nicht getan, was dir aufgetragen war, und du hast dir überhaupt keine Gedanken gemacht. Ich habe dich sehr genau beobachtet während der letzten Wochen, und ich muß sehen, daß du immer noch der Welt der Verlockung verhaftet bist. Du willst doch Gott erkennen, nicht wahr? Du willst wahrhaft *sein*, wirklich liebenlernen?«

»Ja, Hamid, das will ich.«

»Dann mußt du begreifen, daß der Weg zur Liebe nicht über die Verlockung führt. Du hast nicht gemerkt, daß du von einer Gier nach außergewöhnlichen Erlebnissen und übernatürlichen Erfahrungen besessen bist, und so gingst du zu dem *dhikr* und fandest es wunderbar, und du glaubtest, damit sei der Sinn deiner Reise erfüllt.«

»Aber es *war* wunderbar, Hamid . . .«

»Das mag schon sein, aber du bist nicht deshalb nach Konya geschickt worden. Ich sag es dir noch einmal – du bist immer noch nicht über die Welt der Verlockung hinaus. Du mußt dich erst einmal selbst erkennen, und dein Selbst entdeckst du nicht, indem du nur nach Verlockendem Ausschau hältst. Ohne Wissen ist Liebe so gut wie sinnlos. Zuerst mußt du zur Erkenntnis kommen, und dann wirst du ganz unvermeidlich zur Liebe geführt werden. Versuchst du es andersherum, dann besteht die große Gefahr, daß du in einen Elementarzustand zurückfällst. Erinnerst du dich noch an meine warnenden Worte über den gegenwärtigen Zustand unserer Welt? Du bist dafür verantwortlich, dich um deine Welt zu kümmern, und du hast auch die Verantwortung, dafür zu sorgen, daß du nicht in einen Zustand zurückfällst, der unter deiner Würde ist. Verstehst du, was ich meine?«

Ich war ziemlich verwirrt. Es stimmte schon – das *dhikr* und diese Welt der Derwische hatten mich sehr fasziniert. Aber hatte Hamid mich nicht selbst auf diesen Weg gebracht, als er mich in Istanbul auf die Suche nach dem Scheich schickte? Ich fragte ihn.

»Hast du mir nicht erzählt«, erwiderte er, »daß der Scheich, oder wer immer er ist, gesagt habe, er kenne mich nicht?«

»Ja.«

»Ist deine Frage damit nicht beantwortet? Ich schickte dich auf die Suche nach dem Scheich, um zu sehen, ob du ihn finden würdest oder nicht. Ich wußte, daß du, wenn du ihn finden solltest, weiterhin der Welt der Verlockung verhaftet und von dem Glanz all dessen fasziniert sein würdest. Hättest du ihn nicht gefunden, dann wärst du frei davon gewesen und hättest auf dem Weg voranschreiten können. Das Problem ist, daß du dich nicht unmittelbar Gott zuwendest. Du setzt immer noch deinen eigenen Willen ein, und das ist die Ursache des Problems. Würdest du dich Ihm zuwenden, dann wüßtest du, daß dir alles gegeben wird, was du brauchst, um Seinen Willen zu erfüllen. Natürlich war das *dhikr* wunderbar und eine große Erfahrung für dich. Aber was war der ursprüngliche Sinn deiner Fahrt nach Konya? Du solltest die drei Heiligen besuchen und ihnen deine Verehrung darbringen. Was dann tatsächlich geschah, war dies: als du bei den Derwischen das *dhikr* erlebtest, warst du sogleich in deinem eigenen Willen gefangen, in deiner Sehnsucht nach besonderen Erfahrungen. Das war natürlich eine Falle! Statt in Konya zu bleiben, bis die Grabmäler dir geöffnet wurden, warst du gefesselt von der Idee, mit dem Scheich nach Istanbul zu fahren und dort vielleicht noch einmal an einem *dhikr* mit ihm teilnehmen zu dürfen. Ist es nicht so?«

»Aber wenn mir nur gegeben worden ist, wessen ich bedurfte, warum bist du dann so zornig, Hamid?«

»Ah«, sagte er und wedelte mit dem Zeigefinger unter meiner Nase, »zwar ist im Wesen alles vollkommen, doch hier unten in dieser Welt sieht die Sache anders aus. Du hättest diese Prüfung leicht bestehen können, wenn du nur wach und offen genug gewesen wärst. Wie die Dinge liegen, hast du bloß Zeit verschwendet, und Verschwendung, das sage ich dir immer wieder, ist die einzige Sünde. Von ihr rührt alles her.

Du mußt jetzt fortgehen und ein wenig lernen, was Geduld ist. Ich fürchte, du kannst ohnehin nicht hierbleiben. Meine Cousine kommt heute von ihrer Reise zurück, und das Mädchen ist auch noch hier, wie du weißt. Du wirst hier in der Nähe in eine Pension ziehen müssen und dort warten.«

»Aber Hamid«, protestierte ich, »ich kann es mir nicht leisten, in einer Pension zu wohnen. Ich habe nicht mehr viel Geld!«

»Dann laß dir welches schicken«, sagte er. »Du hast doch Geld in England, oder wenigstens Möbel und dergleichen. Verkaufe sie! Auf diesem Pfad muß sich jeder selbst versorgen. Erwartest du von mir, daß ich dich aushalte? Hier hast du die Adresse der Pension.«

Er gab mir einen Zettel. »Du kannst sie zu Fuß erreichen, doch mit deinem Koffer nimmst du vielleicht besser den Bus. Telegrafiere nach Geld und warte in der Pension, bis ich nach dir schicke.«

»Wieviel soll ich mir denn überweisen lassen? Wie lange werde ich in der Pension bleiben?«

»Ich habe nicht die geringste Ahnung«, erwiderte er. »Darüber habe nicht ich zu beschließen, und es hängt von vielen Dingen ab. Nun geh. Ich habe viel zu tun.«

Während ich in der Pension am Bosporus wohnte und nichts zu tun hatte, nichts, wo ich hätte hingehen können, nicht einmal Bücher zum Lesen hatte, wurde mir langsam klar, daß wir absolut nichts vermögen in dieser Welt, solange nicht eine wirkliche Veränderung in uns stattgefunden hat. Tag für Tag stand ich früh auf, vollzog die verschiedenen Übungen, die Hamid mir im Laufe des Jahres beigebracht hatte, und machte Gymnastik, um mich körperlich in Form zu halten. Wie das andere Haus lag auch die Pension direkt am Wasser, doch ich wohnte in einer kleinen Hütte im Hinterhof, wo ein riesiger Schäferhund an der Kette lag. Er durfte nie frei herumlaufen, doch jedesmal, wenn jemand am Tor erschien und klopfte, zerrte er bellend und knurrend an seiner Kette, die gerade so lang war, daß er den Ankommenden nicht beißen konnte. Dann kam der Besitzer herunter, zog den Hund zurück, und der Gast konnte eintreten. Diese Szene wiederholte sich viele Male am Tag, und obwohl die Kette nicht ganz bis zu meiner Tür reichte, mußte ich mich immer an der Mauer vorbeidrücken, denn bei mir führte sich der Hund nicht anders auf als bei denen, die von der Straße aus herein wollten.

Nach meinen morgendlichen Übungen ging ich ins Haus und frühstückte. Es dauerte etwa eine Woche, bis ich mein Geld aus England erhielt; doch die Tatsache, daß ich nun für eine fast unbegrenzte Zeit mit genügend Geld versorgt war, stimmte mich keineswegs fröhlicher. Es gab absolut nichts zu tun, und niemand in der Pension sprach Englisch oder Französisch. Die meisten ihrer Bewohner gingen frühmorgens zur Arbeit und kamen erst zum Abendessen zurück. Das war die schönste Zeit des Tages; wir saßen auf der geschlossenen Veranda, wo das Essen serviert wurde, sahen den Booten zu und konnten, wenn das Wetter schön war, den Sonnenuntergang genießen. Meistens regnete es allerdings, und ein kalter Wind blies durch die gesprungenen Fensterscheiben herein. Tag um Tag saß ich dort und aß, was mir vorgesetzt wurde, ohne große Lust. Manchmal schlief ich bis spät in den Morgen hinein, allein aus unendlicher Langeweile. Mir war klar, daß dies eine Prüfung war – doch worum es dabei ging, war vergessen, und hätte ich nicht Angst gehabt vor dem, was dann passieren würde, ich hätte auf der Stelle alles hingeschmissen und mich ins nächste Flugzeug nach London gesetzt. Hamid war nur fünf Minuten von mir entfernt, doch niemals klingelte das Telefon für mich. Es kam kein Brief, keine Nachricht. Absolut nichts.

Wenn man nichts zu tun hat, nirgendwo hingehen kann und niemanden hat, mit dem man reden kann, dann kommt irgendwann der Augenblick, wo man erkennt, daß man tatsächlich vollkommen nutzlos ist. Vielleicht glaubte man, eine Mission zu haben, eine innere Stimme zu hören, die einem sagte, daß man auf dem richtigen Weg war, vielleicht glaubte man bereits genau zu wissen, was es bedeutet, seinen Mitmenschen helfen zu wollen. Doch wenn man allein gelassen wird mit dem Auftrag, zu warten, eine unbestimmt lange Zeit nur zu warten, dann beginnt man zu begreifen, wie wenig man in Wirklichkeit weiß.

In den ersten Tagen kreisten meine Gedanken unablässig um die Ereignisse, die schließlich zu der Situation geführt hatten, in der ich mich nun befand. Stundenlang grübelte ich über bestimmte Einzelheiten meiner Reise nach und versuchte, einen Sinn in ihnen zu entdecken. Ich versuchte mir darüber klarzuwerden, ob ich Hamid wirklich vertraute, oder ob ich mir nur selbst etwas vormachte. Manchmal dachte ich, daß ich ihn eigentlich haßte. Er war ein solches Rätsel. Zwar hatte er mir immer gesagt, daß ich meinen eigenen Willen für den Willen Gottes aufgeben mußte, doch ich hatte meinen freien Willen wohl eher *ihm*, und nicht Gott, geopfert. Nun saß ich in der Falle. Ich tat, was mir gesagt worden war, aber jetzt wurde ich die Frage nicht mehr los: Wußte Hamid wirklich, was er tat? Vielleicht, dachte ich, führt er mich nur in die Irre? Ich hatte mir immer vorgestellt, daß ich auf diesem Pfad lernen würde, mit einigen meiner Probleme fertig zu werden und dann ein leichteres Leben führen zu können. Genau das Gegenteil war eingetreten. Hatte ich vor meiner Reise in die Türkei auch nur ein bißchen Seelenfrieden besessen, so war er nun mit Sicherheit dahin. Ich steckte mitten in Istanbul und hatte keine Ahnung, was geschehen würde, und vielleicht war alles, was ich bisher durchgemacht hatte, völlig sinnlos gewesen. Ich wußte nicht, wie lange ich in dieser Pension bleiben sollte; es konnten Monate sein – vielleicht sogar Jahre! Stunden und Tage der Verzweiflung folgten. Mehr und mehr empfand ich mein Leben als unnütz und sinnlos, und ich begann zu phantasieren, wie ich mich umbringen könnte. Dann bekam ich die Grippe.

Eine Woche lang war ich zu krank, um aufstehen zu können. Der Besitzer der Pension brachte mir Suppe und Obst, doch ich war zu schwach, um den Kopf zu heben, und konnte kaum schlucken. Da es nicht besser wurde und ich hohes Fieber hatte, bestand er darauf, einen Arzt zu rufen, der mir jeden Tag Penicillinspritzen verpaßte und eine ungeheure Rechnung ausstellte. Ich wurde immer schwächer, und als das Fieber endlich nachließ, konnte ich kaum noch ein paar Schritte durch den Hof tun. Der Besitzer war nicht sehr mitfühlend – die Verantwortung für einen kranken Gast war ihm lästig, und ich war ihm ohnehin verdächtig, weil ich den ganzen Tag nichts anderes tat, als herumzusitzen oder zu schlafen.

Nach einer weiteren Woche fühlte ich mich ein wenig kräftiger; inzwischen war der Frühling hereingebrochen, das milde Wetter tat mir wohl. Noch immer kein Wort von Hamid. Ich war jetzt überzeugt, daß ich versagt hatte, worin die Prüfung auch bestanden haben mochte. Ich war schwach, ich hatte Gewicht verloren; und es war mir gleichgültig geworden, ob ich auf dem spirituellen Weg war oder nicht. Ich war nicht länger darauf aus, die »WAHRHEIT« zu finden – was immer das sein mochte. Ich wollte nur eins: weg von hier, sobald ich wieder einigermaßen bei Kräften war, und zurück nach England, um dort mein Leben wieder aufzunehmen, wo ich es verlassen hatte. Das Leben war sinnlos geworden, die ganze Reise hatte sich eher als ein Alptraum denn als Abenteuer erwiesen, und obwohl ich mir einredete, daß es mir überhaupt nichts ausmachte, Hamid anzurufen, wußte ich, daß ich den Mut dazu nicht aufbrachte und Angst hatte, zum Hörer zu greifen.

Schließlich, es war ein warmer, sonniger Tag, gab ich mir einen Ruck und beschloß, einen Ausflug auf dem Bosporus zu machen. Zum Teufel mit Hamid und all seinen Praktiken – der Ausflug und die frische Luft würden mir jedenfalls guttun. Ich war noch immer geschwächt und hatte einen scheußlichen Husten, da war eine Fahrt zum Schwarzen Meer genau das, was ich brauchte. Ich ermannte mich und rief Hamid an, um ihm zu sagen, was ich vorhatte.

Die Tatsache meines Anrufs und die Nachricht, daß ich krank gewesen war, berührte ihn offenbar gar nicht. »Es ist so ein schöner Tag, Hamid«, sagte ich, »daß ich dachte, ich sollte einen kleinen Ausflug auf dem Bosporus machen, um ein bißchen frische Luft zu schnappen.«

»Eine gute Idee«, erwiderte er. »Ich wünsche dir viel Spaß.«

Er war einverstanden! Zum erstenmal nach all den Wochen in der Pension war ich glücklich und guter Dinge. Ich spazierte zum Ufer hinunter, dorthin, wo die Boote anlegten, und nahm das erste, das den Bosporus hinauffuhr. Ich verbrachte einen herrlichen Tag; unterwegs machte ich in kleinen Ortschaften Station und nahm dann die Fähre zur nächsten.

Es war längst dunkel, als ich wieder in der Pension eintraf. Ich war kaum zehn Minuten zurück, als der Besitzer an meine Tür klopfte und mir mitteilte, daß ein Anruf für mich gekommen sei.

Es war Hamid. Seine Stimme war kühl und klang weit entfernt. »Während du weg warst, wollte dich jemand besuchen. Die Person konnte leider nicht warten und ist wieder gegangen.« Ich hörte es klicken am anderen Ende.

Mein Zimmer war einsamer als je zuvor. Meine gute Laune wich der alten Verzweiflung. Jemand war gekommen, um mich zu besuchen – was konnte das bedeuten? Ich kannte keinen Menschen in Istanbul außer dem Scheich, und der war es bestimmt nicht gewesen. Hamids Stimme hatte so geklungen, als hätte ich in einer Aufgabe versagt – doch statt mich anzubrüllen oder mich nach Hause zu schicken, ließ er mich wieder einmal im ungewissen. An diesem Abend bestellte ich mir Wein auf mein Zimmer. Ich trank die ganze Flasche, und als ich endlich einschlief, war ich fest entschlossen, am nächsten Morgen nach England zurückzufahren.

Am Morgen hatte sich meine Stimmung etwas gebessert, und ich nahm mir vor, einen letzten Versuch zu machen, doch noch zu erreichen, was immer es sein mochte, weshalb ich in diese Pension verbannt worden war. Meine Geduld stand auf der Probe, dessen war ich sicher, aber ich wußte auch, daß es um mehr ging als nur das.

Doch nachdem sich eine weitere Woche in endloser Langeweile dahingeschleppt hatte, beschloß ich, einen zweiten Ausflug auf dem Bosporus zu machen. Abermals rief ich Hamid an, und abermals sagte er, daß er einen Ausflug für eine gute Idee hielte, zumal ich mich immer noch nicht ganz von meiner Grippe erholt habe. Wieder glaubte ich, daß nun alles in Ordnung sei. Und wieder war ich kaum zurück, da rief Hamid an. »Während du weg warst, waren sie da«, sagte er.

Am anderen Morgen packte ich meine Sachen, rief am Flughafen an und buchte für den nächsten Tag einen Flug nach England. Ich wünschte mir, daß ich Hamid nicht noch einmal sehen müßte, und sei es auch nur, um mich zu verabschieden. Doch ich wußte, daß ich nicht darum herumkam.

Als ich an Hamids Tür klopfte, öffnete eine ältere Frau, seine Cousine, wie sich dann herausstellte. »Kommen Sie herein«, sagte sie, »wir haben Sie schon erwartet. Das Essen ist bald fertig. Sie bleiben doch?« Sie führte mich ins Wohnzimmer, gab mir ein Glas Sherry, und bald darauf kam Hamid herein. »Da bist du wieder«, sagte er und umarmte mich herzlich. »Du liebe Güte, bist du schmal geworden! Aber das ist die Grippe, sie zehrt gewaltig an einem. Und der Doktor hat dir sicher Penicillin gegeben, das macht alles nur noch schlimmer. Wie auch immer – bist du jetzt wieder gesund?«

Es wurde aufgetragen, und wir aßen, als sei alles vollkommen normal. Die Pension wurde mit keinem Wort erwähnt; Hamid und seine Cousine sprachen über die Krisen in der Welt, über die politischen Probleme der Türkei und Griechenlands, sie plauderten über dies und das, wie man es eben beiläufig beim Essen so tut. Als der Kaffee gebracht wurde, wandte sich Hamids Cousine jedoch zu mir und sagte: »Ich habe gehört, Sie wollen ein Schüler des WEGES sein. Wie kommt es, daß ein Engländer, der nicht einmal Muslim ist, den Wunsch haben kann, dem WEG zu folgen? Mein Vetter hat versucht, es mir zu erklären, aber ich kann das nicht verstehen. Mein eigener Scheich sagt immer, daß es für Leute wie Sie fast unmöglich ist, weil Sie nie etwas aufgeben werden. Es ist alles zu angenehm für Sie im Westen. Ist es nicht so?«

Das hatte mir gerade noch gefehlt – alles, nur nicht noch einmal von der Reise sprechen und meine Gründe dafür durchkauen! Doch je mehr ich darauf beharrte, daß ich ja ohnehin wegfahren und nach England zurückgehen würde, desto hartnäckiger bestand sie darauf, daß ich es ihr erklärte. Ich war noch nicht einmal dazu gekommen, Hamid meine Entscheidung mitzuteilen. Er saß mir gegenüber und hörte unbewegten Gesichts zu, während ich meine Erklärungen und Rechtfertigungen vorbrachte. Schließlich unterbrach er und sagte rasch etwas auf türkisch zu seiner Cousine. Dann wandte er sich zu mir: »Du kannst gehen, wenn du willst, doch ich wollte dich morgen mit einem sehr bedeutenden Mann zusammenführen. Das heißt, wenn du willst. Du hast freie Wahl, aber es könnte zu deinem Vorteil sein.«

»Ich dachte, es hat keinen Sinn mehr, weiterzumachen? Ich dachte, wenn ›sie‹ – wer immer ›sie‹ sind – zu mir gekommen und wieder fortgegangen sind, weil ich nicht da war, dann habe ich die Prüfung, worauf sie auch abzielte, nicht bestanden?«

»Jetzt gehst du wieder von deinem eigenen Willen aus!« sagte Hamid gereizt. »Ich sage dir: du bist nicht der Richter! Woher willst du wissen, daß du in der Prüfung versagt hast, wenn du nicht einmal weißt, worin die Prüfung bestand? Wenn du fähig wärst, Geduld zu haben, dann würdest du verstehen. Kannst du denn immer noch nicht begreifen, daß nichts geschehen kann, ehe die Zeit dazu reif ist? Jetzt ist die Zeit gekommen, jemanden zu besuchen, von dem ich glaube, daß du ihm begegnen solltest. Du weißt nicht, ob du die Probe bestanden hast, du wirst es erst dann wissen, wenn sich herausstellt, ob dieser Mann dich empfängt oder nicht. Wenn du empfangen wirst, dann ist alles in Ordnung. Wenn nicht, dann nicht. Aber du hast die Wahl. Geh zurück nach England, wenn du willst. Mir ist es gleichgültig, was du machst.«

Damit stand er auf und ging hinaus. Verdammt noch mal! Was sollte das alles? Davon hatte ich gerade genug gehabt – und jetzt ging das schon wieder los! In meiner Verdrossenheit ging ich hinaus und suchte Hamid. Er saß im vorderen Zimmer und sprach mit seiner Cousine. »Also gut«, sagte ich, »ich werde den Flug abbestellen. Aber ich verstehe nichts.«

»Gut«, erwiderte er, »dann kannst du über Nacht hierbleiben.«

»Das Mädchen ist nicht mehr da?«

»Doch, sie ist noch hier.«

»Aber du hast doch gesagt, deshalb wäre nicht Platz genug für mich!«

»Hab ich das?« erwiderte er lächelnd.

Am nächsten Tag fuhren Hamid, seine Cousine und ich mit dem Taxi zu dem Mann, von dem Hamid gesprochen hatte. Man hatte mir nur von ihm erzählt, daß er alt war und keine Zähne mehr hatte. Er war jedoch ganz versessen auf weiche Pralinen, und unterwegs hielten wir bei einem kleinen Laden an, um eine

Schachtel ganz besonderer Pralinen zu kaufen, die man dort selbst herstellte.

Hamid hatte mich nicht weiter auf diesen Besuch vorbereitet; lediglich, daß ich meine besten Sachen anziehen sollte und einem Mann begegnen würde, der für diese Reise von großer Bedeutung sei. »Du mußt auf alles achten, was vor sich geht«, hatte er gesagt, »auch wenn du nicht verstehst, was gesprochen wird. Sei wach und aufmerksam und bezeuge deine aufrichtige Achtung. Das ist es, worauf es heute ankommt.«

Schweigend fuhren wir durch Istanbul, zu einem Wohnviertel auf der anderen Seite, wo wir schließlich vor einem etwas zurückgelegenen Haus anhielten. Auf Hamids Klopfen wurde sofort geöffnet; eine Frau winkte uns in ein großes, mit modernen Möbeln ausgestattetes Zimmer. An einem Ende des Raumes stand ein Sofa mit einem niedrigen Tisch davor. Die Frau legte die Pralinen auf den Tisch und lud uns mit einer Geste ein, Platz zu nehmen. Der Stuhl, der für mich bestimmt war, stand dem Sofa gegenüber, genau in dessen Mitte. Bald darauf traten einige Mitglieder der Familie und ein paar Gäste herein. Nach der allgemeinen Begrüßung fielen alle in Schweigen.

Dann ging die Tür auf, und ein hochgewachsener, dünner alter Mann kam herein. Sein spärliches Haar war fast weiß, und er war schon sehr gebrechlich. Doch als erstes fielen mir seine Augen auf. Er hatte tiefliegende, dunkle Augen, und sein Blick war zwingend und direkt. Einen Augenblick blieb er auf der Schwelle stehen und sah im Raum umher. Ein jeder wurde schweigend begrüßt von diesen ungewöhnlichen Augen, die einen Augenblick auf ihm ruhten und dann zum nächsten wanderten. Seine Frau nahm ihn beim Arm und führte ihn durch das Zimmer zum Sofa hin, wo er mir gegenüber Platz nahm. Er sagte nichts, sondern lehnte sich zurück und atmete tief. Seine Frau, die rechts von ihm auf einem Stuhl saß, beugte sich vor, öffnete die Pralinenschachtel und reichte sie ihm. Er lächelte erfreut, bestand aber darauf, daß zuerst jeder von uns sich nähme. Ich war fasziniert davon, wie er die Pralinen mit dem Zahnfleisch kaute, denn er hatte tatsächlich keine Zähne mehr.

Nach sehr langer Zeit erst, so schien es mir, wandte er sich zu

Hamid und fragte ihn etwas. Es entspann sich ein Gespräch zwischen den beiden, in deren Verlauf mehrmals Namen erwähnt wurden, die ich kannte, vor allem immer wieder Mevlânâ Celâleddin Rumi und Konya. Schließlich lehnte sich der alte Mann wieder zurück und schloß die Augen. Er schien sich auszuruhen; die Stille war vollkommen, und jeder im Raum hatte seine Augen geschlossen. Ich tat dasselbe, und ich versuchte mich zu öffnen für alles, was hier vor sich ging. Nach ein paar Minuten merkte ich, wie mich jemand anstieß. Es war die Frau des alten Mannes. Sie lächelte mir zu und zeigte zum Sofa. Auf beiden Seiten von seinen Angehörigen gestützt, erhob sich der Alte langsam. Nachdem er sein Gleichgewicht gefunden hatte, begann er, die Augen geschlossen, den rechten Arm nach vorne gestreckt, etwas auf türkisch zu rezitieren. Eine Woge des Gefühls durchströmte mich, es war, als empfinge ich einen Segen. Dann öffnete er seine Augen wieder und beugte sich vor zu mir. Er hielt seine Hände über meinen Kopf und hauchte. »*Hu* . . .«, atmete er. Sodann ergriff er meine Hände und sah mich eindringlich an, wobei er wieder etwas auf türkisch sprach. Zwei Minuten später war er fort. Von seiner Frau gestützt, hatte er sich noch einmal umgewandt, um über uns alle seine Hand zu heben und in den Raum hineinzuhauchen.

Hamid lehnte sich zu mir herüber. »Es ist alles in Ordnung«, sagte er. »Er hat dich angenommen. Er hat gesagt, daß du unverzüglich nach Konya gehen mußt.«

»Aber – ich war doch schon in Konya!«

»Und du wirst noch einmal hingehen«, sagte er. »Du mußt das Grab Mevlânâs aufsuchen. Du wirst dich darauf vorbereiten, indem du zuerst Schams-i Täbris deine Verehrung bezeugst, und dann wirst du drei Tage und drei Nächte vor Mevlânâs Mausoleum sitzen und warten, ob du dieses Mal empfangen wirst.«

»Was hat er noch zu mir gesprochen?« fragte ich. »Ich habe einen Segen gespürt.«

»Ah«, erwiderte Hamid, »er hat für dich gebetet, aber ich kann dir leider nicht sagen, um was. Übrigens, der Besuch, der kam, während du in der Pension wohntest, war eine Gemüsehändlerin vom Markt. Sie kam zu mir und sagte: ›Ich habe gehört, daß Sie einen Freund zu Besuch haben, der sehr gerne Gemüse ißt. Ich habe ihm etwas mitgebracht.‹ Siehst du – wärst du nicht auf den Bosporus hinausgefahren, dann hättest du etwas erkennen können. Vergiß nicht: es gibt nur EIN ABSOLUTES SEIN, und Er manifestiert Sich in verschiedener Gestalt. Ich kannte die Gemüsehändlerin nicht, aber ihr Kommen enthielt eine Botschaft, die mir etwas mitteilte, und das ist der Grund, warum ich dich heute hierhergebracht habe.«

Wir verabschiedeten uns noch von der Familie, und dann gingen wir. Ich fragte nicht, wer der alte Mann war. Es schien mir überflüssig, denn ich wußte, daß etwas sehr Grundlegendes geschehen war, und daß es nichts mehr zu sagen gab. Schweigend fuhren wir zurück, und einige Zeit später stieg ich abermals in den Bus nach Konya.

10

Wie mir die kreisende Locke wallt auf dem Kopf,
so webe und wirble im heiligen Tanz!
Tanze, o Herz, sei ein wirbelnder Kreis,
brenn in der Flamme – ist nicht die Kerze Er?

Mevlânâ Celâleddin Rumi

Laß Dein Wort, Gott, zum Ausdruck meines Lebens werden.

Hazrat Inayat Khan

Der Hotelbesitzer empfing mich wie einen persönlichen Gast; er brachte mein Gepäck in dasselbe Zimmer, in dem ich damals schon gewohnt hatte. Diesmal bestand er darauf, daß ich etwas aß, und bald stand eine Platte mit *helva* und Honigkuchen und türkischer Kaffee vor mir. Er schien nicht überrascht, mich wiederzusehen; mich zu fragen, weshalb ich hier war, verbot ihm seine Höflichkeit. Ich wußte, daß er neugierig war, was dieser Engländer mitten in der kalten Winterzeit schon wieder in Konya wollte, aber ich konnte ja nicht einmal mir selbst erklären, wie es kam, daß ich abermals hier war.

Nachdem ich dem Hotelbesitzer gute Nacht gesagt hatte und auf mein Zimmer gegangen war, ging mir nur noch meine Mission im Kopf herum – drei Tage und drei Nächte sollte ich vor dem Grabmal Mevlânâ Celâleddin Rumis sitzen.

Aus meiner Lektüre wußte ich, daß Konya vor siebenhundert Jahren, zur Zeit Rumis, das Zentrum einer großen spirituellen Kultur gewesen war. Viele der bedeutendsten Sufi-Meister hatten sich in dieser Stadt versammelt, und alle Weltreligionen waren nach Kleinasien gekommen, als führten ihre verschiedenen Wege sie hier ganz natürlich zusammen, zur Verknüpfung der inneren

Wahrheiten, die den äußeren Formen aller Religion zugrunde liegen. In dieser Zeit machte der Buddhismus aus China seinen Einfluß geltend, und natürlich war Konya bereits ein bedeutendes Zentrum des Judentums und Christentums ebenso wie des Islams.

Ich hatte gelesen, daß Rumi 1207 n. Chr. in Persien geboren war und sich später in Konya niedergelassen hatte, wo er angeblich zehntausend Jünger gehabt haben soll; er starb im Jahre 1273. Rumis Name ist eng verbunden mit dem von Schams-i Täbris, der »Sonne von Täbris«. Es gibt viele Geschichten vom ersten Zusammentreffen dieser beiden außerordentlichen Männer. Eine dieser Geschichten erzählt, daß Schams-i Täbris bei seiner ersten Begegnung mit Rumi dessen Manuskripte ergriff, die sein ganzes bisheriges Lebenswerk darstellten, sie in einen Brunnen warf und sagte: »Willst du sie wiederhaben? Ich verspreche dir, daß sie trocken sind.« In diesem Augenblick der Entscheidung erkannte Rumi in Schams seinen spirituellen Führer, und er gab die Manuskripte, die sein vergangenes Leben repräsentierten, auf. Er verließ seine Familie und seine Schüler und folgte Schams für zweieinhalb Jahre in die Einsamkeit. Rumis Schüler wurden eifersüchtig auf Schams, und es heißt, daß sie ihn schließlich töteten, obwohl seine Leiche nie gefunden wurde. Aber zu dieser Zeit hatte er seine Aufgabe erfüllt; und über siebenhundert Jahre verbreitete sich der Einfluß Rumis mit seinen mystischen Schriften, seiner Poesie und durch den auf seine Lehre gegründeten Orden der Mevlevi-Derwische über die ganze Welt.

Das war alles, was ich von ihm wußte, und ich konnte immer noch nicht glauben, daß dieser große Sufi-Meister viele hundert Jahre nach seinem Tod immer noch gegenwärtig sein sollte. Zugegeben, ich hatte bereits erfahren, was es heißt, sich der lebendigen Gegenwart eines Menschen zu öffnen, der schon vor langer Zeit gestorben war, doch ich mußte daran denken, was Hamid in England gesagt hatte, als er mir die Postkarte übergab: »Eines Tages, so Gott will, wirst du diesen Ort aufsuchen; dann wirst du wissen, daß deine wirkliche Reise begonnen hat.«

Am nächsten Morgen, nachdem ich die rituelle Waschung mit besonderer Sorgfalt vollzogen hatte, ging ich die Straße hinunter zum Grabmal von Schams-i Täbris. Jetzt waren die Tore nicht verschlossen. Der Vorplatz lag verlassen. Der Wind fegte Papierfetzen um die Bäume herum, ein feiner kalter Nieselregen ließ das Pflaster schimmern. Unmittelbar vor dem Eingang stand ein Regal, in dem drei oder vier Paar Schuhe ordentlich abgestellt waren. Ich zog meine Schuhe aus und trat ein. Im dämmrigen Licht der Öllampen am anderen Ende des Raumes konnte ich gerade die Umrisse einiger Menschen erkennen, die im Gebet versunken waren.

Doch all diese Einzelheiten waren bedeutungslos, denn sobald ich über die Schwelle trat, gab es keine Möglichkeit mehr, mich der unglaublichen Kraft zu entziehen, die den Raum erfüllte. Es war, wie wenn man eine andere Dimension betritt, in der die Kraft der Liebe so stark ist, daß sie alle festgefügten Vorstellungen zerbricht, die Vergangenheit auswischt und in uns einbricht, um die Tür zu unserem Herzen aufzusprengen. Ich erinnere mich, daß ich versuchte zu beten; doch es war nicht notwendig, etwas zu sagen oder zu tun. Ich mußte mich nur öffnen und diese Gegenwart der Liebe in mich eindringen lassen. Ich weiß nicht mehr, wie lange ich so dastand, noch kann ich mich daran erinnern, wie ich diesen Ort verließ und mich auf den Weg zu meiner langen Wache vor Rumis Grab machte. Eben noch im Grabmal des Schams-i Täbris, fand ich mich im nächsten Augenblick auf dem Vorplatz des Mevlânâ-Mausoleums wieder, auf einer Bank am Brunnen sitzend, tief in meinen Pelzmantel vergraben vor dem schneidenden Wind. Ich war durch das äußere Tor gegangen, hatte den Platz überquert und die Tür zum Grabmal und Mausoleum offen gefunden. Ich war eingetreten, hatte die ungeheure Pracht des Bauwerks und des Grabes selbst erlebt, die schon auf Hamids Ansichtskarte zu sehen gewesen war, und war dann wieder auf den Vorplatz hinausgegangen, um meine Nachtwache zu beginnen.

Ich saß noch nicht lange auf der Bank, da fühlte ich, wie mir jemand auf die Schulter klopfte. Es kostete mich große Anstrengung, die Augen zu öffnen, und im ersten Moment konnte ich meinen Blick nicht konzentrieren. Dann sah ich, daß ein Mann in Uniform und Schirmmütze sich über mich beugte und mich streng anblickte. »*Yok!*« sagte er. »Was *yok*?« fragte ich; mir war nicht klar, was hier vor sich ging. »*Yok!*« wiederholte er bestimmt, indem er sich aufrichtete und zum Tor wies. Ich begann zu protestieren, doch er unterbrach mich sofort und winkte einen anderen Uniformierten herbei. Nun gab es nichts mehr zu deuteln, denn der andere Mann sprach Englisch. »Tut mir sehr leid, Sir, aber vor Gräbern sitzen ist verboten. Sie gehen Mevlânâ besuchen, und dann zeigen wir Ihnen das Museum, ja?«

»Aber hören Sie«, versuchte ich zu erklären, »ich muß hier sitzen. Ich meine, es ist mir aufgetragen worden, drei Tage und drei Nächte lang hier zu sitzen.«

»Unmöglich. Bitte gehen Sie jetzt.«

Inzwischen standen etliche Leute um uns herum, und die übliche hitzige Diskussion entbrannte. Der erste Wärter hatte mir jetzt den Rücken zugekehrt und erzählte ihnen die ganze Geschichte, während der zweite sich drohend vor mir aufbaute und zum Tor zeigte. Ich war einige tausend Kilometer weit aus England angereist, hatte die ganze Türkei durchquert, stand offensichtlich kurz vor dem Ziel meiner Reise und hatte von jemandem, der in Istanbul offenbar ein bedeutender Mann war, besondere Anweisung erhalten, drei Tage und drei Nächte vor diesem Grabmal zu sitzen. Ich war fest entschlossen, standzuhalten und mich nicht vom Fleck zu rühren. Das Schlimmste, was passieren konnte, war, daß sie die Polizei riefen, aber in diesem Augenblick hätte mich selbst das Anrücken einer ganzen Hundertschaft von Polizisten kalt gelassen. Ich schloß die Augen wieder, atmete tief und versuchte so zu tun, als sei ich mit mir allein.

Ein paar Minuten lang schien es zu wirken, doch dann spürte ich wieder, wie mir jemand auf die Schulter klopfte, weit heftiger diesmal, und dann schüttelte er mich. Ich versuchte meine Schulter seinem Griff zu entziehen, ohne meine Meditation zu unterbrechen. Doch dann hörte ich eine Stimme, die so freundlich und sanft klang, daß ich die Augen aufschlug. Vor mir stand ein graubärtiger alter Mann in einem blauen Nadelstreifenanzug. Er lächelte mich an.

Der alte Mann nahm meine Hände, küßte sie und hob sie an seine Stirn. Dann winkte er jemandem in der Menge zu. Es war Farid, der junge Mann, der bei meinem Gespräch mit dem Scheich während meines ersten Aufenthalts in Konya gedolmetscht hatte. Wir begrüßten uns herzlich. Ich war so überrascht, ihn wiederzusehen, und hatte so viele Fragen auf dem Herzen, daß ich kaum sprechen konnte.

Der alte Mann erklärte mir etwas auf türkisch. Farid hörte einen Augenblick zu und wandte sich dann zu mir. »Dede sagt, er wußte, daß du kommen würdest. Er sagt, daß du mit ihm kommen sollst in sein Haus, wo er ein Zimmer für dich bereitet hat. Du sollst jetzt gleich mit ihm gehen, bittet er, und ich werde auch mitkommen, um für euch zu übersetzen.«

»Aber . . .« Mein Protest erstickte augenblicklich in einem erneuten Schwall türkischer Worte.

»Dede sagt, er weiß, daß du bestimmte Anweisungen erhalten hast, aber er sagt, das spielt jetzt keine Rolle mehr, und es stimmt, daß es verboten ist, hier zu sitzen. Außerdem wird das Grabmal in einer halben Stunde geschlossen.«

Der alte Mann strahlte mich an, als wären wir schon ein Leben lang Freunde. »Frag ihn bitte«, sagte ich zu Farid, »ob er den Mann in Istanbul kennt, der mich hierher geschickt hat?« Meine Frage wurde übersetzt, worauf der alte Mann in Lachen ausbrach, und die Menge mit ihm.

»Natürlich kennt er ihn – woher sollte er sonst wissen, daß du kommen würdest?«

»Aber wenn die beiden sich kennen, wieso hat dann der Mann in Istanbul nicht gewußt, daß ich hier nicht sitzen darf, um Mevlânâ meine Verehrung zu bezeugen?«

»Dede sagt: er hat gewußt, daß du hier nicht sitzen darfst, aber es ging um die Absicht, nicht um das Sitzen.«

Die Menge, die durch Farids Übersetzung alles mitbekam, war fasziniert von dem, was hier vor sich ging. Sogar die Wärter strahlten vor Freude. Jedesmal, wenn das Wort »Mevlânâ« fiel, trat einen Moment lang Stille ein. Ich stand im Mittelpunkt des Interesses, und jeder wollte mit mir sprechen. Farid wandte sich von einem zum anderen und erklärte die Situation, so gut er konnte. Schließlich, als die Tore geschlossen wurden, verlief sich die Menge langsam. Auch wir drei verließen das Mausoleum. Farid winkte ein Taxi herbei, und wir fuhren davon.

Die Zeit, die ich mit Dede verbrachte – *dede* bedeutet »Großvater« oder »Alter« –, war wie ein Urlaub von den Kämpfen, Schmerzen und Spannungen der letzten Wochen. Aus allem, was er tat, sprach eine große Freundlichkeit und tiefes Vertrauen; es war immer zu spüren, daß er mich als seinen Freund betrachtete. Es schien mir, als wäre ich von dem Augenblick an, wo ich Mevlânâs Grabmal betrat, nach einem Sturm, der mein ganzes Leben lang getobt hatte, endlich in ruhige Gewässer gekommen.

Dede übte keinerlei Druck auf mich aus, im Gegenteil – er schien allein darum bemüht, mir alles so erholsam wie möglich zu machen. Abends kochte seine Frau ein einfaches Essen, und Farid war immer da, wenn man ihn brauchte. Doch wir sprachen wenig. Frühmorgens standen wir auf und gingen in den kleinen Garten zur Wasserleitung, um die rituelle Waschung zu vollziehen. Dann, nach dem Ruf des Muezzin, verrichtete Dede seine Morgengebete. Wir frühstückten, und anschließend gingen wir drei zum Grabmal Mevlânâs. Dede verharrte immer einen Augenblick vor der Schwelle, kreuzte seine Arme über der Brust und verneigte sich, ehe er eintrat. Die Überlieferung, so erklärte mir Farid, gebiete, daß man niemals über eine Türschwelle trete, ohne zuvor einen Augenblick innezuhalten, um seine Probleme und Spannungen und bösen Empfindungen draußen zurückzulassen, statt sie mit hineinzunehmen in das Haus, in dem man zu Gast ist. In einem der Räume des Mausoleums verneigte Dede sich immer vor der Schrift, die die Wände verzierte. Eine dieser Zeilen besagte, wie Farid mir erklärte: »Wahrlich, Gott ist schön, und er liebt das schöne«, und eine andere: »Der Zweck der Liebe ist allein die Schönheit.«

Wenn wir die verschiedenen Räume des Mausoleums durchwandert hatten, wobei wir an bestimmten Stellen immer etwas länger verweilten, gingen wir wieder auf den Vorplatz hinaus, und dann sprach Dede über das Leben und die Lehren Rumis.

Der WEG, so sagte er, verlangt keine bestimmte Form, obwohl es so aussehen mag, als ob man sich an besondere Rituale halte. Farid erklärte es so: »Unsere Religion ist eine Religion der Liebe, aber sie ist anders als das, was ihr unter Religion versteht. Wir vollziehen nicht unsere Praktiken, um dadurch zur Erkenntnis Gottes zu gelangen, sondern wir erkennen zuerst die Einheit Gottes an, und daraus erst ergibt sich alles andere.«

Während dieser Zeit schien es mir nicht richtig, Dede Fragen zu stellen. Wenn er mir etwas erörtert oder eine Geschichte erzählt hatte, dann lächelte er und überließ es mir, den inneren Sinn seiner Worte herauszuarbeiten. Einmal sagte er mir, es gebe vier Ebenen des Verstehens, und meine Aufgabe sei es, mit äußerster Wachheit und Aufmerksamkeit zuzuhören, wollte ich die Dinge nicht bloß wörtlich nehmen. »Dede sagt, daß die meisten Menschen nur das Offensichtliche verstehen. Sie lesen den Koran oder die heiligen Bücher und sehen nicht, daß alles, was dort niedergeschrieben ist, noch andere und tiefere Bedeutungen hat, als sie an der Oberfläche erscheinen. So magst du etwa im Koran von einer Schlacht lesen und glauben, daß die Geschichte von einer Schlacht handelt; aber die Schlacht ist nicht nur ein historisches Ereignis. Sie ist jetzt. Wenn du sie so siehst, dann verstehst du auf der zweiten Ebene – der allegorischen. Dede sagt: Wenn du den Geschichten, die er dir erzählt, wirklich zuhörst und weißt, daß sie in Wahrheit Bilder für etwas anderes sind, dann vermagst du ihren Sinn zu sehen und nicht nur die äußere Form. Die Form ist für jene, die die Wahrheit nicht hören wollen oder noch nicht bereit sind, die Konsequenzen der Wahrheit auf sich zu nehmen. Dede sagt, es gibt noch zwei weitere Ebenen des Verstehens, die metaphysische und die mystische. Manchmal erzählt er eine Geschichte, so schlicht sie auch klingen mag, nicht nur als Allegorie, sondern auch, um eines der großen Gesetze des Universums zu verbildlichen. Mevlânâ sprach immer in dieser Weise, und Dede möchte, daß du alle seine Werke studierst. Er sagt, die tiefste Ebene des Verstehens ist die mystische. Sie ist erreicht, wenn weder die Worte noch die Allegorie, ja nicht einmal mehr die Gesetze des Universums zählen, weil dein Herz so tief berührt wird, daß du die WAHRHEIT, die in dir ist, unmittelbar erfährst, in einem Zustand, der selbst jenseits von Erkenntnis und Überzeugung liegt. Manchmal wirst du Derwische weinen sehen, weil die Schönheit Gottes, wenn sie uns ganz und gar in sich aufnimmt, kaum zu ertragen ist.«

So saß Dede auf dem Platz vor dem Museum und sprach über all diese Dinge, wobei er sich stets vergewisserte, ob Farid auch verstanden hatte, was er übersetzen sollte. Während mir die Geschichte oder Erörterung dann auf englisch erzählt wurde, strahlte er mich an und achtete auf jede noch so kleine Bewegung oder Reaktion, die ich zeigte. Er wußte es, wenn ich auf der richtigen Ebene des Verstehens zuhörte, und dann legte er seine rechte Hand aufs Herz und verneigte sich leicht.

Es waren wunderbare Tage. Allmählich formte sich aus dem Chaos, das in mir entstanden war, eine neue Ordnung. Etwas wuchs heran in mir, und langsam begriff ich, daß es das wirkliche »Ich« war, das jetzt, da die Schleier zerrissen waren, sichtbar wurde. Dede erzählte mir von der Schulung der Mevlevi-Derwische; für die Zeitdauer von tausend und einem Tag widmen sie sich dem Studium der Philosophie, der antiken Schriftsteller, der Werke Mevlânâs und der Drehung im Tanz der Derwische. Ich wußte, daß ich eines Tages, sollte ich noch einmal die Möglichkeit dazu haben, nach Konya zurückkommen würde, um hier zu studieren und diesen Menschen die Liebe zu geben, die ich von ihnen erfuhr.

Abends kamen manchmal Freunde von Dede zu Besuch, und dann wurden Geschichten erzählt und Diskussionen geführt bis spät in die Nacht hinein. Ein einziges Mal nur erlebte ich, daß ich nicht vollkommen akzeptiert wurde. Einer der Gäste sah mich ständig über seine Schulter hinweg an und sprach mit leiser Stimme zu Dede und Farid. Ich merkte, wie in Dede der Zorn hochstieg. Eine geraume Zeit lang versuchte er geduldig, dem Mann etwas zu erklären. So viel ich mitbekam, ging es um die übliche Frage, ob ich mich zum Islam bekannte oder nicht. Schließlich schlug Dede mit der Faust auf das Messingtablett, das vor ihm stand, und brüllte den Mann an. Die kleinen Tassen waren nur noch Scherben. Farid wandte sich zu mir um und sagte: »Der Mann will wissen, ob du ein orthodoxer Muslim bist. Dede sagt ihm, daß du an Gott glaubst, und ob das nicht genügt.«

Seit meinem ersten Besuch in Konya faszinierte mich die »Drehung« der Derwische. In der an Dedes Zimmer angrenzenden Diele hingen viele gerahmte alte Photos von tanzenden Derwischen mit ihren hohen Kopfbedeckungen und fliegenden weißen Gewändern, den Kopf stets leicht zur Seite geneigt. Dede hatte mir

Bilder von seinem Sohn gezeigt, wie er sich drehte bei den Mevlânâ-Feierlichkeiten, die alljährlich im Dezember zum Gedächtnis seiner Vereinigung mit Gott abgehalten werden.

Ich war sicher, daß diese Form der Anbetung einen besonderen Grund hatte. Dede pflegte zu sagen, daß der Baum seinen Grund in der Frucht und nicht in der Wurzel habe, denn er sei ja wegen der Frucht und nicht wegen der Wurzel gepflanzt worden. »Und der Grund, aus dem das Universum in Liebe hervorgebracht wurde, ist der Mensch«, sagte er. »Das heißt – der Mensch, der zur vollkommenen Liebe Gottes gelangt ist. Er heißt der VOLLENDETE MENSCH, denn da ist kein Rest mehr von ihm, da ist nur die ewige Gegenwart Gottes.« Wenn dies so war, dann mußte hinter dem Drehen und Drehen und Herumwirbeln des Derwischs, in jenem Zustand der Ekstase, dessen Augenzeuge ich gewesen war, weit mehr und Tieferes stecken als nur diese Erfahrung, und dieses verborgene Geheimnis wollte ich herausfinden.

Eines Tages, als wir in Dedes Zimmer saßen und Kaffee tranken, wandte er sich zu mir und sagte etwas auf türkisch. »Dede sagt, du solltest lernen, dich zu drehen«, erfuhr ich von Farid. Der alte Mann bedeutete mir, indem er auf den Boden zeigte, ich sollte mich in der Mitte des Raumes aufstellen. Ziemlich verunsichert stand ich auf. Dede bewegte seine Hand mit ausgestrecktem Zeigefinger im Kreis herum, entgegen dem Uhrzeigersinn, um mir zu zeigen, wie herum die Drehung ging. »Dede sagt, du sollst ganz langsam beginnen. Er sagt, du sollst die Arme über der Brust kreuzen, so wie du es machst, wenn wir Mevlânâs Grabmal betreten. Verstehst du?« Ich kreuzte meine Arme, wie ich es gelernt hatte – die rechte Hand auf der linken Schulter und die linke auf der rechten. »Dede sagt, du sollst es versuchen, wie du deine Arme jetzt hältst. Versuch es!«

So würdig wie möglich versuchte ich, mich linksherum zu drehen. Nach zwei oder drei Umdrehungen war mir schon so schwindlig, daß ich aufhören mußte. Die beiden amüsierten sich köstlich, und Dede fing an zu sprechen. »Sieh mal«, übersetzte Farid, »es ist wichtig, daß du dir einen Mittelpunkt schaffst, genau in der Mitte deiner Brust, hier . . .« Er zeigte es. »Wenn dein Mittelpunkt nicht dort liegt, dann wird dir schlecht und du wirst umfallen. Nur wenn du am rechten Ort bist, kannst du dich richtig drehen. Dein linker Fuß darf niemals den Boden verlassen. In den alten Zeiten wurde, wenn ein Schüler das Drehen lernen sollte, zwischen dem großen und dem zweiten Zeh seines linken Fußes ein großer Nagel in den Boden getrieben; um den mußte er sich dann drehen, so daß sein Fuß sich niemals vom Boden löste. Denn der Derwisch hat hier, auf dieser Erde, sein Werk zu tun. Der Koran sagt: ›Steh aufrecht in dieser Welt, doch neige dich in der nächsten.‹ Du mußt das Gleichgewicht sein zwischen dieser Welt und der künftigen Welt. Nun versuch es noch einmal.«

Ganz auf den Mittelpunkt meiner Brust konzentriert und den linken Fuß fest am Boden verankert, schloß ich die Augen und versuchte mich zu drehen.

»Nein, mit offenen Augen!«

Ich begann erneut, und mit offenen Augen war es viel leichter.

»Jetzt mußt du lernen, was man mit dem rechten Fuß macht: du hebst ihn hinter dem linken Bein auf und setzt ihn auf der anderen Seite wieder auf den Boden. Dein Körper dreht sich dann dahin, wo du deinen Fuß abgesetzt hast. Aber das ist sehr schwierig und verlangt viel Übung.«

Als ich mich nun auf die Plazierung meines rechten Fußes konzentrierte, vergaß ich völlig, das Herz zur Mitte zu machen, und verlor das Gleichgewicht. Mir wurde schwindlig, Übelkeit stieg in mir hoch. Abrupt blieb ich stehen. Dede wälzte sich vor Lachen. Dann sprach er kurz mit Farid.

»Dede sagt, er wird sich für dich drehen, aber er ist ein alter Mann, und seine Arme heben sich nicht mehr so, wie es sein soll. Er sagt, wenn du es wirklich lernen willst, dann wird sein Sohn es dir beibringen, aber das bedeutet mindestens sechs Wochen harter Arbeit. Wenn du zu den Engländern zurückkehrst, dann kannst du es vielleicht ihnen beibringen?«

Der alte Mann erhob sich langsam. Er ging zu einem Schrank hinüber, beugte sich hinein und zog ein schwarzes Gewand und einen hohen Hut aus beigefarbenem Filz daraus hervor. Er gab Farid den Hut, breitete das Gewand vor sich aus und küßte es, bevor er es überzog. Farid reichte ihm den Hut, und dann schritt er langsam und schweigend zur Mitte des Raumes. Er kreuzte seine Arme, verneigte sich tief, und dann begann er sich zu drehen – ganz langsam zunächst, in einer mühelosen, fließenden Bewegung, wie sich ein Boot bewegt, das mit der Strömung eines Flusses dem Meer zutreibt. Unmerklich wurde das Kreiseln schneller, bis zu dem Augenblick, wo er seine Arme ausbreitete, die rechte Hand erhoben, mit der Handfläche nach oben gekehrt, die linke zur Erde weisend. Es war unglaublich schön, wie das Aufblühen und Entfalten einer vollkommenen Blume. Sein linker Fuß erhob sich nie vom Boden, und obwohl seine Arme nicht so hoch erhoben waren wie die des jungen Derwischs, den ich damals in Konya erlebt hatte, lag in seiner Bewegung eine so ruhige Würde, daß es Farid und mich tief berührte. Sein Kopf war leicht nach links geneigt und seine Augen waren offen, doch ihr Blick haftete nirgendwo. Er neigte sich in eine andere Welt, aber sein Körper drehte sich in dieser. Nachdem er seinen Tanz beendet hatte, verbeugte er sich wieder, zog das Gewand aus und küßte es abermals, überreichte Farid den Hut und das Gewand und setzte sich ruhig nieder.

»Nun«, sagte er, »werde ich dir ein wenig mehr über das Drehen erzählen.«

Während der nun folgenden Übersetzung schaltete sich Dede immer wieder ein, um bestimmte Einzelheiten ganz klarzumachen; ich mußte erklären, ob und wie ich etwas verstanden hatte, und das ließ er sich dann übersetzen.

»Es ist so«, sagte er. »Wenn du dich drehst, dann tust du es nicht für dich, sondern für Gott. Wir drehen uns auf diese Weise, damit das Licht Gottes auf die Erde herabkomme. Indem du dich drehst, wirst du zu einem Kanal – das Licht kommt durch deine rechte Hand, und die linke bringt es in diese Welt. Es ist das, was ihr im Westen Alchimie nennt. Denn wenn du dich vollkommen sammelst in deinem Gebet zu Gott, dann opferst du dich selbst, wie es nötig ist. Und dann vermag das Licht, das in sich selbst die vollkommene Ordnung enthält, hindurchzuströmen auf diese Erde. Wir drehen uns für Gott und für die Welt, und es ist das Wunderbarste, was es gibt.

Wenn du still geworden bist und dein Tanz ein Gebet ist, in dem du alles, was du bist, Gott hingibst, dann gibt es im Mittelpunkt, um den dein Körper kreist, einen Punkt vollkommener Unbewegtheit. Im Wissen darum, daß es nur Ihn gibt, erfährst du dann, wie das Universum um diesen Mittelpunkt kreist. Wenn du dich drehst, dann kreisen all die Sterne, Planeten und unzähligen Welten um diesen unbewegten Punkt. Die Himmel antworten, und all die unsichtbaren Reiche reihen sich ein in den Tanz. Jesus sagte: ›Wenn ihr nicht tanzt, so wißt ihr nicht, was geschehen wird.‹ Das ist es, weshalb wir uns drehen. Aber die Welt versteht es nicht. Man glaubt, wir drehen uns, um uns in eine Art Trancezustand zu versetzen. Es ist wahr, daß wir uns manchmal in einem Zustand befinden, den ihr Ekstase nennt, aber das geschieht nur dann, wenn Erkennen und Erleben eins sind. Wir drehen uns nicht um unseretwillen.«

Von nun an übte ich täglich in dem kleinen Raum, wo wir immer zusammensaßen und sprachen, und allmählich verstand ich, was Dede mir über die Drehung der Derwische gesagt hatte. Dedes Sohn war fort, deshalb konnte ich noch nicht alles üben, was er mich gelehrt hatte. Es war eben noch nicht soweit, und für jetzt galt es, einfach zu sein und das Leben sich auf eine sanfte Weise entfalten zu lassen. Die Tage glitten ineinander, so langsam und natürlich wie der Wechsel der Jahreszeiten. Die Schläge und Erschütterungen der letzten Wochen verblaßten allmählich, und die Verstörung, die ich wie eine Wunde empfunden hatte, begann zu heilen. Ich hätte noch lange dort bleiben, mit dem alten Mann zusammensitzen und von ihm lernen mögen. Doch ich spürte, daß ich mich damit vor etwas drücken wollte. Früher oder später *mußte* ich zu Hamid zurück, der mich, wie er mir kurz vor meiner Abfahrt in Istanbul gesagt hatte, in Side erwarten würde. Mir wurde zunehmend klar, daß dieses Stadium meiner Reise sich dem Ende zuneigte. Ich hatte Angst vor der Rückkehr nach Side, mit dem so viel Leid verbunden war. Das Zusammensein mit Dede und die gelassene tägliche Routine seines Haushalts ließen meine Erinnerungen an Side vergleichsweise rauh und schmerzhaft erscheinen.

Als ich eines Morgens aufwachte, stand mein Entschluß plötzlich fest. Ich bat Dede, ob ich mit ihm sprechen könnte. Farid war für ein paar Tage weggefahren, aber es schien mir wichtig, Dedes

Zustimmung zu haben, daß ich ging. Er hatte mich so ins Herz geschlossen, daß ich mir fast wie ein Mitglied der Familie vorkam, und ich wollte nichts tun, was ihn verletzen könnte, denn ich verehrte ihn sehr.

In einer Mischung aus Zeichensprache und den wenigen türkischen Worten, die ich aufgeschnappt hatte, erklärte ich ihm, daß ich die Zeit für gekommen hielt, wo ich nach Side zur Hamid zurückkehren sollte. Zuerst verstand er nicht, und dann begriff er, daß wir einen Dolmetscher brauchten. Er gab mir zu verstehen, daß ich an Ort und Stelle bleiben sollte, zog Hut und Mantel an und verließ das Haus.

Nach ein paar Minuten kam er mit einem etwa vierzigjährigen Mann zurück, der fließend Englisch sprach. Nachdem wir Kaffee getrunken und die üblichen Begrüßungsfloskeln ausgetauscht hatten, bat ich ihn, Dede zu fragen, ob er mir die Erlaubnis gebe, zu Hamid zurückzufahren.

Dede hörte meinen Worten und der anschließenden Übersetzung aufmerksam zu. Dann nahm er, so wie er es an jenem ersten Tag getan hatte, meine beiden Hände, küßte sie und hob sie an seine Stirn. »Geh mit Gott und mit dem Segen Mevlânâs, und wisse, daß du immer hier zu Hause bist!« Er hatte Tränen in den Augen. Eine Weile saßen wir schweigend da, dann sprach er wieder mit dem Dolmetscher.

»Dede sagt, er ist traurig, daß du gehst, aber er weiß, daß du eines Tages wiederkommen wirst. Er sagt, es ist deine Pflicht, zu deinem Lehrer zurückzugehen, den er nicht kennt, der aber einer von jenen sein muß, wie man sie selten sieht. Er bittet dich, Hamid seine Grüße zu überbringen und seinen Dank dafür, daß er dich nach Konya geschickt hat.«

»Aber es war nicht Hamid, der mich nach Konya geschickt hat«, unterbrach ich, »es war der alte Mann in Istanbul!«

»Ja, aber Hamid war es, der dich zu dem alten Mann gebracht hat, den Dede kennt, und deshalb gebührt Hamid sein Dank. Und dann sagt Dede noch, du darfst niemals vergessen, daß es nur *ein* Sein gibt, nur Allah; und so gehört in Wirklichkeit all unser Dank nur Ihm. Er sagt, daß er dir etwas schenken möchte. Wirst du das annehmen?«

Ich wußte nicht, was ich sagen sollte. Manchmal ist es sehr schwer, etwas anzunehmen, und ich befürchtete, daß Dede mir etwas schenken wollte, was ihm gehörte, etwas Kostbares, an dem er vielleicht sehr hing. Aber ich mußte es annehmen, und so sagte ich, daß es eine große Ehre für mich sei.

»Dede sagt, er möchte dir ein sehr bescheidenes Geschenk machen und eine Botschaft dazu mit auf den Weg geben. Er sagt, das eine ohne das andere ist unnütz.«

Der alte Mann beugte sich vor, nahm einen gravierten Messingkasten vom Tisch und öffnete ihn vorsichtig. Er holte eine wunderschön geformte silberne Flasche daraus hervor, mit einem Sprenkelaufsatz, wie er für die Rosenwasserbehälter des Mittleren Ostens typisch ist. Doch dieser war von ganz besonderer Schönheit, und er überreichte ihn mir mit beiden Händen, ohne mein Gesicht aus den Augen zu lassen.

»Dede sagt, dies ist für Rosenwasser bestimmt, die Essenz der Rose. Er ist sicher, sagt er, daß du verstehen wirst, und er hofft, daß du eines Tages imstande bist, das Rosenwasser deinen Freunden zu geben. Seine Botschaft an dich ist diese: Wenn du in den Garten hinausgehst und auf einen Dorn trittst, dann vergiß nie, dankzusagen. Der Dorn mag weh tun, aber er ist dir auf dieselbe Weise gegeben wie dir das Attar der Rosen gegeben wird.«

Ich war zu bewegt, um mehr als danke sagen zu können. Dede fuhr fort: »Die Essenz der Rose wird nur frei, wenn der Rosenbusch wieder und wieder beschnitten worden ist und die Knospe sich zur Blüte geöffnet hat. Du mußt wissen, daß den unmeßbaren Augenblick in dem die Knospe die Rose wird, nur jene kennen, die zu Rosen werden.«

Ich verließ Dedes Haus am nächsten Tag. Meine Abfahrt jetzt noch länger hinauszuzögern, wäre nicht gut gewesen. Früh am Morgen gingen wir zur Moschee, wo Dede betete, und dann, zum letzten Mal, zum Grab Mevlânâs. Dede war sehr schweigsam. Er schien tief bewegt und traurig, und unser letzter Gang durch das Mausoleum bekam eine ganz andere Bedeutung als sonst. Wie üblich gingen wir rückwärts aus dem Gebäude hinaus, uns vor der Schwelle noch einmal verneigend. Nachdem wir unsere Schuhe wieder angezogen und meinen Koffer geholt hatten, den ich mit ins Museum genommen hatte, winkte er ein Taxi herbei, das uns zur Busstation brachte. Farid wartete dort schon mit einem großen Obstkorb für mich, und Dedes Frau brachte mir zum Abschied ein liebevoll verpacktes Paket mit Honigkuchen und gezuckerten Mandeln.

»Selâmünaleyküm«, rief er, als ich den Bus bestieg und ihnen von der obersten Stufe aus noch einmal zuwinkte. Er sagte etwas zu Farid, der dann hinzufügte: »Vergiß nicht – hier bist du zu Hause.«

Als der Bus sich in Bewegung setzte, rief Farid mir nach: »Dede sagt: vergiß nicht, das Rosenwasser in den Westen zu bringen!« Und dann bogen wir schon um die Ecke in die lange Straße Richtung Süden.

11

Der Tag ist nicht mehr fern, an dem die Menschheit erken-
nen wird, daß sie biologisch nur noch die Wahl zwischen
Selbstmord und Anbetung hat.

Pierre Teilhard de Chardin

Gott erscheint uns niemals immateriell; und Sein Anblick in
der Frau ist der vollkommenste von allen.

Muhyiddîn Ibn al Arabi

Nichts Schwieriges am Großen Weg
Nur vor dem Wählen hüte Dich!
Allein wer weder haßt noch liebt
Erkennt in strahlender Klarheit.

Seng-tsan

Das Wetter hatte sich geändert, seit ich das letzte Mal in Side
gewesen war. Die kalten Winde waren fortgezogen, die Sonne
wärmte bereits und lockte auf den Feldern und unter den Oliven-
bäumen die Frühlingsblumen hervor. Die Männer waren auf der
Straße, strichen die Häuser und das Café neu an und richteten das
Dorf für die Touristensaison her, während die Frauen draußen auf
den Feldern das Gemüse für die Sommerernte anpflanzten. Ich
hatte mir in Antalya einen Jeep gemietet, mit dem ich das letzte
Stück der Fahrt nach Side zurücklegte – mit ganz anderen Erwartungen, als ich sie früher gehabt hatte. Hergekommen war ich in
der Hoffnung, die Geheimnisse der Derwische zu enträtseln,
besondere Kräfte entwickeln zu lernen und durch das Wissen, das

ich hier erwerben würde, zu einer neuen Lebensweise zu finden. Die vielen Wochen des Herumreisens, die ständigen Prüfungen und Enttäuschungen hatten mich schließlich auf die schmerzhafte Erkenntnis gestoßen, daß ich, wenn ich weiterkommen wollte auf dem WEG, von all diesen Vorstellungen Abschied nehmen mußte. In jedem Augenblick liegt ein Geheimnis, das sich uns nur entfalten kann, wenn wir alle unsere Hoffnungen und Befürchtungen aufgegeben haben. Als ich mit meinem Jeep auf der staubigen Straße am Amphitheater vorbeifuhr, wußte ich: es war – jedenfalls für eine Weile – das letzte Mal, daß Hamid und ich zusammen ›arbeiten‹ würden. Ich konnte nicht genau sagen, was passiert war; ich wußte nur, es hatte eine so umwälzende Veränderung in mir stattgefunden, daß es jetzt an der Zeit war, die Türkei zu verlassen und das, was ich gelernt und erfahren hatte, dem Prüfstein des Alltagslebens auszusetzen. Meine Gedanken und Gefühle waren immer noch ziemlich durcheinander, aber ich wußte, ohne Hoffnungen und Erwartungen, daß ich verstehen würde, wenn die Zeit dafür gekommen war.

Ich hatte keine Angst mehr vor Hamid. Tatsächlich war mir erst jetzt klargeworden, wie groß meine Angst vor ihm gewesen war. Nachdem die Begeisterung über meine Ankunft in der Türkei verflogen war, war die Angst gekommen und immer stärker geworden, bis sie zu Zeiten fast die Ausmaße panischen Schreckens annahm. Hamid war immer noch ein Rätsel für mich; doch trotz der Unbegreiflichkeit seines seltsamen Verhaltens war ich davon überzeugt, daß das, was er mir zu vermitteln versuchte, wahr und sehr wichtig war. Diese Überzeugung war es, die mich auch die schwierigsten Abschnitte dieser Reise hatte durchstehen lassen.

Dede hatte mir – mit seiner großen Freundlichkeit und dem Vertrauen, das mich vorbehaltlos so annahm, wie ich war – dazu verholfen, daß meine Abwehr schwand und ich mich öffnen konnte für das, was sich hinter Hamids Worten, hinter seinem Zorn und seiner Härte verbarg. Dede hatte nie Fragen gestellt oder Kritik geübt, wenn ich von meinen Erlebnissen mit Hamid berichtete. Lächelnd und mit zustimmendem Kopfnicken hörte er der Übersetzung zu und sagte nur: »Wie wunderbar sind doch die

Wege Gottes, Der uns im rechten Augenblick alles gibt, wessen wir bedürfen.«

Bis zu meiner zweiten Fahrt nach Konya, als ich von Mevlânâ aufgenommen wurde, hatte ich mich gegen die Vorstellung gesträubt, daß es ein allwissendes Wesen, eine allwissende Lebenskraft gibt, mit der wir unablösbar verbunden sind, und wir deshalb etwas in uns haben, das die WAHRHEIT immer schon wußte und sie stets wissen wird. In England hatte Hamid mir einmal gesagt: »Die Seele ist eine wissende Substanz. Wenn du dich erkannt hast, dann hast du auch sie erkannt, und diese Substanz durchdringt das ganze Leben. Doch zuerst mußt du deine Seele finden, dein wahres Selbst. Du mußt entdecken, wer und was du bist – erst dann wirst du auf der Schwelle des WEGES stehen.« Erwartung und Hoffnung hatten so viele Ängste mit sich gebracht – die Angst, zu versagen und es nicht zu schaffen, auf den WEG zu kommen; die Angst, in diesem Prozeß den Verstand und die Gesundheit zu verlieren; die Angst davor, was es bedeuten könnte, wenn man alles aufgibt, um in die »wirkliche Welt« zu gelangen.

Nun, da ich mir der Überheblichkeit des Erwartens und Hoffens bewußt zu werden begann, begriff ich, daß es nicht das Herz war, der Sitz der Seele, an dem ich zu arbeiten hatte, sondern die unzähligen Schichten meines in vorgeprägten Mustern erstarrten Bewußtseins, daß es um den Körper ging und um jene Kräfte, die frei fließen müssen, wenn wir unser Gleichgewicht wiederfinden wollen.

Als ich mit dem Jeep zum Hoftor hinauffuhr, kam Hamid aus dem Haus, um mich zu begrüßen. Er tat es so beiläufig, als wäre ich kaum fortgewesen, doch ich merkte, wie sehr er sich freute, mich wiederzusehen. Er verschwand gleich in der Küche, um Kaffee zu machen.

»Geh raus und setz dich in die Sonne«, sagte er. »Die Frühlingsblumen fangen schon an, sich zu zeigen. Ich komme gleich nach.«

Mitten im Hof stand ein kleiner Tisch, stapelweise mit Hamids Papieren bedeckt. Ich setzte mich auf einen der weißgestrichenen Holzstühle und sah zu meinem alten Zimmer hinauf. Im Zimmer des Mädchens waren die Vorhänge zugezogen, doch ich spürte, daß sie da war. Sie war ein weiteres Geheimnis, eines, das ich immer noch zu enträtseln hoffte.

Hamid setzte sich neben mich und schenkte uns Kaffee ein. »Ist es nicht herrlich jetzt, wo der Frühling kommt? Hier unten in Side ist der Frühling meine liebste Jahreszeit – die Luft ist warm, und der Frost des Winters ist vergangen. Später, wenn es unerträglich heiß wird, gehe ich wieder nach Istanbul. Aber die Touristen kommen dann nach Side; es scheint ihnen Spaß zu machen, den ganzen Tag wie Treibholz am Strand herumzuliegen, bis sie ganz verbrannt und ausgedörrt sind. Nun, sie wollen es so. Doch jetzt mußt du mir alles erzählen, was du in Konya getan und erlebt hast. Ich habe mich so sehr auf deine Rückkehr gefreut. Zunächst will ich genau wissen, was geschehen ist, als du Schams-i Täbris und Mevlânâ besucht hast. Hast du drei Tage und drei Nächte dort gesessen, wie es dir aufgetragen war?«

Ich gab ihm einen ausführlichen Bericht meiner Erlebnisse. Besonders interessierte es ihn zu hören, was in dem Augenblick in mir vorging, als ich das Grabmal des Schams-i Täbris betrat. »Kaum war ich hineingegangen, da fiel alles andere von mir ab, und es gab nur noch diese Kraft der Liebe, die allgegenwärtig war. So etwas habe ich noch nie erlebt – ich konnte gar nichts tun, mich nur von dieser Kraft durchströmen lassen. Wirklich, es war fast so, als wäre ›ich‹ überhaupt nicht mehr dagewesen.«

Hamid lehnte sich in seinem Stuhl zurück. Alles, was er sagte, war: »Ah, Schams.« Eine Zeitlang schwiegen wir, und dann fügte er hinzu: »Mögest du dich nie davon erholen.«

Ich fuhr fort und erzählte Hamid von meiner Begegnung mit Dede, wie er mich in sein Haus mitgenommen hatte, und daß er den alten Mann in Istanbul kannte. Der alte Mann beschäftigte mich, seit Hamid mich damals zu ihm gebracht hatte, und jetzt schien mir der rechte Augenblick gekommen, nach ihm zu fragen.

»Ich dachte mir, daß du diese Frage irgendwann stellen würdest«, sagte Hamid. »Aber es ist ganz unwichtig. Was zählt, ist nur, daß er dich angenommen hat; daraus konnte ich ersehen, daß es dir, wenn du selbst auch anders darüber dachtest und die Zeit in der Pension sehr schwer für dich war, gewährt war, den Schritt in das nächste Stadium deiner Reise zu tun. Selbst wenn ich dir seinen Namen verrate – weißt du dann mehr über ihn? Sagen wir einfach: er ist ein Mann von großer Weisheit. Er war sehr glücklich darüber, daß er dich noch einmal zu Mevlânâ schicken konnte. Er wußte, daß deine Absichten und Motive endlich frei wurden von jedem Ehrgeiz und allen Vorstellungen darüber, was es mit dieser Reise auf sich haben könnte. Wenn dein Motiv nicht klar gewesen wäre, dann wärest du nicht Dede begegnet, der für die Ruhe und Bequemlichkeit sorgen konnte, die du so dringend nötig hattest. Er wäre nicht gekommen, wenn Mevlânâ dich nicht angenommen hätte, denn Dedes Liebe zu Mevlânâ machte es ihm möglich, genau zu wissen, wo du standest und ob es dir erlaubt war, zum nächsten Abschnitt deiner Reise aufzubrechen.

Nun stehst du am eigentlichen Beginn. Es tut mir leid, daß diese Zeit so hart für dich war. Ich wollte das nicht, aber du kamst mit so vielen Vorstellungen über den Sinn dieses WEGES, über das, was du wolltest und was gut und richtig für dich sei, daß mir nichts anderes übrigblieb, als für die günstigsten Umstände zu sorgen, damit du tun konntest, was du tun mußtest. Weil du den aufrichtigen Willen zur Erkenntnis hattest, war es möglich, verschiedene Szenerien zu errichten, in denen du eine Rolle spieltest, wobei du jedesmal ein bißchen mehr lerntest. Wir müssen heute noch über vieles reden. Doch zuerst wollen wir uns noch einen Kaffee machen und etwas essen. Du mußt Hunger haben nach deiner Fahrt.«

Wir lachten beide, als er einen Krug schwarzer Oliven hervorholte, gewürzt mit Minze und Zitrone. »Sie haben auf dich gewartet«, sagte er. »Ich habe sie zubereitet, als du damals zu mir kamst, und dann den Deckel fest verschlossen. Sie müßten jetzt genau richtig sein.« Er zwinkerte mir zu und gab mir ein paar auf meinen Teller. Wir aßen sie mit Brot und Käse und dazu einen Salat aus Lattich und mit Dill gewürzten Tomaten.

Als wir fertig waren, sprach ich die Frage aus, die mich in diesem Augenblick am meisten beschäftigte. »Hamid – ist das Mädchen noch hier?« Er sah auf, und sein Blick ließ mich einen Moment lang fürchten, daß er wieder wütend würde. »Ja, sie ist hier. Sie ist in ihrem Zimmer.«

»Sie hat mich ungeheuer beeindruckt, obwohl ich sie ja kaum gesehen habe. Ich habe noch nie jemanden wie sie getroffen – sie ist ein Rätsel für mich.«

»Als du damals herkamst«, sagte er schließlich, »wollte ich nicht, daß deine Aufmerksamkeit abgelenkt wurde; aber jetzt müssen wir reden und alle losen Enden aus der Zeit, die wir miteinander verbracht haben, zusammenknüpfen. Du hast sicher begriffen, daß wir an das Ende dieses Abschnitts unserer gemeinsamen Reise gekommen sind. Morgen wirst du nach England zurückfahren. Sei nicht traurig oder bange – es gibt keinen Grund dafür.«

Ich konnte nicht gleich antworten. Obwohl ich doch wußte, daß ich die Türkei bald verlassen würde, wirkten Hamids Worte wie ein Schock auf mich. Ich hatte plötzlich das Gefühl, daß ich es nicht ertragen könnte, von ihm getrennt zu sein. Wie gewöhnlich las er meine Gedanken.

»Aber komm«, sagte er, »hast du denn vergessen, daß Er, Den du suchst, nicht in der Welt der Form zu finden ist? Solange du dich daran nicht erinnerst, wirst du immer enttäuscht sein.« Er lächelte leise und lehnte sich in seinem Stuhl zurück.

»Du hast mich nach dem Mädchen gefragt. Man hat sie zu mir geschickt, weil man dachte, daß ich ihr vielleicht helfen könnte. Sie war sehr krank, wie du gesehen hast, und lange Zeit war sie besessen von diesem Wollknäuel. Die Ärzte in England haben ihr nicht helfen können. Ich werde dir ihre Geschichte erzählen – doch ich hoffe, du denkst daran, nach der wahren Bedeutung zu suchen, die unter der Oberfläche der Dinge verborgen ist. Sie hat Schaden daran genommen, daß sie zu weit gegangen ist, ohne durch die rechte Schulung dazu bereit gewesen zu sein. In ihrer Sehnsucht, erkannt und dadurch befreit zu werden, ist sie zu den verschiedensten Lehrern in vielen Ländern gegangen – bis sie schließlich, in ihrem übergroßen Eifer, den Kontakt mit ihrem wahren Selbst verlor. Und bis heute ist es ihr nicht gelungen, den Weg wiederzufinden. Man könnte sagen, sie versuchte, etwas aufzugeben, was sie noch nicht gefunden hatte.

In der Entfaltung der WAHRHEIT gibt es drei Stufen. Die erste Stufe ist die Wiedererkennung, die Wiedererkennung unseres wesenhaften Einsseins mit Gott. Wir sind immer eins mit Ihm; doch wonach es uns tief in unserem Herzen verlangt, ist das *Wissen*, daß dies so ist. Es genügt nicht, wenn wir glauben, das zu wissen, denn dann ist das nur ein Gedanke, keine Wesenserkenntnis. Wiedererkennen, das bedeutet, wieder in jenen Zustand des Wissens kommen, von dem wir getrennt wurden.

Wenn das Mädchen, mit der Wolle um ihre Handgelenke gewunden, wie ein gefangenes Tier zu dir kommt, dann bittet sie darum, daß du sie sehen mögest, daß du verstehen und sie befreien mögest kraft des Wiedererkennens und Verstehens. Doch wenn du dein wahres Selbst noch nicht gefunden hast, wie kannst du dann einen anderen Menschen erkennen?

Das Mädchen ist wie ein Bote, der zu uns geschickt wurde, eine ständige Mahnung an die Verantwortung, die wir tragen, da wir als Männer und Frauen geboren werden – der Verantwortung, die von uns verlangt, daß wir unser wahres Selbst finden, damit wir dazu beitragen können, andere in diese große Freiheit zu führen. Dies ist die zweite Stufe, die Stufe der Erlösung. Die dritte Stufe ist das, was manchmal die Auferstehung genannt wird. Aber es wird noch einige Zeit in unserer Welt brauchen, bis du soweit sein wirst, das zu verstehen.

Ich glaube, das Mädchen wird jetzt wieder gesund. Wir werden sie nachher noch sehen, und du wirst eine Veränderung an ihr bemerken. Ich habe mit ihr gearbeitet, um ihr zu helfen, die Matrix ihres wahren Selbst neu zu bilden. Ich habe mit einigen ihrer Freunde Kontakt aufgenommen; sie werden bald herkommen, um sie wieder nach England zu holen. Außerdem haben sie vor, eine Weile hierzubleiben, um mit mir zu arbeiten.«

Hamid lehnte sich in seinem Stuhl zurück und schloß die Augen. Das war immer ein Zeichen für mich, daß ich so offen wie möglich sein mußte, um die Dinge, von denen er gesprochen hatte, richtig zu verstehen. In solchen Augenblicken schien es, als würde ich in eine ganz andere Dimension des Verstehens gehoben, wo der rationale Verstand zum Schweigen gekommen war und eine andere Fähigkeit, für die ich keine Worte hatte, wirksam werden konnte. Als ich Hamids Worten lauschte, wußte ich, daß das Mädchen mit ihrem blauen Wollknäuel nicht nur eines der vielen unglücklichen Geschöpfe war, die nicht mehr fähig sind, für sich selbst zu sorgen; sie und ihr Leid standen für etwas weit Größeres, als ich es bisher begreifen konnte. In diesem Augenblick erkannte ich mit einemmal ihre Bedeutung in meiner Reise – und meine in der ihren. Jedes Steinchen in diesem Puzzle schien in sich vollkommen zu sein, doch nun war es an der Zeit, die Steinchen zum Ganzen zusammenzufügen.

Als ich eine Ewigkeit später die Augen wieder aufschlug, sah ich, daß Hamid mich beobachtete. Eine Weile saßen wir noch schweigend da, dann sagte er: »Die Zeit, die uns noch bleibt, ist sehr kurz; du mußt eine Menge Fragen auf dem Herzen haben.«

Der Gedanke daran, daß ich Hamid jetzt verlassen mußte, tat sehr weh. Zugleich spürte ich, daß ich das Leid des Mädchens durchlitt. Es gab nur eine einzige Frage.

»Warum muß das alles so furchtbar weh tun?«

»Sagte ich dir nicht, ich habe Mitleid mit dir? Wenn du aufrichtig und vorbehaltlos ja sagst zu einem Leben des Dienens in Gott, dann gibt es immer erst Schmerz und Verwirrung. In der ersten Zeit erfährst du ›deinen‹ Schmerz oder ›meinen‹ Schmerz. Doch wenn wir anfangen, das Wesen des Pfades zu begreifen, den wir gewählt haben, dann sehen wir nicht länger nur unser Leid, sondern wir beginnen das Leiden einer Welt zu erfahren, die die WAHRHEIT vergessen hat. Das ist die Qual der Trennung, der Schmerzensschrei der Menschheit, die ihr wesenhaftes Einssein mit Gott erkennen will. Gott hat nie gewollt, daß wir leiden, doch wenn wir wirklich und ganz zur Erkenntnis kommen wollen, dann müssen sämtliche Schleier der Illusion zerrissen werden, bis nur noch Klarheit herrscht. Unsere eigene Überheblichkeit und unser Hochmut sind es, die das Leid verursachen. Je mehr wir uns einbilden, daß wir selbst etwas tun können, desto weniger sind wir unserer vollkommenen Abhängigkeit von Gott inne, und desto größer werden die Schmerzen sein. Und du, mein Freund, bist besonders eigensinnig!«

Er lächelte mich an, und ich begriff, daß das Leben im Grunde sehr einfach ist, und daß wir es sind, die es kompliziert machen, indem wir vor der Erkenntnis unseres wahren Selbst davonlaufen.

»Schließlich«, fuhr Hamid fort, »kommt eine Zeit, wo du so sehr liebst, so vollständig in der Gegenwart Gottes aufgehst, daß du alles, was dir gegeben wird, mit Dankbarkeit begrüßt, weil du weißt, daß es aus der EINEN QUELLE aller Dinge kommt. Mit dieser neuen Erkenntnis wird das Leiden *bewußt*. Dieses bewußte Leiden ist nicht dasselbe wie jenes, von dem ich eben sprach; es bedeutet auch nicht, daß man das Leiden genießt oder etwa glaubt, es müsse gut für uns sein, weil es uns weh tut. Bewußtes Leiden erwächst aus dem Wissen darum, was für die wechselseitige Erhaltung des Planeten notwendig ist. Diese Erde wurde für die Menschen geschaffen, und wir sind für sie verantwortlich. Die Welt bedarf, genau wie wir, einer bestimmten Nahrung. Sie braucht den Regen und die Sonne und die Jahreszeiten, damit sie Frucht tragen kann, und sie braucht Energien anderer Art, die die Menschheit noch nicht versteht.

Jedesmal, wenn ein Mensch zum wahren Wissen vordringt, wird eine besondere Art von Energie freigesetzt und für diesen großen Prozeß der wechselseitigen Erhaltung zugänglich. In genügendem Ausmaß wird diese Energie normalerweise nur in den Augenblicken großer Krisen und Erschütterungen frei, vor allem im Augenblick des Todes. Doch jetzt haben wir im Leben unseres Planeten einen Punkt erreicht, wo wir lernen müssen, für uns selbst zu sterben in jedem Augenblick, in jedem Augenblick neu geboren zu werden, mit Bewußtheit zu leben und zu sterben, damit die Evolution der Erde fortschreiten kann. Ich hoffe, daß du eines Tages begreifen wirst, was ich dir sage. Doch jetzt müssen wir noch über andere Dinge sprechen.

Verstehst du, warum es notwendig ist, daß du jetzt nach England zurückfährst?«

»Ich glaube, es ist Zeit für mich, fortzugehen und zu versuchen, wenigstens einiges von dem wirklich aufzunehmen, was mir in diesen vergangenen Wochen gegeben wurde.«

»Das ist ein Grund«, erwiderte er, »aber es gibt noch einen anderen. Auf diesem Pfad kommt einmal der Augenblick, wo man sich aus der Abhängigkeit von seinem Lehrer lösen muß. Die Aufgabe des Lehrers besteht darin, dich so weit zu führen, daß du dich ein für allemal Gott zuwendest, von Dem alles kommt. Der Lehrer, den du in dieser Welt findest, ist nur eine Manifestation Dessen, Der alles lehrt. Doch wenn du von der Form des Lebens abhängig wirst, dann ist wahres Verstehen unmöglich. In deinem Fall war es unvermeidlich, daß du innerhalb sehr kurzer Zeit ungeheuer viel schaffen und verkraften mußtest; deshalb ist die Gefahr besonders groß, daß du der Meinung sein könntest, du seiest von mir abhängig. Das ist eine gefährliche Falle, denn in WIRKLICHKEIT bin ich überhaupt nicht hier. Vergiß nie – es gibt nur einen Lehrer!

Weil du mir dein Vertrauen schenktest, ohne bereits an Gott zu glauben, konnte ich für eine kleine Weile dein Führer auf dem WEG sein. Doch nun mußt du alleine weitermachen. Geh zurück nach England und verarbeite das Wissen, das dir zuteil wurde. Und dann, wenn du ganz sicher bist, daß du bereit bist, ist es an dir, weiterzugeben, was du gelernt hast, und mitzuhelfen, das Wissen um die EINHEIT über die Welt auszubreiten. Der große Sufi Scheich Muhyiddîn Ibn al Arabi hat einmal gesagt: ›Hört auf Gott und kehrt zu Ihm zurück! Und wenn Ihr gehört habt, was mir offenbart worden ist, dann prägt es Euren Herzen ein, und wenn Ihr es verstanden habt, die Einheit dessen, was ich schrieb, dann zergliedert es in Teile und fügt es wieder zusammen. Sodann offenbart es jenen, die danach dürsten, und enthaltet es ihnen nicht vor! Das ist die Gnade, die Ihr empfangen habt, deshalb gebt sie den anderen weiter.‹ Darum sagen wir: ›Sich Gott hingeben heißt, Ihn in allen Aspekten erforschen; Gott dienen heißt, andere lehren, was man von Ihm weiß.‹

Gott dienen – was könnte wunderbarer sein? Die einzige wirkliche Freude liegt darin, ein Diener Gottes zu sein, und das bedeutet, jederzeit wach sein für die Erfordernisse des Augenblicks. Wenn wir im Schlaf versunken sind, werden wir nie wissen, was von uns verlangt ist. Wir können keinerlei vorgefaßte Meinungen darüber haben, was Dienen bedeutet. Wir wissen nie, was der nächste Augenblick von uns fordern wird. Wenn du diesen Pfad betrittst, dann begibst du dich für den Rest deines Lebens in den Strom des Dienens. Es gibt keine Umkehr mehr. Glaube nicht, daß du nur dienen kannst, wann es dir gerade paßt! Du mußt wach sein für das Verlangen des Augenblicks, Gottes Verlangen, nicht dein eigenes. Nur dann wird es dir vergönnt sein, dienen zu können.

Es heißt, daß es nur zwei Dinge gibt, die Gott uns nicht geben kann, die wir vielmehr Ihm geben müssen – Ergebung und Vertrauen. Wenn wir unsere vollkommene Abhängigkeit von Gott erkennen und annehmen, ohne dafür einen Lohn zu erwarten, dann wird uns genau das zuteil, was wir benötigen, um unsere Aufgabe zu erfüllen. Man sagt auch: ›Gott hat keinen Mangel – gib Ihm den deinen.‹

Du hast eine besondere Beziehung zu Mevlânâ; das ist der Grund, weshalb du nach Konya geschickt wurdest, und deshalb auch bist du so empfangen worden, wie es dann geschah. Erst in Konya hat deine Reise begonnen.

Da ist etwas, das ich dir jetzt versuchen will zu erklären. Hör bitte aufmerksam zu und versuche zu verstehen.

Mevlânâ war ein Mann, der die Vereinigung mit Gott erreichte, und so gab es keine Trennung mehr. Mevlânâ und Er, Dem er sich hingab, waren EINS. Viele von denen, die dem mystischen Pfad folgen, erhaschen eine Ahnung davon, was das bedeuten könnte, doch die vollständige Verschmelzung, die vollkommene Vereinigung wird nur sehr wenigen gewährt. Als Mevlânâ die Vereinigung erreichte, wurde er nicht nur ganz und gar in die Göttliche Liebe aufgenommen, sondern er nahm auch all jene in sich auf, die ihm vorangegangen waren. Verstehst du, was ich dir sage? Wenn du jetzt, in diesem Augenblick, zur Vereinigung kämst, dann würde dir alles, was jemals war, offenbart werden, denn Er weiß alles, was seit dem Anbeginn der Zeit geschehen ist. Er ist die Liebe, der Liebende und der Geliebte. Er ist der Lehrer, der Schüler und die Lehre. Es gibt nur Ihn, und zu Ihm kehrt alles zurück. Ich bete darum, daß du eines Tages zum wahren Verstehen finden und so imstande sein wirst, an andere weiterzugeben, was du weißt.«

Ich merkte, daß Hamid jetzt sehr müde wurde, und es war mir unmöglich, das gewaltige Maß an Wissen und Kraft, das er hergab, auf einmal in mich aufzunehmen. Doch ich wußte, daß er mir noch mehr mitgeben wollte, bevor ich ihn am nächsten Tag verließ. Unversehens sprang er auf ein anderes Thema über.

»Du hast wahrscheinlich das Gefühl, daß ich zu sehr dränge und daß du gar nicht alles mitbekommst, was ich dir sage. Doch die Situation ist dringlicher, als du ahnst, und ich weiß nicht, wann wir wieder die Gelegenheit haben werden, zusammenzusein. Wir haben schon einmal über den zweiten Zyklus der Menschheit gesprochen. Du hast wohl begriffen, daß wir am Ende des einen großen Zyklus der Geschichte stehen und vor dem Beginn des nächsten. Da die Evolution nicht wie eine Gerade oder eine Kurve verläuft, sondern in ganz bestimmten Zyklen fortschreitet, erlaubt uns die Kenntnis der Gesetze, die unser Leben hier auf Erden bestimmen, einiges von dem vorauszusehen, was uns erwarten mag. Gerade jetzt, da wir uns dem Ende des alten Zyklus nähern, wird mehr und mehr Wissen frei werden, damit es aufbewahrt und in den nächsten Zyklus hinübergenommen werden kann. Es ist kein Zufall, daß wir uns begegneten und hier zusammen waren, oder daß du nach Konya geschickt wurdest. Das Wissen, das dir gegeben wurde, muß weitergetragen werden, da sich der erste Zyklus der Menschheit erfüllt hat. Ich kann nicht sagen, was das bedeuten wird. Niemand kann das sagen. Aber es sind jene, die zur Erkenntnis ihres wesenhaften Einsseins mit Gott gekommen sind, die den Weg bahnen und eine neue Welt errichten werden. Es heißt jedoch: Bevor diese neue Welt ins Sein gebracht werden kann, wird es zwei Auseinandersetzungen geben. Die erste Auseinandersetzung ist die zwischen jenen, die wissen, und denen, die nicht wissen wollen; die zweite zwischen jenen, die wissen, und denen, die wissen müssen.«

»Meinst du, es wird eine Art Krieg geben müssen? Mindestens die halbe Welt scheint nicht das geringste Bedürfnis zu haben, von diesen Dingen zu wissen!«

»Sieh in dich selbst hinein. Ist es nicht so, daß beide Auseinandersetzungen in uns selbst stattfinden müssen? In dir ist – wie in jedem von uns – etwas, das nicht wissen will, und es ist etwas in dir, das, wenn die Zeit kommt, einfach erkennen muß, damit es keine Trennung mehr gibt.

Was außerhalb von dir zu sein scheint, ist in Wirklichkeit in dir selbst. Es gibt nichts, was nur draußen wäre, und darum findet der Kampf zuallererst in dir selbst statt. Da immer mehr Menschen durch diese beiden Auseinandersetzungen hindurchgehen, werden wir sehr wahrscheinlich erleben, wie sich der Kampf in der äußeren Welt niederschlägt. Ich sage nicht, es wird einen Krieg geben oder es wird keinen Krieg geben. Ich sage nur, und daran besteht kein Zweifel, daß eines Tages die ganze Welt zur Erkenntnis ihrer vollkommenen Abhängigkeit von Gott erweckt werden wird. Die Wahl, die jeder von uns treffen muß, heißt: sich jetzt Gott hingeben, heute, in jedem Augenblick – nicht erst in irgendeiner nebelhaften Zukunft, wenn es uns nicht mehr vergönnt sein wird, zu wählen. Doch so oder so – eine Auseinandersetzung wird stattfinden.

Vielleicht gelingt es, wenn rechtzeitig genügend spirituelle Arbeit geleistet wird, eine Katastrophe größeren Ausmaßes zu verhindern. Ich weiß es nicht. Doch der zweite Zyklus der Menschheit wird kommen, und mit ihm die Wiederkunft des Christus. Manche glauben, daß er wieder in Gestalt eines Menschen kommen wird, manche sagen anderes. Das ist unwichtig. Wichtig ist, daß du weißt, daß wir uns in der Erkenntnis der EINHEIT begegnen werden. Was immer das Zweite Kommen bedeuten und wie immer es geschehen mag – es kann nur wirklich werden kraft des inneren, verborgenen Wissens, das allen großen Religionen zugrunde liegt und das uns vereint.

Das Neue Zeitalter bedeutet nicht die Gründung einer neuen Religion. Im Gegenteil: es wird kein Bedarf mehr sein für irgendeine Form der Religion. All das wird vergehen müssen. Wenn du zum Wesen vordringst, willst du dann immer noch die Form? Wenn du vom Wasser des Lebens getrunken hast, brauchst du dann noch das Glas, darin es war? Es hat seine Aufgabe erfüllt, und etwas Neues kann entstehen. Von dem, was auf uns zukommen wird, kann ich nur sagen, daß es anders sein wird als alles, was wir je zuvor gesehen haben – anders als all die großen Zivilisationen der Vergangenheit. Ich spreche von einer vollkommen neuartigen Lebensweise, und jene, die um die EINHEIT wissen, müssen jetzt den Weg bereiten. Nur diese Menschen sind in der Lage, aus wirklichem Wissen heraus zu entscheiden und dem Neuen Zeitalter Leben und Ordnung einzuhauchen.

Doch genug für jetzt. Wir werden eine Pause machen und uns ein Weilchen ausruhen. Ich habe uns im Restaurant etwas Besonderes zum Essen bestellt – das ist doch dein letzter Abend hier. Danach können wir weiterreden. Willst du nicht in der Zwischenzeit ein bißchen zum Strand hinuntergehen? Die See ist zwar immer noch sehr kalt, doch der Sand ist schon warm, und ich bin sicher, daß du eine Atempause gebrauchen könntest.«

Langsam ging er zum Haus zurück; in der Mitte des Hofes blieb er einen Moment stehen, um an einer der Blumen zu riechen. Ich fühlte mich sehr allein und sehr traurig. Mir schien, als hätten die Erkenntnis und die Erfahrung, die Hamid mir gegeben hatte, seit Jahrhunderten darauf gewartet, und als könnten jene, die das Wissen haben, erst dann frei sein, wenn sie es weitergegeben haben. Meine Furcht vor Hamid war geschwunden, und es blieb nur das tiefe Verlangen, all das verstehen zu können, was er mich lehrte.

Ich ließ die Zeit mit ihm noch einmal an mir vorüberziehen; all die Dinge, die gesagt worden waren, all das, was geschehen war, versuchte ich mir noch einmal ins Gedächtnis zu rufen. Ich sah diese Reise als ein Muster, eine Spirale, die einen zum Mittelpunkt trug, um dann sogleich wieder zur Peripherie hinzuführen. Der Weg war durch bestimmte Schockmomente markiert, die es möglich machten, zur nächsten Stufe überzugehen. Als der Mittelpunkt selbst erreicht war, waren alle Vorstellungen aufgezehrt, und es gab nur noch eines zu tun: hinauszublicken und wieder zurückzureisen zu dem Ort, von dem man gekommen war.

Den Ort jenseits aller Form, jenseits von Dogma und frömmlerischer Verehrung, jenseits aller Begrifflichkeit, repräsentierte für mich Mevlânâ Celâleddin Rumi. Denn es war die unmittelbare Erfahrung der absoluten LIEBE, die alle Vorstellungen und äußerlichen Formen absterben ließ. Über eines hatte ich keinen Zweifel: Wenn wir einander helfen wollen, dann müssen wir wissen, wer wir sind, und um zu wissen, wer wir sind, müssen wir Gott mehr lieben als alles andere, so daß es schließlich nur noch Ihn gibt. Nur so kann unser Dienst fruchtbar sein.

Als ich den Strand entlang zurückwanderte, ging gerade die Sonne unter. Morgen stand mir der Flug nach London und der kalte Regen des englischen Frühlings bevor. In mancher Hinsicht hatte ich Angst, denn ich war schutzlos wie ein neugeborenes Kind, wie jemand, der, den Elementen preisgegeben, über und über verbrannt worden war und nun darauf warten mußte, daß ihm eine neue Haut wuchs. Aber es war eine Herausforderung, und ich fühlte eine Kraft in mir wachsen, die mir durch die Veränderungen hindurchhelfen würde, welche unvermeidlich waren, wenn ich das, was ich gelernt hatte, in ein alltäglicheres Leben integrieren wollte.

Als ich den Pfad vom Strand heraufkam, sah ich, daß ein fremdes Auto, ein Minibus, vor dem Haus stand. Ich hatte mich so daran gewöhnt, mit Hamid allein zu sein, daß meine erste Reaktion auf die Anwesenheit anderer Leute wütende Eifersucht war. Ich blieb einen Moment stehen, um mich zu fangen. Wahrscheinlich war das der Bus, mit dem die Leute gekommen waren, von denen Hamid gesprochen hatte, und die mit ihm arbeiten wollten. Warum war ich so besitzergreifend? Wollte ich denn nicht, daß das Wissen, das er mir gegeben hatte, möglichst vielen vermittelt werde?

Ich wußte jetzt, daß der Kampf mit alldem, was zwischen uns und der Wahrheit steht, nie endet, und daß wir jeden Tag unseres Lebens kämpfen müssen gegen das, was zur Trennung führt.

»Da bist du ja!« begrüßte mich Hamid, als ich ins Zimmer trat. Er war sehr heiter. »Wir haben eine Überraschung. Das sind die Leute, von denen ich dir erzählt habe. Sie sind den ganzen weiten Weg von Indien durch Afghanistan gekommen! Es ging ein bißchen schneller, als sie dachten, und deshalb sind sie schon hier. Komm, du mußt sie kennenlernen.«

Ich wurde herumgeführt und vorgestellt. Sie waren fünf, zwei Männer und drei Frauen. Einer der Männer kannte das Mädchen aus London her und war mit ihr in Verbindung geblieben, als sie zu Hamid kam.

»Ich habe gerade von dir gesprochen und ihnen einiges von dem erzählt, was du so gemacht hast. Ich glaube, sie finden es sehr interessant.« Lachend lehnte sich Hamid in seinem Stuhl zurück. Der Ernst des heutigen Morgens, da er über Dinge von ungeheurer Dringlichkeit mit mir gesprochen hatte, war wie fortgewischt. Das war der alte Hamid, wie ich ihn von London her kannte. Im stillen bat ich ihn flehentlich, mir zu Hilfe zu kommen; der Schock der unvermuteten Begegnung mit diesen Leuten und die Tatsache, daß uns nur noch ein paar Stunden blieben und noch so vieles zu sagen war – das alles war ein bißchen zuviel für mich.

Wie um meine unausgesprochene Bitte zu beantworten, sagte er:

»So steht's nun also. Was für ein Tag! Doch der Herr weiß es am besten, und wie es aussieht, werden wir heute abend ein Fest feiern.«

Augenzwinkernd zeigte er auf mich. »Er fährt morgen wieder nach Hause, und eure Reise fängt erst an. So ist das. Einer kommt und geht, und ein anderer kommt. Und auch er wird wieder gehen. Und doch ist Er es, der Eine Gott, der da gleichzeitig kommt und geht.

Jetzt müssen wir uns erst mal darum kümmern, wo ihr alle schlaft, und dann müssen wir uns fürs Abendessen fertig machen. Ich werde im Restaurant Bescheid geben, daß wir jetzt zu acht und nicht nur zu dritt sind. Ah, sie werden sich so freuen!«

Nachdem wir uns alle wieder getroffen hatten, um ins Restaurant zu gehen, erzählten sie von ihren Abenteuern auf der Reise durch Indien und Afghanistan. Doch ihnen von meinen eigenen Erlebnissen zu berichten, erschien mir unmöglich. Wir alle standen an einem neuen Anfang, aber ich kehrte nach England zurück, und sie blieben jetzt in der Türkei. Sie waren so voller Begeisterung und Wißbegierde, genau wie ich es gewesen war. Sie glaubten, daß sie von den Derwischen oder von Hamid etwas lernen könnten, und obwohl sie andere Beweggründe hatten als ich, war zu erkennen, daß ihre Vorstellungen von dem, was sie auf dieser Reise zu finden hofften, denen glichen, die ich damals gehabt hatte. Ich war sehr ruhig und kaum fähig zu sprechen. Ich sah, daß diese Leute noch nicht zu fragen gelernt hatten, und ohne eine Frage kann es keine Antwort geben. Hamids Lehre vor Augen, versuchte ich, den Augenblick sich vor mir entfalten zu lassen, ohne irgendwelche Vorstellungen über seine Bedeutung in ihn hineinzuprojizieren. Alles war geradeso, wie es war, und es war genauso, wie es sein sollte. Als Hamid mit dem Mädchen erschien, war das Bild vollkommen. Sie hatte jetzt ein hübsches Kleid an, ihr Haar war gekämmt, und etwas hatte sich in ihren Augen verändert. Da war keine Verzweiflung mehr. Und ihre Handgelenke waren nicht mehr von der blauen Wolle umschlungen; sie trug sie, ordentlich zu seinem Knäuel aufgewickelt, in den linken Hand.

Sie begrüßte jeden, und dann führte Hamid sie zu mir herüber. »Na«, sagte er und sah uns beide an. Sie blieb vor mir stehen, ein

mattes Lächeln lag auf ihren Lippen. »Na?« wiederholte er. Sie zögerte und blickte Hamid hilfesuchend an, doch er stand nur lächelnd da und hielt ihren Arm. Es herrschte vollkommene Stille im Raum und eine ungeheure Spannung. Langsam löste sie sich von Hamid und machte einen Schritt auf mich zu. Wir berührten uns jetzt fast. Ihr Atem flog, und ich hatte das Gefühl, sie würde gleich aufschreien. Ohne ihren Blick von meinen Augen abzuwenden, streckte sie ihre Hand aus und gab mir das Wollknäuel.
Hamid schloß uns in die Arme; wir weinten beide vor Erleichterung. Schließlich nahm er das Mädchen bei der Hand und führte sie zu den anderen hinüber. »Sorgt gut für sie«, sagte er. Lachend wandte er sich um. »Kommt«, rief er, »das Essen wartet.«

Wir aßen gut an diesem Abend: frische Sardinen, über Holzkohlenfeuer am Spieß gebraten, Krake in Olivenöl mariniert, scharfgewürzte kleine Fleischklöße; es gab gefüllte Auberginen und Tomaten und Reis, mit Nüssen und allerlei Kräutern zubereitet. Für den Hauptgang hatte Hamid einen großen Fisch bestellt, der in der Nacht zuvor gefangen worden war. Er wurde auf einer großen Platte serviert, knusprig und mit Butter übergossen, mit frischem Rosmarin gewürzt und mit Zitronen- und Gurkenscheiben garniert.
Die ersten Fischer zündeten die Lampen auf ihren Booten für die nächtliche Arbeit an. Das Licht fiel auf die Netze, die auf den schmalen Decks ausgebreitet waren. Ein paar der Männer sangen, während sie darangingen, die Segel zu setzen. Der Himmel war voller Sterne.
»Nun«, sagte Hamid und blickte mich an, »hast du noch eine Aufgabe zu erfüllen. Erzähl diesen Leuten von der Pilgerreise, die du unternommen hast, und darüber, was du gelernt hast. Mittlerweile weißt du ja, daß das Leben etwas ganz Gewöhnliches ist.«
Ich kann mich nicht mehr genau an meine Worte erinnern, doch ich weiß noch, daß ich vom Dienen sprach und von der wirklichen Welt – der Welt der Ordnung, des reinen Lichts, jener Welt, die darauf wartet und sich danach sehnt, in dieser relativen Welt manifest zu werden – was jedoch nur geschehen kann, wenn wir, als bewußte menschliche Wesen, zur Erkenntnis der WIRKLICHKEIT

erwachen. Ich sprach wohl auch davon, daß man alle Vorstellungen über den Sinn dieses Pfades und das, was wir glauben zu wollen, aufgeben muß. Ich sprach von *dhikr* und der Erinnerung Gottes. Ich erzählte von Dede, und wie ich schließlich zu Mevlânâ gefunden hatte. Doch ich glaube, es waren nicht meine Worte, sondern das, was ich fühlte und erlebte, während ich sprach, was sie berührte. »Die Sprache des Herzens«, sagte ich zu ihnen, »ist die Sprache der Liebe.«

Dann kamen die Zigeuner. Ich glaube, ich wollte gerade zu einer tiefgründigen Erörterung der Idee der Wiedererkennung ansetzen, als ich von einem Pistolenschuß unterbrochen wurde, dem lautes Geschrei folgte. Eine Gruppe von etwa zehn Zigeunern erschien auf dem Platz. Einer von ihnen hatte eine kleine Pistole, mit der er Schüsse in die Luft abfeuerte, die anderen schlugen Tamburins, und einer stimmte seine Geige.

Der Besitzer des Cafés lief nach vorne. Er rief zu ihnen hinüber und zeigte auf uns. Ich saß Hamid und dem Mädchen gegenüber. Er sah mich freundlich an, und in diesem Moment spürte ich dieselbe Liebe, wie ich sie in Konya empfunden hatte. Die anderen hatten mittlerweile Platz geschaffen zwischen den Tischen und tanzten nun zur Musik der Zigeuner.

»Jetzt tanzen wir«, sagte Hamid. »Morgen fährst du, doch vorher werden wir uns noch einmal zusammensetzen. Da ist noch eine Schwelle, die wir überqueren müssen. Es ist die letzte Schwelle, bevor du in eine neue Art zu leben freigelassen werden kannst. Aber jetzt tanzen wir . . .«

»Nur eins noch, Hamid«, sagte ich. »Die Geschichte mit dem Ei in London.«

»Was ist damit?« fragte er unschuldig, während er dem Tanz zusah.

»Du hast doch gesagt, daß wir nicht an Äußerlichkeiten haften dürfen, und daß solche Dinge nicht notwendig sind – warum hast du dann ein Ei am Kopf dieses Mannes zerbrochen?«

Er wandte sich zu mir um. »Gerade das geschah nicht nur zum Wohl des kranken Mannes«, sagte er. »Das war auch für dich bestimmt. Vergiß nicht – ich weiß, was sie lockt.«

Epilog

Der Verstand ist unfähig zum Ausdruck der LIEBE. *Die* LIEBE
allein ist imstande, die Wahrheit der LIEBE *zu offenbaren,
und was es ist, ein Liebender zu sein. Der Weg unserer
Propheten ist der Weg der* WAHRHEIT. *Wenn du leben willst,
so stirb in* LIEBE; *stirb in* LIEBE, *wenn du lebendig bleiben
willst.*

Mevlânâ Celâleddin Rumi

*Wenn er der Welt entsagt hat, so daß er nicht um seiner
eigenen Begierden noch um dessentwillen, was sein eigenes
Selbst gebieterisch verlangt, zu ihr sich wendet, sondern
allein, um Gottes Willen zu erfüllen – dann ist es seine
Pflicht, zur Welt zu sprechen und mit ihr sich einzulassen,
denn nun hält sie eine Mitgift für ihn bereit, die nicht
ausgeschlagen werden kann, und die für niemand anderen
erschaffen worden ist.*

Abd al Qadir al Gilani

Unter einem Olivenbaum an einem alten ausgetrockenten Flußbett, das zum Meer hinabführte, ließ Hamid mich niedersitzen.
Den ganzen Tag über war es heiß gewesen. Frühmorgens hatten
wir im Hof zusammengesessen, ehe wir zum Strand hinuntergingen. Nun war der nachmittägliche Wind aufgekommen, er raschel-
te in den dürren Blättern und wirbelte den braunen Staub in
kleinen Spiralen um meine Füße. Die Zikaden sangen, ein unauf-
hörliches Schwirren, das mich an die Hügel über Ephesus erinnerte. Ich sah vor mir, wie das Meer in die kleine Bucht an der
Krümmung des Flußbetts hineinspülte. Dort würde sie jetzt sein
und mit den anderen in der Sonne liegen. Hamid und ich waren

vom Strand aus hierher gewandert, um die letzten Stunden vor meiner Rückkehr nach London allein und ungestört verbringen zu können. Zufrieden mit den trägen Geräuschen des Nachmittags, hatten wir kaum gesprochen. Schließlich begann er.

»Es gibt noch etwas, das ich dich lehren möchte«, sagte er. »In gewisser Hinsicht ist es die wichtigste Lektion von allen, aber wenn du nicht bereits wüßtest, was ich dir jetzt sagen werde, dann könntest du gar nicht hören, was ich zu sagen habe.«

Abrupt veränderte sich seine Art; plötzlich war er wieder der Lehrer und ich der Schüler. »Sitz gerade«, befahl er. »Dein Rücken muß ganz aufrecht sein, damit die Kräfte ungehindert fließen können. Ohne ein freies Strömen wird ein Verstehen nur Stückwerk sein. Worte sind immer nur Schleier über der Wahrheit. Wenn du nicht wach und offen bist, dann kommt nur dabei heraus, daß du dich wieder von ihr trennst. Das Verstehen gründet nicht in den Sinnen; das Verstehen gründet in sich selbst. Es ist das Überströmen des Wissens, das uns in einem Akt der Gnade geschenkt wird, und für diese Gnade müssen wir uns selbst bereit machen.

Heute werden wir uns zusammen aufmachen, dem Vollendeten Menschen zu begegnen, jenem Meister, der Gott so vollkommen liebt, daß Gottes Attribute sich durch ihn hindurch in diese Welt verströmen, ungetrübt von jedem Schleier. Bisher haben wir uns in unseren Gesprächen und Übungen nur um das Werk gekümmert, das wir an uns selbst verrichten müssen, um uns für die Reise vorzubereiten. Heute werden wir unser künftiges Werk schmecken.

Sitze ganz still, den Rücken aufrecht, und atme ruhig und gleichmäßig. Nimm die feinste Luft aus deiner Umgebung in dich auf, die du finden kannst. Zieh sie tief in dich ein, bewahre sie einen Augenblick in dir, und laß sie dann wie Licht von deiner Mitte aus in alle Richtungen verströmen. Nun schließe deine Augen und löse deine Sinne von der äußeren Welt . . .

Die Einweihung, die du nun erhalten wirst, ist gefährlich. Es gibt viele Fallgruben auf diesem Weg, und du mußt mir absolut vertrauen. Wenn du kein Vertrauen hast und den Mut verlierst, dann kann ich dir nicht helfen, und dann werden wir unser Ziel beide nicht erreichen. Es ist ungeheuer wichtig, daß du genau zuhörst, was ich sage, und meine Anweisungen sofort befolgst, ohne zu zögern oder schwankend zu werden. Und denke daran – vertraue!«

Wie oft hatte er das zu mir gesagt? Einmal hatte ich geglaubt, ich wüßte, was Vertrauen sei, aber dann kamen die Prüfungen, und ich wußte, was es bedeutet, zu versagen, wieder und wieder zu versagen, wenn ich Vertrauen beweisen mußte. Es verlangt so viel, sich hinzugeben, so unendlich viel Mut, vollkommen vertrauen zu können . . .

»Nun stell dir vor, daß du den Pfad in einem Tal entlangwanderst. Vor dir ist der Berg. Nahe dem Gipfel, vor einer Höhle sitzend, wartet der Vollkommene Meister auf dich. Während du den Pfad hinaufgehst, spürst du mit jedem Schritt die Erde unter deinen Füßen. Die Erde ist warm; zieh deine Schuhe aus, damit du sie noch inniger spürst. Schau das hohe Gras zu beiden Seiten des Pfads an . . . siehst du die Schmetterlinge, wie sie den Nektar aus den wilden Blumen trinken? Hörst du die Insekten? Sei ganz wach und aufmerksam – was siehst du, während du wanderst? Nun merkst du, daß der Pfad den Berg hinaufzuführen beginnt. Der Pfad ist jetzt sehr steil, doch du mußt das Tal hinter dir lassen und hinaufsteigen.«

Ich merkte, wie sich alles veränderte, nachdem ich das Tal verlassen hatte. Es war ein ganz anderes Gefühl. Rings um mich herum hoch aufragende Kiefern, die zum Licht emporstrebten. Es war dunkel in diesem Wald, kein Lichtstrahl drang hindurch. Nur das Singen des Windes war zu hören, der in den Zweigen spielte. Für einen Augenblick überkam mich Angst, und dann hörte ich Hamids Stimme wieder.

»Geh weiter – du hast noch einen langen Weg vor dir. Kehre jetzt nicht um!«

Ich wanderte weiter auf dem Pfad. Nach einer kleinen Weile hörte ich zu meiner Linken das Geräusch von Wasser. Ich bog in diese Richtung ein und stand plötzlich vor einer Reihe von Wasserfällen, die über riesige graue Steine herabstürzten. Auf dem Grund bildete sich ein tiefer Strudel, der in rasendem Kreisen alles in sich hineinsog und es dann in glitzernden Strömen herauswirbelte, die schäumend zwischen den Felsbrocken verschwanden und wieder heraussprudelten, um weitere Wirbel und Strudel zu bilden. Ich ließ mich einen Augenblick nieder, um Atem zu holen und nur zu schauen und zu hören. Plötzlich merkte ich, daß das Wasser lebendig war! Jede einzelne Blase im Schaum des Wassers enthüllte, wenn sie platzte, eine ganz zarte Form, jeder Strom und jeder Wirbel rief aus: »Schau, siehst du, wer ich bin? Kannst du meine Stimme hören?« Ich sah, daß das Wasser mich beobachtete. Nicht ich sah das Wasser an, als ich mir vielmehr bewußt wurde, daß es mich sehen konnte, erkannte ich wieder, was es war und was es mir sagte. Ich konnte nicht verstehen, wie ich mein Leben damit hingebracht hatte, die Elemente anzuschauen, ohne mich selbst sehen zu lassen, ohne jemals den Raum umzukehren.

Wieder sprach Hamid. »Sei vorsichtig. Was du siehst, kann dich irreführen, denn es wird bestrebt sein, dich in sich hineinzuziehen. Du hast gesehen, damit du verstehen lernst, und schließlich auch lernst, gewisse Aspekte der Energie zu beherrschen. Das ist alles. Atme jetzt tief; fühle dich durch die Elemente des Wassers gereinigt. Laß dich durchwaschen, und dann laß uns weitergehen.«

Für einen Augenblick kehrten meine Gedanken zum Strand zurück. Das Geräusch des stürzenden Wassers erinnerte mich an die Brandung in der Bucht. Da lag sie wohl jetzt mit ihren Freunden, ihre Haut von der Farbe des Sandes. Vielleicht schwamm sie auch, weit draußen bei den Klippen.

Ich stand auf und ging weiter. Die Luft wurde allmählich leichter, ich konnte sonnenbeschienene Flecken auf dem Pfad und unter einigen Bäumen sehen. Das Gehölz lichtete sich; bald würde ich die Baumgrenze hinter mir haben und oben auf dem Felsen stehen.

»Gut. Du hast die Sonne gesehen, wie sie durch die Bäume scheint und auf das Wasser blitzt. Wenn du jetzt die letzten Bäume hinter dir läßt, wirst du die Sonne auf deiner Brust spüren. Du sollst die Sonne fühlen, als fühltest du sie zum erstenmal in deinem Leben – oder zum letztenmal. Es ist die frühe Morgensonne, du spürst ihre Wärme in jedem Teil deines Körpers, ausstrahlend von der Mitte deiner Brust durch die Adern, deine Arme entlang, deine Beine abwärts und dann den Rücken hinauf bis zu deinem Kopf;

dein Körper ist jetzt durch und durch erwärmt. Dies ist das Element des Feuers; es verbrennt alle Schlacken, so daß nur reines Licht bleibt. Fühle dich durch das Feuer der Sonne geläutert.«
Während ich mich der Wärme des Sonnenlichts hingab, wurde ich gewahr, daß auch dieses Licht eine Bewußtheit hatte, eine Stimme, die zu hören war. Sie war von anderer Art als die der Erde und des Wassers, aber auch sie sprach zu mir und zog mich zu sich hin. Fast sogleich hörte ich Laute, rufende Stimmen: »Warum weitergehen? Was willst du noch mehr als dies? Wir werden wieder eins sein.«
Mein ganzer Körper glühte. Ein nie gekanntes Verlangen stieg in mir auf, als sei eine große Kraft geweckt worden, die mich in sich hineinriß. Ich fühlte, wie Hamid mich am Ärmel zog. »Wach auf! Komm weiter. Dies ist es nicht, weshalb du gekommen bist. Dir wurden diese Elemente nur gezeigt, damit du sie wiedererkennst und damit du lernst, diese Aspekte der natürlichen Welt und deiner selbst zu beherrschen. Faß jetzt meine Hand, denn wir müssen weitergehen.«
Wir setzten den Weg gemeinsam fort. Aus der Ferne drangen die Stimmen noch auf mich ein, aber ihre Verlockung ließ nach, als meine Zuversicht zurückkehrte.
»Wir treffen jetzt auf das letzte der Elemente, das Element der Luft. Du mußt sehr vorsichtig sein, denn dies ist das mächtigste aller Elemente. In vergangenen Kulturen wurde seine Kraft oft als ein Gott verehrt, der seine eigenen Gesetze und Mysterien hat. Du wirst jetzt eine Probe zu bestehen haben, aber ich werde als Führer hier sein. Du mußte nur vertrauen, dann wird alles gut sein. Stell dir jetzt vor, du seiest ein Adler auf jenem Felsen da. Los, geh darauf zu. Laß nun all deine Glieder sich lockern, wie der Adler in der Morgenluft sein Gefieder spreizt. Spreize deine Arme ein wenig ab, damit du den Wind zwischen deinen Armen und dem Körper hindurchgehen fühlst, setze auch deine Beine etwas auseinander. Atme die Luft. Atme, wie du noch nie zuvor geatmet hast. Laß dich atmen! Laß den Wind dich atmen! Fühle, wie der Wind durch deinen Körper weht, durch alle Muskeln und Fasern, durch die Adern, zwischen den Atomen hindurch . . .«
Ich entspannte mich und versuchte mir vorzustellen, wie es sein

mußte, wenn man ein Adler auf dem Felsen war. Ich hatte ein Gefühl der Macht – vielleicht *konnte* ich mich mit dem Wind emporschwingen! Ich fühlte die Luft durch mich hindurchgehen, fühlte, wie sie die Atome aus den Molekülen trennte, wie sie Muskeln und Fibern durchdrang. Nicht ich atmete, ich wurde geatmet! Zugleich ergriff mich eine Welle des Schwindels, ich spürte, daß irgend etwas mich von dem Berg herabzuziehen suchte. Ich bemühte mich, wach zu bleiben, aber ich konnte nicht verhindern, daß ich in tiefen Schlaf versank. Aus großer Ferne hörte ich Hamids Stimme, aber das Geräusch der Luft, die mich durchströmte, trug seine Worte mit sich fort. Wie leicht würde es sein, jetzt nachzugeben, mich dem Wind auszuliefern. Es war so schön, so einfach. Ich hatte mir immer gewünscht, in den Raum hinausfliegen zu können, weg von der Erde und den Meeren, mit den Aufwinden emporzusteigen, höher und höher im Wind. Es war nicht notwendig, weiterzugehen . . .

Ich fuhr zusammen; abgerissene Rufe drangen an mein Ohr, viele Stimmen durcheinander; jemand schüttelte mich. »Du darfst nicht einschlafen. Du mußt wach bleiben. Wach auf! Wach auf! Der Wind versucht dich vom Felsen herabzureißen. Du bist nicht so weit gekommen, um jetzt zu schlafen. Wach auf!«

Mit der letzten Kraft, die ich noch besaß, rang ich mich zum Erwachen durch. Der Wind brauste noch durch mich hindurch, doch allmählich konnte ich meine Umgebung wiedererkennen.

»Hab Vertrauen – halte aus mit all deiner Kraft. Zeige diesem Element, daß du es anerkennst, aber daß du eines Tages sein Herr sein wirst. Dann werden die Winde dein Freund sein.«

Ich stieg von dem Felsen herab auf den Pfad. »Du hast jetzt die Elemente durchschritten; von nun an mußt du allein weitergehen. Vor dir, über jenem Felsen, ist der, um dessentwillen du diese weite Reise unternommen hast.«

Ich hatte fast vergessen! Der Meister war da, die Verkörperung der WAHRHEIT auf Erden. Aber was war diese Wahrheit jetzt? Nichts konnte schöner sein, nichts gewaltiger als die Elemente der Luft und des Feuers, als die Mächte des Wassers und der Erde. »Geh weiter, geh weiter. Ich bin dagewesen; jetzt ist es meine Aufgabe, andere zu führen, die vorbereitet wurden wie du. Geh in Bewußtheit und Demut. Er wartet auf dich. Wenn du ihn gefunden hast, setze dich etwa drei Schritt vor ihm nieder. Ich werde hierbleiben, aber wenn du ihn erreicht hast, wird meine Stimme dir Anweisungen geben. Tu, was ich dir sage, und habe keine Angst.«

Dann blieb er stehen, und ich ging allein weiter. Der letzte Teil des Aufstiegs war steil und schwierig, und ich fühlte Angst; nicht mehr die Angst vor dem Tode, nicht einmal die Angst vor dem Versagen, sondern Angst vor dem, was jenseits aller Erscheinungen liegt, jenseits aller Zeit und allen Raumes.

Ich kletterte um den Felsen herum. Mein Fuß glitt aus, und ich nahm die Hände zu Hilfe, um meinen Körper über die letzten paar Meter hinaufzustemmen. Das Geräusch meiner Füße auf dem Felsen war der einzige Laut. Mein Mund war trocken. Auf der anderen Seite des Felsens war eine enge Spalte, die ich durchklettern mußte. Ich gab mir Mühe, mit jeder Faser meines Wesens wach zu sein, denn ich wußte, daß er hier war. Mit den Händen an dem steilen Felsen Halt suchend, beide Schultern gegen die Steinwände rechts und links gepreßt, zog ich mich hoch.

Ich war in seiner Gegenwart! Einen Augenblick fürchtete ich mich zu sehr, um weiterzugehen und ihn anzublicken. Aber ich hörte Hamids Stimme. »Geh weiter. Tu, was ich dir gesagt habe. Setze dich etwa drei Schritt vor ihm nieder. Es ist gut.«

Ich setzte mich, und lange Zeit konnte ich den Blick nicht heben. Tränen strömten mir übers Gesicht; keine bitteren oder kummervollen Tränen, sondern Tränen der höchsten Freude und Dankbarkeit. Ich sah auf. Mir war, als blickte ich in ein Gesicht, das viele Gesichter war; alles wirbelte um es herum, doch das Gesicht selber war ruhig. Sein Lächeln nahm mir die Angst; es blieb nur dieser Augenblick, der alles enthielt, was je gewesen war und was je sein würde.

»Fühle die vollkommene Liebe, die von Unserem Meister in dich einströmt, die Liebe, die alle Illusion zertrümmert, Liebe, die keine Bedingungen kennt, Liebe, die heilt und erlöst. Es gibt nur den Meister und dich und die ABSOLUTE LIEBE, die sich durch ihn manifestiert, um jeden Teil deines Selbst zu erfüllen.«

Ich spürte, wie mein Herz sich seinen Worten öffnete. Ich hatte vorher nicht gewußt, daß Liebe einen Klang hat, aber es war der

Klang der Liebe, der mich zu zerschmettern schien. Er war wie kein anderer Klang auf Erden, und doch waren alle Klänge darin enthalten. Nichts konnte seiner Macht standhalten; jede Faser meines Wesens vibrierte von den Schwingungen dieses Klangs, der aus dem Mittelpunkt herauswirbelte. Alles war Klang, kreisender, wirbelnder Klang, er bewegte die Planeten in ihren Bahnen, er durchdrang jedes Molekül und jedes Atom. Was ich für mich selber gehalten hatte, starb darin, wurde ertränkt darin, wurde durch diesen Klang erlöst und an die Quelle des Lebens zurückgeführt.

Dann hörte ich wieder die Stimme Hamids. »Schlaf nicht ein, was du auch tun magst. Du mußt wacher sein als je zuvor. Dir wurde erlaubt, die zeitlose Gegenwart der Liebe zu fühlen. Jetzt fühle, wie das Licht Gottes aus dem Meister in dich einströmt.«

Langsam verhallte der Klang, und ich begann zu spüren, wie er ein glühendes, reines Licht aussandte, das in mich einging, mich ganz durchdrang, an Intensität zunahm. Ich nahm es zuerst als Farben wahr, als Myriaden funkelnder Farben innerhalb dieses einen Lichts, wie Glühwürmchen am Meer. Jeder Farbfunke flog auf mich zu, zerbarst in mir, blendete mich. Ich war ergriffen, so schön war es.

»Wende dein Gesicht nicht ab!« kam der Befehl. Als ich diese Worte hörte, nahmen die Farben an Leuchtkraft zu, und dann gingen die vielen Farben in eine vollkommene Bläue über, die alles erleuchtete. Es war, als strahle von ihm ein so intensives blaues Licht aus, daß jede andere Farbe davon ausgelöscht wurde. Verschwunden das Gold des Sonnenlichts, das Gelb und Rosa der Dämmerung, das reiche Rot, Violett und Grün. Es gab nur das grenzenlose Blau.

Ich erinnerte mich an die Worte: »Wende dein Gesicht nicht ab!« Wäre man tapfer genug und bereit, den Tod im Leben anzunehmen, so durchfuhr es mich, dann würde aus der Schönheit der Farben das reine weiße Licht entstehen, das Licht, das Farbe sichtbar macht. Ich hatte eine lange Reise hinter mir, und nun fühlte ich, daß ich jenes Licht würde annehmen können. Es gab nichts anderes, wonach ich Verlangen hatte.

Mit dem Augenblick, da mir dieses Verlangen bewußt wurde,

setzte eine Verwandlung ein. Zuerst sah ich in der Bläue silbrige Lichtstreifen schimmern, die mit ungeheurer Leuchtkraft funkelten und blitzten; dann entließ die Bläue einen Strom reinster, blendender Weiße, der aus dem Mittelpunkt allen Lebens zu kommen schien. Dieses Licht war heller als Licht, es übertraf alles Licht, das es in dieser Welt zu sehen gibt. Ich überließ mich ihm, öffnete mich ihm, ließ es die letzten Spuren meiner Vergangenheit von mir nehmen und mich läutern, bis nichts mehr übrig war von mir.

Hamids Stimme erreichte mich aus weiter Ferne. »Damit sich in dieser Welt etwas manifestiere, muß die Göttliche Kraft die Schleier durchdringen, die uns von der wirklichen Welt trennen. Laß diese Kraft jetzt in dich eingehen.«

Ich war ganz still, ich wartete, wie gelähmt von allem, was mir geschah. Dann vernahm ich, anfangs weit weg, ein dumpfes Grollen, wie Donner über fernen Hügeln. Das Grollen wurde zum Dröhnen, und ich legte meine Hände auf die Ohren, um es nicht mehr zu hören. Da merkte ich, daß auch das Dröhnen aus mir selber kam und daß ich nichts tun konnte, um ihm zu entgehen. Ich sehnte mich nach Stille, mehr als nach irgend etwas anderem in der Welt. Ich blickte den Meister flehend an, aber er zeigte keine Teilnahme oder Regung; die Kraft des Klangs ging einfach durch ihn hindurch. Als ich glaubte, ich könnte es nicht länger ertragen, vernahm ich durch das Dröhnen wieder Hamids Stimme, fest und ruhig. »Fürchte dich nicht«, sagte er. »Nur wenigen Menschen wird diese Chance gewährt. Du mußt dich nur der Kraft hingeben, die alles hervorbringt; dann wirst du sicher sein.«

Abermals öffnete ich mich, gab allen Widerstand auf. Das Dröhnen gebar eine Vision, als würden Welten geboren, als bärsten ganze galaktische Systeme ins Leben, als kristallisiere Licht sich zu Form und Gestalt. Ich hörte eine Stimme zu mir sprechen: »Wisse und verstehe. Jedesmal, wenn ein Mann oder eine Frau sich wahrhaft hingibt, wird ein galaktisches System geboren, und jedesmal, wenn ein menschliches Wesen sein wahres Selbst entdeckt, erwacht plötzlich ein Universum zum Leben. Jetzt hast du gesehen und bist gesehen worden. Du wirst jetzt einen Frieden fühlen, den du nie gekannt hast.«

Die Vision verblaßte; ich fühlte, daß ich zu verstehen begonnen hatte, was das Vollendete ist. Es war möglich, bedingungslos anzunehmen, was ist, was gewesen ist, was sein wird. Alles war da. Es gab keinen Anfang und kein Ende; Schöpfer und Schöpfung waren eins. Alles ist in einem einzigen Augenblick. Alles ist Er. Das ist das Geheimnis der Vorherbestimmung. Nichts ist jemals geschehen, denn alles ist bereits hier.

Die überwältigende Gegenwart strömte einen Frieden aus, der alles Verstehen weit überstieg, und es gab keine Trennung mehr. Er und ich waren nur eines, und der Friede, der von ihm ausging, war in mir selber, in dem Bewußtwerden der EINHEIT und VOLL-KOMMENHEIT Gottes. Es blieb nichts weiter zu tun. Es galt nur zu sein.

Lange Zeit saß ich auf dem Berg ihm gegenüber. In der Erkenntnis gibt es keine Zeit. Die Erde drehte sich, die Jahreszeiten kamen und gingen, Männer und Frauen wurden geboren und starben, Welten entstanden, und alles ging durch den Raum hindurch, in dem ich saß. Sämtliche Meister, Heiligen und Propheten aller Zeiten manifestierten sich in diesem Raum, und indem sie ihre Geschichten erzählten, wurden sie in die Ewigkeit des Seins hinweggetragen. Dieser vollkommene Friede gab mir die Erkennt-nis, daß all die großen Lehrer aus der Gegenwart des SEINS kommen und ihren Weg dahingehen, ebenso wie die Sonne und die Sterne, der Blitz und der Regen und die Kinder, die geboren wurden. Dann hörte ich Hamids Stimme.

»Es ist Zeit für dich, deine Augen zu öffnen. Aber bereite dich sorgfältig vor, denn was du siehst, wird dich erschrecken. Dies ist die letzte Prüfung auf diesem Abschnitt unserer gemeinsamen Reise – die letzte Schwelle, die du überwinden mußt.

Ich möchte, daß du dein Bewußtsein langsam wieder der Welt zuwendest. Kannst du deinen Körper fühlen? Gut. Jetzt werde dir deines Atmens bewußt. Lausche den Atemzügen deines Herzens, fühle, wie das Blut durch deine Adern kreist. Bewege deine Finger ein wenig. Fühle deinen Körper. Rieche die Luft der Berge, schmecke den Speichel in deinem Mund . . .«

Plötzlich fühlte ich mich sehr verwirrt. Ich befand mich weder in der wirklichen Welt, die ich kennengelernt hatte, noch schien ich in jener Welt zu sein, die ich im Tal zurückgelassen hatte. Ich konnte Hamids Stimme hören, aber in meiner Verwirrung wußte ich nicht, von wo sie kam. Ich bewegte meine Finger, ich atmete tief. Ich versuchte, mir immer deutlicher meines Körpers bewußt zu werden, der dort auf dem Berge saß.

»Jetzt, ganz langsam, öffne deine Augen.«

Plötzlich verstand ich, was es heißt, völlig allein zu sein. Da war niemand!

Ich schloß meine Augen wieder und versuchte zu begreifen. Träumte ich? Wo war ich? Wo war Hamid? Wo war der Meister, den Hamid den ›Vollendeten Menschen‹ genannt hatte? Ich war ganz allein vor dieser Höhle auf dem Berg.

Da war niemand, nicht einmal ein Stein, der ihm als Sitz gedient hatte. Vor mir sah ich die Höhle. Hinter mir zog sich das Tal hin und der Pfad, auf dem ich nach hier emporgeklettert war. Einen Augenblick lang wagte ich meinen Kopf nicht zu bewegen; ich konnte nur versuchen, mit den Augen zu erahnen, was vorging.

»Jetzt wende dich um und blicke ins Tal. Los! Dreh dich um. Wende dich um.«

Langsam wandte ich mich um. »Blick dort auf das Tal hinunter. Das ist deine Welt. Im Tal sind all die Menschen, die darauf warten, diesen Berg zu ersteigen und die Wahrheit zu erfahren. Und nun hast du eine letzte Aufgabe zu erfüllen. Du mußt deinen Akt der Hingabe in dieser Welt vollziehen, indem du schließlich dein eigenes Leben aufgibst für ein Leben des Dienstes.

Es gab auf dem Berg keinen Meister. Das war ein Spiel deiner Einbildung. Und doch ist es so – erst wenn wir dahingelangen, Gott vollkommen zu lieben, kennen wir die Liebe. Die Liebe erwacht in dir zum Leben, wenn du dich Gott so ganz und gar hingibst, daß es nur noch Ihn gibt, und damit die Möglichkeit des vollendeten Menschen. Alles, was dir jemals zu wissen not tat, ist hier, jetzt in dir selber. Indem dein Selbst stirbt, wirst du in Ewigkeit neu geboren; alles, was je gewesen ist oder je sein wird, wartet in dieser Ewigkeit auf seine Befreiung, um der sterbenden Menschheit das Leben zu bringen. Dies ist eine furchtbare Freiheit, aber es ist die einzige wirkliche Freiheit.«

Abermals blickte ich mich um. Niemand war da, kein Hauch

bewegte den Staub des Pfades, ich sah keinen Stein, auf dem er gesessen hatte. Ich war allein.

Ich atmete langsam und still, sah zu, wie meine Brust sich hob und senkte. Mein Rücken schmerzte, wo er sich an der rauhen Rinde des Olivenbaums gescheuert hatte. Meine Beine waren verkrampft und ohne Gefühl. Ich mußte eine lange Zeit so gesessen haben. Die Szene veränderte sich. Aus dem Tal, das sich vor mir erstreckte, wurde ein ausgetrocknetes Flußbett, das in Windungen zum Meer hinabführte. Zikaden schwirrten in dem Olivenhain, und mir schien, als hörte ich entfernt das Rauschen der Brandung in der Bucht.

Dann fühlte ich eine Hand auf meinem Arm, und ich blickte zu Hamid auf. Seine Augen strahlten Liebe und Vertrauen aus. Er lächelte. »Komm, Reshad«, sagte er, »wir müssen heimgehen. Sie werden auf uns warten.«

Inhalt

Leseprobe aus IDRIES SHAH »DIE SUFIS«

. . . In seinem Lehrsystem benutzte Rumi Erklärungen und mentalen Drill, Denken und Meditation, Arbeit und Spiel, Aktion und Inaktion. Die körperlich-geistigen Bewegungen der Wirbelnden Derwische, gekoppelt mit der Rohrflöten-Musik, zu der sie ausgeführt werden, sind das Produkt einer besonderen Methode, die darauf abzielt, den Suchenden in Einklang mit der mystischen Strömung zu bringen, damit er von ihr verwandelt werden kann. Alles, was der Unerleuchtete erfaßt, hat einen Gebrauch und eine Bedeutung im speziellen Kontext der sufischen Schulung, und diese mögen so lange unsichtbar bleiben, bis man sie erfährt. »Das Gebet«, so sagt Rumi, »hat eine Form, einen Klang und eine physische Wirklichkeit. Alles, wofür es ein Wort gibt, hat ein physisches Äquivalent. Und für jeden Gedanken gibt es eine Handlung.«

Eine der wahrhaft sufischen Eigenschaften von Rumi ist, daß er zwar kompromißlos die äußerst unpopuläre Meinung vertritt, der gewöhnliche Mensch – habe er auch noch so viel erreicht – sei im mystischen Sinne unreif, andererseits jedoch fast jedem eine Möglichkeit gibt, Fortschritte in Richtung auf die Erfüllung der menschlichen Bestimmung zu machen.

Um den Weg der Sufis verstehen zu können, muß der Suchende zuerst einmal erkennen, daß er hauptsächlich ein Bündel von ›Konditionierungen‹ ist – wie wir das heute nennen. Es sind fixe Ideen und Vorurteile, manchmal automatische Reaktionen, die uns von anderen eingeimpft wurden. Der Mensch ist nicht so frei, wie er glaubt. Der erste Schritt für den einzelnen zum wirklichen Verstehen ist, davon wegzukommen, daß er denkt, er versteht. Aber man hat den Menschen gelehrt, daß er alles mit der gleichen Methode erfassen kann, der Methode der Logik. Diese Lehre hat sein Fundament untergraben.

»Folgst du den Regeln, die man dir anerzogen hat und die du geerbt haben magst, aus keinem anderen Grund als eben diesem, dann verhältst du dich unlogisch.«

All dies heißt nicht, daß der Sufi versucht, den Gebrauch unserer intellektuellen Fähigkeiten ganz zurückzuweisen. Rumi sagt, der Verstand sei wichtig, aber er habe seine Grenzen. Wenn man sich einen Anzug machen lassen will, geht man zu einem Schneider. Unser Verstand sagt uns, welchen Schneider wir wählen sollen.

Danach jedoch muß man den Verstand beiseite lassen. Man muß vollkommenes Vertrauen – Glauben – in den Schneider setzen und darein, daß er seine Arbeit richtig ausführt. Logik, so sagt der Meister, bringt den Patienten dazu, zum Arzt zu gehen. Danach ist er dann ganz in den Händen des Doktors.

Aber dem wohl-gebildeten Materialisten kann man nicht die ganze Wahrheit sagen, auch wenn er behauptet, er wolle hören, was der Mystiker ihm zu erzählen hat. Er würde sie sowieso nicht annehmen. Die Wahrheit gründet genausowenig im Materialismus wie in der Logik. Der Mystiker bewegt sich also auf verschiedenen Ebenen, der Materialist nur auf einer. Das Ergebnis einer Auseinandersetzung zwischen ihnen wäre nur, daß der Sufi dem Materialisten als inkonsequent erschiene. Sagt er heute etwas anderes als gestern, so erscheint er leicht als Lügner. Zumindest jedoch wird die Tatsache, daß beide ganz verschiedene Ziele verfolgen, jede Möglichkeit, zu gegenseitigem Verständnis zu kommen, ausschließen.

»Wer ein Ding nicht versteht«, so bemerkt Rumi, »der behauptet, es sei nutzlos. Die Hand und das Werkzeug sind wie Feuerstein und Stahl. Schlage den Feuerstein mit einem Klumpen Erde – wird das einen Funken ergeben?«

Der Gebrauch von Fabeln und Bildern wie diesem ist unter den Sufis weit verbreitet – und Rumi ist unter ihnen der Meister im Fabulieren.

Derselbe Gedanke wird vom Meister oft auf die verschiedensten Weisen formuliert, so daß er in das Bewußtsein eindringen kann. Die Sufis sagen, daß eine Vorstellung in das konditionierte (verschleierte) Bewußtsein nur dann vordringen kann, wenn sie so dargestellt wird, daß sie an den abschirmenden Konditionierungen vorbeischlüpfen kann. Da der Nicht-Sufi so wenig mit dem Sufi gemeinsam hat, muß der Sufi von den fundamentalen Elementen Gebrauch machen, die in jedem menschlichen Wesen gegeben sind und die von den verschiedenen Formen der Konditionierung nicht gänzlich abgetötet werden. Es sind genau diese Elemente, die der sufischen Entwicklung zugrunde liegen. Das vorrangigste und beständigste ist die Liebe. Liebe ist der Faktor, der einen Menschen, ja, die gesamte Menschheit zur Erfüllung tragen kann:

»Der Mensch ist unausgefüllt, voller Sehnsüchte, und er ringt darum, durch alle möglichen Unternehmungen und Zielsetzungen Erfüllung zu finden. Aber einzig die Liebe führt zur Erfüllung.« . . .

198

Reshad Feild
Das Siegel des Derwisch
7. Auflage. 176 Seiten

»Reshad Feild kehrt aus der Welt des tückischen Sufismus in die nüchterne Wirklichkeit des europäischen Lebens zurück. Er begegnet in London und Wales Menschen, die ihn spontan anziehen, empfängt aus der Hand eines Sterbenden ›Das Siegel des Derwisch‹ und erfährt seine Bedeutung: die Kraft, alle Illusionen abstreifen zu können und die Straße der Freiheit zu gehen. Dies ist ein Buch der Erfahrung, ein sehr persönlich geschriebener Bericht eines westlichen Suchenden, der Fakten und Wissen sammeln wollte und zu einem Sufi wurde.« *Deutsche Welle*

Yakup Kadri
Flamme und Falter
Ein Derwischroman. Aus dem Türkischen übersetzt und herausgegeben von Annemarie Schimmel. 208 Seiten mit 12 Abb.

Das Buch führt den Leser in die Welt des Bektaschi-Ordens ein, eines türkischen Derwischordens, in dem auch Frauen Zutritt haben. Kadri, der zu den wenigen als genial zu bezeichnenden türkischen Schriftstellern gehört, hat es verstanden, den Zauber und die Gefahren des Derwisch-Milieus in seiner letzten Zeit zu bannen. Sein Roman ist ein Schlüsselwerk der türkischen Literatur vor den Reformen Atatürks.

Gärten der Erkenntnis
Das Buch der vierzig Sufi-Meister.
Hrsg. von Annemarie Schimmel. Gelbe Reihe Band 37. 272 Seiten mit 41 Abb.

Ein historisches Lesebuch der islamischen Mystik und zugleich eine Art Lebensbuch. Vierzig sufische Meister werden in Lehre und Dichtung dargestellt. Das Buch ist unübertroffen »an Solidität und Weite des Blicks« (FAZ).

Andrew Harvey
Ins Innere des Mandala
Reisen in Ladakh. 256 Seiten

Die Geschichte einer Reise zu sich selber, und auch die einer Erfahrung: der Himalaya-Region, ihrer Menschen und spirituellen Kultur. Wie Mosaiksteine fügen sich die Erlebnisse in Ladakh zu einem wunderbar farbigen Ganzen. Und ihm gelingen Wahrnehmungen, die er für unvorstellbar gehalten hätte.

EUGEN DIEDERICHS VERLAG

Maulana Dschelaladdin Rumi
Von Allem und vom Einen.

Das Buch der Gespräche. Aus dem Persischen und Arabischen von Annemarie Schimmel. Mit 66 Kalligraphien von Shams Anwari. 384 S.

Das Buch »Von Allem und vom Einen« (Fîhi mā fîhi) ist ein noch zu entdeckendes Werk der Weltliteratur, voller Poesie und Weisheit. Türken, Iraner und andere gebildete Muslims kennen es, als Rumis einziges Prosawerk. Es gibt faszinierende Einblicke in die Religion des Islam, in den Glauben des großen Mystikers und in die Zeit, in der er lebte.

Annemarie Schimmel
Rumi

Ich bin Wind und du bist Feuer. Leben und Werk des großen Mystikers. Gelbe Reihe Band 20. 232 Seiten mit 10 Abb.

Der mystische Dichter Maulana Rumi (gest. 1273), hat eine Religion der Ekstase begründet, den noch heute lebendigen Orden der tanzenden Derwische.

Annemarie Schimmel
Mystische Dimensionen des Islam

Die Geschichte des Sufismus. 736 Seiten mit 64 Abb. und Kalligraphien. Leinen

»Annemarie Schimmel hat ein wichtiges Standardwerk geschrieben, eine umfassende Geschichte des Sufismus. Man wird in Deutschland wohl kaum jemanden finden, der dieses Thema so beherrscht wie die Autorin, Harvard-Professorin für indomuslimische Kultur.« *Frankfurter Allgemeine Zeitung*

Annemarie Schimmel
Nimm eine Rose und nenne sie Lieder

Poesie der islamischen Völker. 352 Seiten. Leinen

»Mit meisterhafter Einführung in die an Metaphern, Hyperbeln und doppelsinnigen Wortspielen so reiche Bildersprache des Orients geleitet Annemarie Schimmel den Leser in eine Literaturlandschaft, die sich räumlich von Andalusien bis nach Ostindien und zeitlich über Jahrtausende erstreckt – bis hin in die Gegenwart. Dieses schöne Buch ist wie ein Geschenk an das deutsche Leserpublikum.«
Süddeutsche Zeitung

Annemarie Schimmel
Und Muhammad ist Sein Prophet

Die Verehrung des Propheten in der islamischen Frömmigkeit. Gelbe Reihe Band 32. 280 Seiten und 8 Bildtafeln.

»Man kann ohne Übertreibung sagen: dies ist mit Abstand die beste Publikation, und sie ist in vielerlei Hinsicht ein Novum. Sie macht den Propheten im Spiegel der Dichtung verschiedenster Zeiten und Völker sichtbar und erfahrbar.«
Deutsche Welle

EUGEN DIEDERICHS VERLAG